Anonymus

Faust, der grosse Mann:

seine Wanderungen durch die Welt mit dem Teufel bis in die Hölle

Anonymus

Faust, der grosse Mann:
seine Wanderungen durch die Welt mit dem Teufel bis in die Hölle

ISBN/EAN: 9783743304154

Hergestellt in Europa, USA, Kanada, Australien, Japan

Cover: Foto ©Thomas Meinert / pixelio.de

Manufactured and distributed by brebook publishing software
(www.brebook.com)

Anonymus

Faust, der grosse Mann:

Faust

der grosse Mann, oder seine Wanderungen durch die Welt mit dem Teufel bis in die Hölle

---

Erster Theil.

Wien und Prag
bey Franz Haas.

Fauſt, der groſse Mann.

Erſter Theil.

Erster Abschnitt.

Einleitung zu Fausts Leben.

Unter den seltenen Männern Teutschlands, welche durch ihre kühnen Unternehmungen die Aufmerksamkeit und Bewunderung ihrer Zeitgenossen auf sich gezogen haben, und deren Andenken, freylich nur verstümmelt, sich bis auf unsere Zeiten erhalten hat, ist Faust einer der ersten und merkwürdigsten. Sähen wir in ihm auch nichts anders, als den Erfinder der Buchdruckerkunst, hielten wir alle übrigen Thaten, die ihm von der Tradition beygelegt werden, und seinen schöpferischen Geist in einem so gehäßigen Lichte darstellen, für Mährchen und Fabeleyen; so bleibt er nichts destoweniger ein merkwürdiger Mann, dessen Lebensbeschreibung mehr Stoff zu einer angenehmen Lectüre in sich faßt, als all die eisenfressenden Ritter und Fehden seines Jahrhunderts enthalten mögen. Daß der Gang aller seiner Handlungen außerordentlich undreichhaltig anInteressen sey, daßdie feinsten Nüancen derselben ein schreckendes Beyspiel der Ausschweifungen des menschlichen Verstandes und eines verdorbenen Herzens gewähren, werden mir alle meine Leser eingestehen, wenn sie mit seinem Schicksale, kühnen Abenteuern, und mit einem Sturze, der dem stolzen Laster allemahl auf der Ferse nachschleicht, näher bekannt sind. Ob übrigens die Legende dieses berühmten oder berüchtigten Mannes mit dem Stempel der Wahrheit oder eines Mährchens bezeichnet sey, wird ihnen gleichviel seyn, genug, wenn ich sie versichere, daß die Aufschürzung der Begebenheiten seines Lebens, und die Katastrophe derselben den besten Romanen die Wage halten soll. — Für Gelehrte habe ich nicht geschrieben, und diese werden sich auch mit Fausts Biographie nicht befassen, und den Übrigen, die nur lesen, um sich einige Zeit von ernsten Geschäften zu erholen, und neue Kräfte zur bevorstehenden Bestimmung zu sammeln, kann ich aufrichtig mein Wort geben, daß ich sowohl mündliche Sagen, als die vorhandenen Schriften über das Lebens dieses Wundermannes genützt, und nur jene Begebenheiten ausgehoben habe, die mir Stoff zu einem unterhaltenden und lehrreichen Romane darzubiethen schienen. Die Kunstrichter mögen dazu sagen, was sie wollen, ich habe so gut das Recht, meinen Helden in einer Manier nach meinem Gefallen zu mahlen, wie jeder Andere. Freylich werden nicht alle Situationen seiner Erdenwanderung gleich interessant und anziehend seyn, aber eine Gegend reizend und mahlerisch zu machen, werden nicht bloß Rosen und Violen, es werden auch Pflanzen und Gewächse anderer Art, die den Reiz und Werth der ersteren erheben, erfordert. — Und nun mit dieser Vorausschickung zu Fausts Leben und Abenteuern.

Zweyter Abschnitt.

Seine Geburt und Erziehung.

Sontwedel, in der Grafschaft Anhalt, ist nach den ältesten und zuverlässigsten Urkunden, der Geburtsort des Helden dieser Geschichte. Er war daselbst von armen und dürftigen Ältern geboren, die, weil sie schon in dem ersten Knabenalter in ihm eine ungewöhnliche Wißbegierde wahrnahmen, und selbe zu befriedigen sich außer Stande befanden, ihn nach Wittenberg zu einem ihrer Anverwandten schickten, wo er den ersten Unterricht in den Wissenschaften empfing. Sein Fleiß und seine Fähigkeiten übertrafen alle Erwartungen seiner Lehrer, und nachdem er in der lateinischen und griechischen Sprache hinreichende Kenntnisse gesammelt hatte, sandte ihn seines Vaters Bruder auf die hohe Schule nach Ingolstadt, wo er sich auch eine Zeit lang mit den Vorbereitungswissenschaften zum geistlichen Stande, wozu er bestimmt war, mit eifriger Verwendung beschäftigte.

Dritter Abschnitt.

Sein Aufenthalt und Studien zu Ingolstadt.

Aber seinem Genie waren die Ketten zu lästig, an die er geschmiedet werden sollte, der Kreis zu eng und eingeschlossen, der ihm zum Wirken angewiesen ward. Er sehnte sich nach einer ausgedehntern Sphäre, seine Fantasie war wild, und sein ungestümer Geist erhob sich mit kühnem Fluge in die geheime Werkstätte der Natur. Er verließ die angetretene Bahn, und legte sich auf die Arzneykunde. Hier hätte er ein Wohlthäter des menschlichen Geschlechtes werden, und seinen Nahmen mit so vielem Ruhme auf die Nachwelt fortpflanzen können, als er ihn durch seine Ausschweifungen unvergeßlich machte; allein es ging ihm, wie allen unruhigen Köpfen. Unzufrieden mit den Schätzen, die ihm die freygebige Natur darboth, haschte er nach dem Flitter schimmernder Irrwische, die ihn bald in einen Abgrund lockten, in den er immer tiefer versank, und sich endlich aus demselben nicht mehr winden konnte. Die Gestirne zu deuten, Träume auszulegen, die Nativität zu stellen, und mehrere dergleichen Thorheiten gehörten in den damahligen Zeiten zu den unentbehrlichsten Eigenschaften eines galanten Mannes, ungefähr wie heutiges Tages Welt- und Menschenkenntniß und Reisen, wenn sie auch gleich nur aus der edeln Absicht den Beutel zu leeren, und die Gesundheit zu untergraben, unternommen werden. An Gelegenheit, sich in diesen Geheimnissen einweihen zu lassen, konnte es unserem Fust, wie er nach seinem Familiennahmen hieß, und der in der Folge in Faust verwandelt wurde, nicht fehlen. Diese giftigen Auswüchse der Wissenschaften hatten für sein verwildertes Talent so viel Reiz, daß er sich darin bald, trotz seiner Jugend, über seine Lehrer empor schwang, und allenthalben als ein Gelehrter vom ersten Range galt und geehrt wurde.

Vierter Abschnitt.

Erbschaft von seinem Vetter.

Um diese Zeit war es, daß sein Vetter in Wittenberg starb, der, weil er noch immer in dem Wahne stand, daß Faust der Gottesgelehrsamkeit fleißig obliege, und wovon er auch von Zeit zu Zeit glaubwürdige, aber unterschobene Zeugnisse erhielt, ihn zum unbedingten Erben seines beträchtlichen Vermögens erklärte. Ein weites Feld stand nun unserem Abenteurer offen, nichts hinderte ihn, dasselbe nach seinem Gefallen zu durchstreichen. Für alle widrigen Zufälle des Lebens nach seinem Sinne geborgen, geachtet bey Jedermann, unabhängig von seinen Ältern, unabhängig von der ganzen Welt, überließ er sich dem Strome seiner unbändigen Leidenschaften, war taub für die Ermahnungen rechtschaffener Männer, freute sich der Gegenwart, ohne auf die Zukunft, die ihm mit Dürftigkeit und Mangel drohte, zu achten, und kam eher an's Ziel, als er wähnte. Jedermann weiß, daß es bey einer wohlbesetzten Tafel nie an Fliegen gebricht, die sich als ungeladene Gäste einfinden, und wider den Willen des Verschwenders mästen. So ging es unserem Faust. Die Sittenlosigkeit der Studierenden hatte damahls die höchste Stufe erstiegen, wer dem Laster am meisten fröhnte, wer neue Quellen zu Ausschweifungen entdeckte, der galt für ein schöpferisches Genie; kein Wunder also, daß sich eine Menge dieser Helden an unseren Abenteurer anschmiegten, und ihn dort, wo ihn Ekel und Ueberdruß angrinsten, auf andere Wege führten, wo die stumpfe Lüsternheit neuen Reiz zum Schwelgen und Ausschweifen empfand. — In diesem Augenblick war er ein Mann in seiner schönsten Blüthe. Die Natur hatte ihn wie einen ihrer Günstlinge behandelt, ihm einen schönen, festen Körper, und eine bedeutende, edle Gesichtsbildung verliehen. Genug, um sein Glück in der Welt zu machen; aber da sie die gefährlichen Gaben, strebende, stolze Kraft des Geistes, hohes, feuriges Gefühl des Herzens, und eine glühende Einbildungskraft hinzufügte, die das Gegenwärtige nie befriedigte, die das Unzulängliche des Erhaschten in dem Augenblicke des Genusses aufspürte, und alle seine übrigen Fähigkeiten beherrschte, so verlor er bald den Pfad des Glücks, auf den nur Beschränktheit den Sterblichen zu führen scheint, und auf welchem ihn nur Bescheidenheit erhält. Ein unbegrenzter Hang nach Ruhm und Größe belebten ihn, da aber wahre Größe und wahrer Ruhm, gleich dem Glücke den am meisten zu fliehen scheinen, der sie schon dann erhaschen will, bevor er ihre feinen und reinen Gestalten von dem Dunst und Nebel absondert, den der Wahn um sie gezogen, so umarmte er nur zu oft eine Wolke für die Gemahlinn des Donnerers. Die Gefährten seiner Ausschweifungen erkannten bald seine schwache Seite, und da jeder, der sich ihm näherte und seinem Stolze zu schmeicheln wußte, auf seine Kosten sündigen durfte, so lange es ihn lüsterte, so fehlte es ihm nie an geschäftigen Freunden, die seine gröbsten Ausschweifungen und niedrigsten Handlungen vergötterten. In diesem Wirbel ließ sich der Unbesonnene eine Zeit lang herumschleudern. Sein Leben schien ein immerwährendes Fest zu seyn. Bey Spieltischen, liederlichen Dirnen, und lustigen Zechgelagen verschwand ihm der Tag, und bey eben diesen rühmlichen Geschäften überraschte ihn nach durchschwelgten Nächten der Morgen. Doch, das Sprichwort sagt, „daß sich auch der tiefste und ergiebigste Brunn erschöpfen lasse,“ und diese goldene Wahrheit fand Faust leider nur zu bald bestätiget: Nachdem er beynahe das ganze Register der Sünden durchlaufen war, sah er auch sein reiches Erbtheil bis auf die Hefen zusammen geschmolzen. Seine Tischfreunde und Zechgefährten, welche die Ebbe seines Beutels witterten, flohen ihn nun, überließen ihn der langen Weile, und bald rief er mit allen verarmten Verschwendern aus: „Was unterm Monde liegt, ist eitel.“

In dieser traurigen Lage schlich er einige Zeit trübsinnig und düster herum, mehr als einmahl faßte er den heilsamen Entschluß, mit seinem Schaden klug zu werden, und einen Ort zu meiden, wo er seine eigenen und die Thorheiten seiner lockern Freunde so theuer hatte bezahlen müssen. Dieser Eingebung eines höheren Wesens, wie er es nannte, Folge zu leisten, verließ er Ingolstadt, verfügte sich nach Wittenberg, und traf bey den geringen Überbleibseln seines Vermögens die nöthigen Anstalten, in die vorige Ordnung zurückzukehren, und auf eine fröhliche Aussicht in die Zukunft bedacht zu seyn. Diesen seinen heißen Wunsch um so eher erfüllen, und seine ungestümen Leidenschaften in Schranken halten zu können, schien ihm ein Weib das zuverlässigste Mittel.

Fünfter Abschnitt.

Vorsatz sich zu verehlichen.

Zu diesem Ende gab er sich alle erdenkliche Mühe dieses Präservativ für künftige Rückfälle zu finden, und fand es auch bald. Ein armes, aber tugendhaftes Mädchen ward ihm in kurzer Zeit durch Priesters Hand als Gattinn angetraut. Die ersten Wochen verschwanden im Rausch der Liebe, die Reste seiner Erbschaft zerflossen in Nichts, und die Sorge für sich uud sein Weib lag nun doppelt auf seinen Schultern. Diese Bürde sich zu erleichtern, zog er in den benachbarten Gegenden herum, und erwarb sich bey dem abergläubischen Pöbel durch seine Gaukeleyen und Taschenspielerkünste nicht nur seinen nöthigen Unterhalt, sondern brachte auch bald eine ansehnliche Summe zusammen, und kehrte damit zu seiner Gemahlinn zurück. Ungefähr ein Jahr hindurch reichte seine Ernte hin, die Bedürfnisse seines Hauses zu befriedigen, aber jetzt drang der Mangel mit doppeltem Ungestüm ein, und er mußte nun in allem Ernste auf ein Mittel sinnen, wodurch er seinen zudringlichen Forderungen in der Zukunft Einhalt thun könnte Er fing an das verscharrte Talent wieder auszugraben, und ging mit dem großen Gedanken um, irgend auf eine Erfindung zu gerathen, die ihm und seiner Familie nicht nur die erforderliche Nahrung zu verschaffen, sondern seinen Nahmen auch bey der Nachwelt berühmt und unsterblich zu machen im Stande seyn sollte.

Sechster Abschnitt.

Seine Erfindung der Buchdruckerkunst.

Sein Vorsatz ward auch bald mit dem günstigsten Erfolge gekrönt. Er gerieth auf den herrlichen Einfall, durch eine gemeinnützige Erfindung dem langsamen und kostspieligen Bedürfnisse des Bücherabschreibens durch ein geschwinderes und wohlfeileres Mittel abzuhelfen, und wider all sein Vermuthen glückte es ihm eher, als er glaubte. Wittenberg hatte er kurz zuvor mit seiner Gemahlinn verlassen, und befand sich nun in Maynz. Im Jahre 1465 brachte er den ersten glücklichen Versuch einer Erfindung zur Welt, die unter die größten Wohlthaten bis an ihr Ende wird gerechnet werden. Damit glaubte er nun auf einmahl allen seinen Bedürfnissen abgeholfen, und sich ein Paradies für die Zukunft eröffnet zu haben. Eine lateinische Bibel war das erste Werk, das aus seiner Druckerpresse ging, und so viel Aufsehen diese Erfindung allenthalben machte, so viel Achtung und Ehre man ihm deßhalb erwies, so sah er doch bald zu seinem größten Verdruße, daß es seine Zeitgenossen bey bloßer Bewunderung und Lobeserhebungen bewenden ließen, und daß er das goldene Vließ damit noch nicht erobert habe. Zwar tröstete er sich mit bessern Zeiten; allein da er wahrnahm, daß er sich auch hierin verrechnet habe, erwachte in seinem Herzen ein Groll gegen das ganze Menschengeschlecht, der nur mit seinem Leben erlosch. Die ersten Funken dieses Hasses suchte er damit zu dämpfen, daß er die Geringschätzung seiner Erfindung dem Mangel an Vollkommenheit zuschrieb. Als er hierin alle seine Kräfte erschöpft, und sein noch übriges Vermögen darauf verwandt hatte, sein Werk zur möglichsten Vollkommenheit zu bringen, trat er damit öffentlich vor die Menschen, aber ihre Kälte überzeugte ihn bald, daß er, der größte Erfinder seines Jahrhunderts, mit seinem jungen Weibe und Kindern Hungers sterben könnte, wenn er nichts anders zu treiben wüßte.

Siebenter Abschnitt.

Vereitelte Entwürfe.

In dieser düstern Stimmung wankte er hin und her, und nach vielen Zweifeln und langem Berathen mit sich selbst, schienen ihm am Ende die Wissenschaften doch der kürzeste und bequemste Weg zu seinem glücklichen Fortkommen zu seyn, ungeachtet ihm darin auch der erste Versuch mißlungen wäre. Ihr Gebieth ist grenzenlos, sprach er zu sich, unermüdeter Fleiß soll meinen Fahigkeiten zu Hülfe kommen, und die Gunst, die mir das Glück zu versagen scheint, will ich mit Gewalt erzwingen. Dieser Entschluß reifte auch bald zur That. Als ein muthiger Mann schritt er ohne Verzögerung zu Werke, und kaum hatte er ihren Zauberbecher wieder gekostet, als der heftigste Durst nach Wahrheit in seiner Seele entbrannte. Jeder, der diese Syrenen kennt, und ihnen ihren betrügerischen Gesang abgelernt hat, fühlt ohne mein Erinnern, daß ihm sein Zweck, diesen brennenden Durst zu stillen, entwischen mußte.

Nach langem Herumtaumeln in diesem Labyrinthe, waren seine Ernte: Zweifel, Unwille über die Kurzsichtigkeit deß Menschen, Mißmuth und Murren das Licht zu ahnen, ohne die dicke Finsterniß durchbrechen zu können. Noch wäre er glücklich gewesen, hätte er mit diesen Empfindungen allein zu kämpfen gehabt, da aber das Lesen der Weisen und Dichter tausend neue Bedürfnisse in seiner Seele erweckte, und seine nun beflügelte Einbildungskraft, die reizenden Gegenstände des Genusses, die Ansehen und Gold allein verschaffen können, unablässig vor seine Augen zauberte, so rann sein Blut, wie Feuer in seinen Adern, und seine übrigen Fähigkeiten wurden bald von diesem Gefühle allein verschlungen. Er nagte an dem Gedanken, wie und woher es käme, daß der fähige Kopf und der edle Mann vernachlässigt im Elende schmachte, während der Dumme im Ueberflusse schwelgt. So leicht ihm nun die Antwort auf diese Frage war, so verwundete sie doch sein Herz und schlug seine ganze stolze Hoffnung zu Boden. Von diesem Augenblicke an strebte sein gekränkter Geist, den verschlungenen Knäuel aufzuwickeln, über dessen Auflösung so viele Tausende die Ruhe, das Glück ihres Lebens, umsonst verloren haben. Er wollte nun den Grund des sittlichen Uebels, das Verhältniß des Menschen mit den Geistern erforschen, er wollte die Finsterniß erleuchten, die ihn zu umhüllen schien. Die Hoffnung, mit diesen wichtigen Kenntnissen ausgerüstet, die Welt in Erstaunen zu setzen, und als ein Geist erster Größe, unter die Menschen zu treten, versüßte eine Zeit lang seine fruchtlose, peinliche Anstrengung.

Da aber seine Lage immer trauriger ward, die Menschen, die ihm so viel zu danken hatten, sich immer mehr von ihm entfernten, und all sein Streben, Licht in diese Finsterniß zu bringen, nur dazu diente, sie noch schwärzer und quälender zu machen, so senkte sich bald der Gedanke tief in seine Seele, nur ein Geist der andern Welt könnte seinem Elende abhelfen, und ihm Aufschluß über seine Zweifel gewähren. Zwar schlummerte dieser Gedanke noch in seinem Busen, aber seine Begierden, sein Unmuth brauchten nur einen neuen, äußern Reiz, um ihn über die Grenzen zu treiben, gegen die er so wild anstieß. Unter den vielen Freunden, die Fausten in seinen glücklichen Tagen umschwärmten, war ihm ein einziger im Unglücke treu geblieben. Dieser Edle hieß Wagner, und so, wie er bemerkte, daß Schwermuth und Trübsinn sich seines Freundes bemächtiget hatten, both er alles auf, den Unglücklichen von diesen Furien zu befreyen. Hier eine Probe seines Edelmuthes!

Achter Abschnitt.

Gespräch auf einem Kirchhofe, mit seinem Freunde Wagner.

Faust und Wagner.

Wagner. Was machst du hier bey den Todten?

Faust. Ich sinne nach über den Menschen, und über das Räthsel seines Lebens.

Wagner. Der Kluge läßt dem Thoren das Räthsel und genießt.

Faust. Genießt? O sprich, wo rieselt die Quelle, die meinen glühenden Durst zu löschen vermag? Warum bleibt mitten im Genuße mein Herz so leer?

Wagner. Das ist deine Schuld. Warum übertreibst du deine Forderungen an den Menschen, und das Leben? Du willst Veilchen im Herbste. Ich bin zufrieden, im April welche zu finden.

Faust. Der Mensch ist ein zweydeutiges Wesen. Er träumt sich Welten zu seinem Wohnsitze, und muß sich mit einem Fleckchen Erde begnügen. Er möchte Flügel haben, und ist schon fremd und verlassen, wenn ihn seine Füße nur über die Grenzen seines Vaterlandes tragen.

Wagner. Du bist der ewige Grillenfänger! Und das ist eben dein Unglück. Du lebst und webst im Lande der Träume, und Träume können dir freylich keine Befriedigung gewähren.

Faust. Willst du mir nicht etwa rathen, mich um ein Amt zu bewerben?

Wagner. Warum nicht? Du hast eine empfehlende Figur, besitzest Fähigkeiten, und wie ich glaube, könnte Thätigkeit dir zuträglicher seyn, als alles Philosophieren!

Faust. Was frommt die Thätigkeit einer Schnecke?

Wagner. Das Reich der Wissenschaften ist ein weiter, freyer Spielraum für deinen Geist.

Faust. Sieh jenes Grabmahl! Eine goldene Inschrift, die schon halb verwittert ist, verkündet die Unsterblichkeit des Mannes, der da begraben liegt, Weißt du, wer der Mann war?

Wagner. Ein Gelehrter.

Faust. Wohlgesprochen, ein Gelehrter! Er kannte die Geschlechter der Schwämme und Würmer, er wußte sogar, daß die Schierlingspflanze tödte, und daß das Löffelkraut den Scorbut heile. Siehe, das weiß das Thier auch. Oder warum ging es jene vorüber, und blieb bey diesem stehen?

Wagner. So spricht Faust, der sonst so hohe Begriffe vom Menschen hatte, und von des Menschen Kraft?

Faust. So sprach ich, weil ich so hohe Begriffe hatte, von diesem Mittelding zwischen Engel und Affen. Wir brüsten uns mit Vorzügen, an denen uns das Schicksal, wie der Knabe den Schmetterling an einem Faden, nach Laune flattern läßt.

Wagner. Du wagst dich zu tief — ich nehme

die Dinge, wie sie mir erscheinen, und begnüge mich damit; breche die Blume, ohne mich stören zu lassen von dem Gedanken, daß sie ihr Leben von der Verwesung borge, thue bisweilen Gutes, weil ich Freude darin finde, und hüthe mich vor Verbrechen, weil ich die Reue fürchte. Sieh! dieß ist meine Lebensphilosophie, und wenn es mitunter dunkel um mich her wird, so tröste ich mich damit, daß es jenseits des Grabes lichter seyn werde.

Faust. Du glaubst es — auch ich glaubte es, und fragte die Todten darum, aber sie blieben stumm auf meine Frage.

Wagner. Freund! Du hast Kummer auf deinem Herzen! Vertraue dich mir!

Faust. Kannst du mich mir selbst wiedergeben?

Wagner. Sieh! Der Abend ist so schön, die Sonne blickt so freundlich durch die Aeste der Leiden, Wohlgerüche steigen aus Blumen und Pflanzen um uns auf. Hat die sanfte Stimme der Natur keinen Trost für dein Herz?

Faust. Die Sonne mag noch so rein am Himmel glänzen, auf der trüben Quelle schwimmt ihr Abbild trüb und entstellt. Die Blumen duften lieblich, sagst du? — Es ist Staub unserer Brüder, aus dem sie aufkeimten. Dieser Staub hat einst gefühlt, wie wir. Unter jenem Hügel schlummert ein schönes, frommes Mädchen. Die himmlische Flamme, die sonst ihren Busen zu Empfindungen der Andacht und des Wohlwollens stimmte, entfaltet jetzt die Blätter einer gemeinen Feldblume, die zu ihrem Haupte sproßt.

Wagner. Desto besser, wenn du von dem geringen Werthe dieses Erdenlebens so gründlich überzeugt bist. Genieße die Freuden, die dir hienieden vergönnt sind.

Faust. Ein mageres, karges Gastmahl, von dem ich mich, nie gesättigt, entfernen werde.

Wagner. Glaube mir, es lohnt sich deßhalb noch immer der Mühe, Mensch zu seyn. Haben wir nicht Liebe, nicht Freundschaft?

Faust. Liebe? Ha! Diese Sirene, diese Zauberinn, die uns den größten Schatz, Vernunft, Gesundheit und Ruhe raubt, rechnest du unter die Seligkeiten dieses Lebens?

Wagner. Gesetzt, daß dein Schluß richtig wäre, ungeachtet er auf schwachen und zerbrechlichen Stützen ruht — gibt es nicht häusliches Glück?

Faust. Wo? in den Bauernhütten, wo das Herz dem Menschen keine großen Forderungen macht, wo die Armen in ihrer Eingeschränktheit sich glücklich wähnen, weil sie die Gebirge, die ihre Felder begrenzen, für die Grenze der Erde halten.

Wagner. Aber Freundschaft?

Faust. Du hast Recht! Freundschaft ist dem Menschen viel. Du warest mir oft viel, und doch — dir darf ich es sagen — und doch in Stunden, wo Stürme in mir brausen, was vermag da deine sanfte Stimme? — — — Freundschaft ist süß in den Augenblicken der Abspannung und der Ruhe, sie legt unserem Haupte ein weiches Küssen unter. Sie kann höchstens mit mir weinen, sich höchstens mit mir freuen. Allein dieses unruhige Streben und Sehnen will nicht eingeschläfert, es will befriediget seyn. Du kannst das Kind zwar in den Schlaf singen, und das ist dankenswerth, aber wird es darum nicht wieder aufwachen?

Wagner. Geh in die Welt!

Faust. Das will ich.

Wagner. Wenn du da und dort der Menschen Thun und Treiben gesehen hast, wenn neue Gestalten sich deiner Seele eingedrückt haben, dann wird zwar das Sehnen deines Herzens nicht ganz schweigen, aber es wird leichter zu befriedigen seyn.

Du wirst die ruhigen Freuden des Lebens mehr schätzen lernen. In der Fremde wirst du dich ergriffen fühlen von der Sehnsucht nach deinem Mutterlande, nach den Gespielen deiner Jugend. Sieh! dein Herz ist nun ein gährender Most, je mehr er braust, je herber sein Geschmack ist, desto edler wird der Wein.

Faust. Liebenswürdiger Schwätzer! Schone deiner Lungen! Du predigest tauben Ohren. Danke der Mutter Natur für die glückliche Mischung deines Temperamentes, das dich nie aus dem gebahnten Wege treibt. — — Und doch — möchte ich meinen unruhigen Geist nicht für deine immer gleiche Gemüthsart vertauschen.

Wagner. Noch einmahl! Geh in die Welt, und dieß sobald, als möglich. Zwar wird dein Vater dagegen Schwierigkeiten haben, deine Gattinn manches einzuwenden wissen, aber folge mir und geh in die Welt!

Faust. Die Schwierigkeiten meines Vaters werde ich zu heben, und die Einwürfe meiner Gemahlinn zu beantworten wissen. — — Doch — es wird Abend, laß uns nach Hause gehen!

Unstät und flüchtig, wie der erste Brudermörder, irrte Faust umher, überall suchte er die verlorne Ruhe des Herzens; überall Arzney für seinen kranken Geist, und nirgends fand er, was er suchte.

Neunter Abschnitt.

Gespräch mit einem Mönch in einer Karthause.

Faust und ein Karthäusermönch.

Faust. Eure Zelle ist sehr klein, ehrwürdiger Vater!

Mönch. Und doch enthält sie Raum genug zum Nachdenken über mich selbst.

Faust. Dieses Gärtchen mißt kaum zehn Schritte im Umfange.

Mönch. Und doch blühen da einige Rosen. Der Frühling läßt meine Mühe nie ganz unbelohnt.

Faust. Kaum ein Fleckchen vom blauen Himmel ist euch vergönnt zu sehen.

Mönch. Die Sonne wärmt mich, der Mond scheint durch die gemahlten Scheiben meiner Zelle. Wozu brauch ich sie selbst zu sehen, die mir Wärme und Licht geben?

Faust. Ihr habt wenig auf dieser Welt!

Mönch. Wer hat mehr?

Faust. Und ihr scheint zufrieden in euerer Abgeschiedenheit, heiliger Vater?

Mönch. Warum sollt ich es nicht seyn? Ich war ein feuriger Jüngling. In meinem Busen klopfte manches unruhige Verlangen, und es blieb unbefriedigt in der Befriedigung. Da zog ich mich in diese Zelle zurück, wo keine meiner Hoffnungen mich täuschen, denn sie ruhen in der Hand eines gütigen Vaters.

Faust. Ich habe oft gehört, die frommen Mönche hätten Erscheinungen von höheren Wesen.

Mönch. Gott braucht nicht zu erscheinen, er ist allenthalben, und spricht zu einem jeden, der ihn verstehen will.

Faust. Aber seine Diener, die Geister?

Mönch. Wozu bedarf der Mensch ihrer? Was können sie ihm geben für seine Wünsche?

Faust. Gewißheit in den wichtigsten Momenten seines Forschens.

Mönch. Warum Gewißheit? Ich glaube und vertraue auf Gott, wirke Gutes, und dieß vermehrt meine Seelenruhe.

Faust. Wenn ihr euch aber irrtet, wenn ihr die Freuden des Gegenwärtigen für eine einsame Zelle vertauscht hättet?

Mönch. Euern Trugschluß für wahr angenommen, so hätte ich dabey dennoch nichts verloren. Die Augenblicke des höchsten Genusses in der Welt sind zugleich die Augenblicke der Ermattung. Dann hält sich der Mensch an Erinnerung, an Träume. Träume hab ich auch, freundliche Gestalten besuchen meine Zelle, und sie sind mir angenehmer, als die Schatten abgeschiedener Freuden dem Weltmanne seyn können. Hoffnung ist erquickender als Erinnerung.

Faust. Ehrwürdiger Vater! Euern Segen!

Mönch. Segnen kann nur Gott. Doch, wenn ihr meine Worte fassen wollt, so sind auch diese Segen. „Lernet euch selbst genügen!“

In diesen Umständen war kein Mensch unglücklicher, als unser Held, Unschuld und Tugend hatte er durch die Ausschweifungen seiner Jugend befleckt, seine reiche Erbschaft war verschwendet, die Ruhe des Herzens dahin, und sein Geist wurde mit jedem Tage von tausend neuen Zweifeln gepeinigt. Was ihm seine Lage am unerträglichsten machte, war, daß er sich im Menschen so sehr verrechnet hatte, da er zu seinem Aerger sah, wie ihn all seine Freunde verließen, auf deren Beystand er die gerechtesten Ansprüche, und denen er kurz vorher noch Wohlthaten erwiesen hatte. Seinem Blicke stand eine düstre Zukunft offen, und gern hätte er seinen Nacken unter das eiserne Joch gebeugt, das ihm das Schicksal bereitet zu haben schien, aber er hatte ein Weib, das er liebte, hatte Kinder, die zu ihm um Brot schrien, dieß zerfleischte sein Herz, gab der schwankenden Wage den Ausschlag, und brachte ihn auf den kühnsten, verwegensten Gedanken, der je in der Seele eines Menschen entstand.

Den Rath seines einzigen Freundes wollte er zuvor noch befolgen, wollte in die Welt gehen, daselbst Ruhe für sein Herz und Brot für seine Familie zu suchen. Er eröffnete diesen Vorsatz seiner Gattinn, und so viel diese dagegen einwandte, so wußte er sie doch mit den glänzendsten Aussichten zu besänftigen, und bath sie bis auf seine Zurückkunft sich nur gelassen in ihr trauriges Schicksal zu fügen. Daß er doch irgend jemanden finden werde, der ihm seine lateinische Bibel abkaufen würde, wovon er dann die dringendsten Bedürfnisse seines Hauses zu befriedigen hoffte, dieser Gedanke war der einzige Trost, den er in seinen gegenwärtigen Verhältnissen hatte.

Vor seiner Abreise fiel zwischen ihm und seinem Vater nachstehendes Gespräch vor.

Zehnter Abschnitt.

Faust und dessen Vater.

Vater. Reisen willst du mein Sohn? Ich habe nichts dagegen. Morgen mit Tagesanbruch magst du ziehen.

Faust. Morgen schon?

Vater. Das Leben des Menschen ist kurz. Meiner Tage sind nur wenige noch, und ich wollte gern, daß du mich sterben sähest.

Faust. Das wolltet ihr Vater?

Vater. Ja, denn ich habe tugendhaft gelebt. Du sollst mich sehen, dem Tode als meinem Freunde die Hand biethen.

Faust. Wie? wenn ich euch nicht mehr fände bey meiner Zurückkunft?

Vater. Die Sehnsucht nach dir wird dem

glimmenden Dacht meines Lebens Nahrung mittheilen. — Ich habe nur eine Forderung an dich: „Bleibe der Tugend getreu!“

Faust. Das will ich mein Vater!

Vater. Wo dich dein Weg hinführen mag, sey gerecht gegen die Menschen. Stoße keinen zurück, der deiner bedarf. Dränge dich nicht zu einem jeden der dir seine Hand reicht. Suche dich nicht in andern, und miß nicht alle mit einerley Maßstab!

Faust (vor sich). Wie tief er mein Herz verwundet (laut). Ich will euere Lehren heilig bewahren.

Vater. Sey täglich einige Stunden mit dir allein! Du mußt dir selbst dein liebster und angenehmster Gesellschafter seyn. Wenn dir dein eigener Umgang zur Last würde, dann wärest du auf dem Wege zum Thoren, oder zum Bösewicht!

Faust (vor sich). Wie er mich faßt! (laut) Ihr gebt mir goldene Lehren.

Vater. Bewahre sie, aber nicht wie der Geizige seinen Reichthum, sondern wie der gute Sohn den langgesparten Reisepfenning, den ihm die gute Mutter beym Abschiede in die Hand drückt. — Erinnere dich oft an das Haus deines Vaters, an die Scenen deiner Kindheit, an die Gefährten deiner Jugend. So lange dir diese Bilder Vergnügen machen, ist dein Herz und deine Einbildungskraft noch unbefleckt!

Faust (vor sich). O daß sie es wären! (Er ergreift die Hand seines Vaters, und benetzt sie mit Thränen).

Vater. Und nun nichts mehr vom Scheiden, bis die Stunde da ist.

Faust. Nur von meinem Freund Wagner will ich noch Abschied nehmen.

Vater. Er soll den Abend mit uns zubringen. Aber das bitte ich mir aus, kein Lebewohl komme über eure Lippen. Eine Thräne und ein Händedruck, und damit gut!

Die besten und fähigsten Köpfe haben von jeher in ihrem Vaterlande selten ihr Glück gemacht, diese graue Wahrheit erfuhr nun Faust. Er both seine Bibel dem Churfürsten feil, er trug sie dem Domcapitel zum Kaufe an, allein das Domcapitel sowohl als der Churfürst bewunderten sie, hielten seinem erfinderischen Talente eine Lobrede, und gaben sie ihm mit dem Zusatze zurück, daß wichtige Auslagen sie nun hinderten von seinem Anerbiethen Gebrauch zu machen.

Aufgebracht über diese Undankbarkeit wanderte er des andern Morgens aus Maynz, ungewiß, wohin ihn sein Stern führen werde.

Wir wollen ihm auf seiner Wanderschaft folgen, um die Rollen, die er nun spielen wird, desto genauer beurtheilen zu können.

Eilfter Abschnitt.

Faust am Hügel eines schiffreichen Flusses.

Faust allein.

Was ist es, das mich hieher bannt, und meine Sehnsucht hinzieht über diese Fluthen? Und doch fühlte ich nirgends so lebhaft meine Ohnmacht und Eingeschränktheit, als hier. — — Ich strecke meine Arme aus — Nach was? — — O Natur — Natur! Fast möchte ich sagen, du habest den Menschen allein am stiefmütterlichsten bedacht unter allen deinen Kindern. Der Wasserrabe hat Flügel, und schwebt stolz dahin über die Wasserwelt. Ihre Wogen möchten sich empören, er schwebt ruhig über dem Sturme. Der Mensch allein hat Schranken und Gränzen, und wenn er sich einem Schiffe vertraut, so trennt ihn nur eine dünne Wand vom Tode. Er muß seine angewiesene Bahn halten, und allenthalben stellen sich ihm Untiefen und tausend Hindernisse in tausenderley Gestalten entgegen.

Zwölfter Abschnitt.

Sein Besuch in einer Fischerhütte.

Faust, ein Fischer.

Faust. Euere Hütte hat eine angenehme Lage!

Fischer. Wie man's nimmt.

Faust. Täglich habt ihr das schönste Schauspiel vor Augen — Die Sonne, wie sie des Morgens in stolzer Pracht aufgeht und des Abends mit nicht minderer Schönheit sich niedersenkt.

Fischer. Unsereins hat nicht viel Zeit darauf zu sehen.

Faust. Ihr braucht ja Morgens und Abends nur einige Augenblicke diesen Hügel zu besteigen.

Fischer. Das ist wahr, aber wir haben das alles von Jugend auf gesehen, und wenn man des Tages Last getragen hat, macht man sich mehr aus einer warmen Suppe als aus Sonnen-Auf- und Untergang.

Faust. Und wenn der Sturm die Wellen empört — dieß muß ein erhabener Anblick seyn.

Fischer. Da denk ich immer an die armen Leute, die in Gefahr seyn mögen, und bethe für ihre Rettung.

Faust. Ihr habt doch einen Tag in der Woche frey?

Fischer. Den Sonntag.

Faust. Und wenn ihr dann so dasteht, und hinaussehet in die blaue Ferne des Gewässers, denkt ihr nichts dabey?

Fischer. Hm! Bisweilen fällt mir ein, daß ich die Schätze haben möchte, die durch gescheiterte Schiffe in diesen Fluthen begraben liegen.

Faust. Ist diese Wohnung euer Eigenthum.

Fischer. Ich habe sie von meinem Vater geerbt.

Faust. Ihr habt doch zu leben?

Fischer. Wir werden satt.

Faust. Zu was sollen euch also die Schätze? Ihr habt ein Obdach gegen Wind und Regen, ihr habt Nahrung und Kleidung. Für Geld könnt ihr weder eine Stunde ruhigen Schlafes, noch ein ruhiges Gemüth euch kaufen.

Fischer. Für beydes brauch ich keinen Heller auszugeben (er geht ab).

Dreyzehnter Abschnitt.

Faust allein.

Dieser Hüttenbewohner ist ein Mensch, und in seiner Seele regt sich nicht eine Spur des unruhigen Strebens nach Ausbreitung. Er blickt kalt auf die Werke der Schöpfung, und bleibt ruhig. — — Und doch — er ist vielleicht glücklich in seiner Eingeschränktheit.

Dieser Fluß — dieses Kornfeld gibt ihm alles, was er braucht, — was er braucht? Und gibt das der Schöpfer nicht jedem seiner Geschöpfe? — Hätte er diesen Durst in die Seelen besserer Art gelegt zu ihrer Qual? — Nein — der den Reiz zum Durst eingepflanzt, läßt auch aus Felsen Wasser quellen. Es muß einen Weg geben, dieß Sehnen zu befriedigen. Wenn der thierische Mensch auf der untersten

Stufe der Cultur mit dem Orang-Utang zusammengränzt, so muß er auf der höchsten Sprosse den Geistern seine Hand biethen können. Es muß einen Weg ins Geisterreich geben.

Vierzehnter Abschnitt.

Fausts Ankunft in Frankfurt.

In dieser düstern Stimmung des Gemüthes langte Faust in einigen Tagen glücklich in Frankfurt an. Sein Freund Wagner hatte ihm ein Empfehlungsschreiben an einen angesehenen Kaufmann daselbst, der sein Vetter war, mitgegeben, welches so viel wirkte, daß der Fremdling in die ersten Häuser der Stadt Zutritt fand, und überall mit ausgezeichneter Achtung empfangen wurde. Unter andern machte er mit einem Mönche Bekanntschaft, der in großem Ruhme der Gelehrsamkeit stand. Faust war sein täglicher Gesellschafter, ein unsichtbares Band zog unsern Abenteurer an ihn, und der biedere Greis half ihm aus manchem Zweifel, und über diejenigen, die er nicht zu heben vermochte, suchte er ihn zu beruhigen, und auf die Zukunft zu vertrösten. Natürlich, daß auch bey dieser Gelegenheit des frommen Paters Büchervorrath nicht verschont blieb. Seine Manuscripte wurden eines Tages alle durchmustert, wovon eine alte halb unleserliche Pergamentrolle besonders Fausts Aufmerksamkeit zu fesseln schien. Der Mönch, der dieses wahrnahm, machte seinem gelehrten Freunde damit ein Geschenk, ohne zu wissen, daß er ihm das gefährlichste Mordgewehr zu seinem Untergange reiche.

Die Rolle enthielt die fürchterlichsten und wirksamsten Beschwörungsformeln, kraft welcher die Teufel aus der Hölle gerufen, und zum gefälligen Dienste der Menschen verbunden werden konnten. Faust eilte mit diesem Fund nach seiner Wohnung, und war höchst entzückt, endlich den Schatz gefunden zu haben, nach welchem er sich so lange vergebens gesehnt hatte. Noch war er nicht gestimmt Gebrauch davon zu machen; denn die Hoffnung, sich durch den Verkauf seiner Bibel aus aller Verlegenheit zu reißen, erfüllte seine ganze Seele. In dieser Absicht both er dem erlauchten Rathe das Werk seiner Erfindung, die lateinische Bibel, um zweyhundert Goldgulden an, da man aber vor einigen Wochen fünf Fässer Rheinwein in den Rathskeller gekauft hatte, so fand sein Gesuch so leicht nicht statt. Zwar versprach man ihm überall, wohin er sich wandte, Huld, Schutz und Gnade. Zuletzt hielt er sich vorzüglich an den regierenden Bürgermeister, wobey er aber auch weiter nichts gewann, als, daß die Frau Bürgermeisterinn eine gewaltige Flamme in seinem leichtfangenden Busen entzündete. Da Faust indessen bemerkt hatte, daß sein Weib nnd seine Kinder Hungers sterben könnten, ehe er seine Absicht erreichte, so kehrte er mißmuthig zu seinem Mönche zurück, in der guten Meinung sich bey diesem seinem Freunde durch gelehrte Gespräche über die fehlgeschlagene Hoffnung zu trösten. Das Schicksal wollte, daß er daselbst, zwar keinen Mönch, aber einen andern gelehrten achtungswürdigen Mann antraf, zwischen welchem sich nach den ersten gewechselten Complimenten, in Abwesenheit des Eigners der Zelle, folgendes Gespräch entspann.

Fünfzehnter Abschnitt.

Fausts Gespräch in einer Mönchszelle.

Faust, und ein Freund des Mönchs, der ein Mitglied einer geheimen, gelehrten Gesellschaft ist.

Faust. Nachdem zu urtheilen, was ihr so eben sagtet, hoffe ich bey euch Wahrheit zu finden, und Aufschlüsse über so manche Räthsel.

Fremde. Sucht nicht mehr als ihr zu finden nöthig habt.

Faust. Aber in euerem Orden war der menschliche Geist seit Jahrhunderten thätig!

Fremde. Er war er auch außer denselben.

Faust. Hier vereinigten sich die Strahlen in einem Brennpuncte.

Fremder. Wähnt ihr, wir hätten einen Talismann, der sie zusammen zu fassen vermöchte?

Faust. Ihr wollt mich prüfen?

Fremder. Ich will euch vor Reue bewahren.

Faust. Sonderbar!

Fremder. Versteht mich recht! Ich meine, das Gelübde der Natur ist älter, als das Gelübde unsers Ordens. Ich darf euch nicht geben, was ihr nicht brauchen könnt. Es gibt Menschen, die mit Hieroglyphen spielen müssen, aber für Geister, die dem Gängelbande der Fantasie entwachsen sind, taugen diese optischen Spielereyen nicht. Ich darf euch nicht mehr versprechen als ich leisten kann.

Faust. Eure gerühmte Weisheit wäre also nichts als eine bunt bemahlte Tonne für den Haufen?

Fremder. Sagt das nicht, manche Wahrheit retteten wir aus dem Strome der Zeit. Als es ein Verbrechen war, die schöne große Idee eines einzigen höchsten Wesens laut zu bekennen, da erhielt sie sich in unsern Hieroglyphen.

Faust. Ihr könntet mir also keinen Aufschluß geben über mich selbst.

Fremder. Ueber euch müßt ihr euch selbst um Rath fragen.

Faust. Ueber meine Fortdauer!

Fremder. Wähnst du, eine Menschenhand könne das Siegel der Geisterwelt lösen? Kennst du die Inschrift, die am Tempel der Isis *) stand? „Ich bin, die war und seyn wird. Kein Sterblicher hat meinen Schleyer aufgehoben.“

Faust. Kein Sterblicher? — Menschen machten diese Inschrift. Ein Mensch durchläuft seine Bahn früher als der andere. — Es muß einen Weg ins Geisterreich geben.

Fremder. Den gibt es.

Faust. Ich lasse euere Hand nicht mehr. Sie muß mich auf diesen Weg leiten. Ich habe die Freuden des Lebens genossen, und sie alle schaal und unbefriedigend gefunden. Ich habe nach Wahrheit geforscht, und nur Zweifel erblickt. Ich habe die Weisen gehört und gelesen, und nur Räthsel erhalten.

Fremder. Es gibt einen Weg ins Geisterreich. Der Mensch, wenn er die Schlacken der Menschlichkeit abgeschüttelt hat, schließt sich an den Geist an. — Seyd ein guter, edler Mensch, haschet nicht nach Träumen, schwärmt nicht in Ideenwelten, seyd Mensch, ohne mehr seyn zu wollen, genießet, entbehret, wirket, duldet als Mensch, dann steht ihr am Eingang in das Reich der Geister.

Faust. Werde ich ihnen dann meine Hände biethen können?

Fremder. Euere Hände sind Fleisch und Bein.

---

*) Eine Gottheit der alten Aegyptier.

Faust. Ich verstehe euch! also nichts kann ich bey euch finden.

Fremder. Was ihr in euch selbst finden könnt. Mehr schwerlich. — Doch noch etwas! — — Freundes Hand, die euch hält, wenn ihr strauchelt, Freundes Worte, die euch Trost zusprechen in Leiden und Gefahr, Freundes Kuß nach einer guten That.

Faust. Das ist zu wenig für mein Herz.

Fremder. Geht, und kehret nach Jahren wieder. Der Labetrunk, den ihr jetzt ausschlagt am Morgen, im Gefühle euerer Kräfte, wird euch willkommen seyn nach der Wahlfahrt schwüler Tage.

Faust. Die Welt ist mir zu enge.

Fremder. Es werden Stürme kommen, wo euch eine Hütte genügen wird.

Faust. Freundschaft und Liebe der Menschen sind mir nichts mehr.

Fremder. Weil ihr euch selbst nichts mehr seyd.

Faust. Ach Flügel, Flügel!

Fremder. Lernet euere Füße brauchen. Wer zu schnell eilt, sieht so manches nicht, was auf seinem Wege liegt. Lernet euere Augen brauchen! Lernet brauchen, was ihr habt, und ihr werdet nicht mehr wünschen, was ein weises Geschick euch versagt.

Faust. Kann ich dem Sturme meines Herzens gebiethen?

Fremder. Nicht durch Machtsprüche, aber ihm entgegen arbeiten könnt ihr, und in der Arbeit euere Kräfte fühlen und brauchen lernen.

Faust. Ich habe meine Bahn zu frühe durcheilt.

Fremder. Bey Nacht und Nebel, wie mancher Reisende ein Land. Es mißfällt ihm, weil er in der Finsterniß nichts sehen konnte, oder, weil er zu viel sah, und nicht weiß, was er gesehen hat.

Faust. Nun so will ich an den Ganges *) wallfahrten.

Fremd. Und was dort suchen?

Faust. Was ich hier nicht finden kann.

Fremd. Hier wachsen Eichen, dort werdet ihr Palmen finden. Kein Unterschied für den, dem es um Schatten zu thun ist.

Faust. Die Braminen **) sind im Rufe geheimer Weisheit.

Fremd. Der Ruf sagt gewöhnlich zu viel oder zu wenig von den Menschen.

Faust. Und wenn nun der letzte Fall hier Statt hätte?

Fremd. Schlimm für euch! Dann würdet ihr mehr finden, als ihr zu finden wünschet, mehr vielleicht, als ihr tragen könntet.

Faust. Es ist rühmlicher erliegen in Arbeit, als in träger Ruhe.

Fremd. Arbeit — ja, das ist es. Seht den Jüngling in der Fülle seiner Jugendkraft dastehen, er will Berge versetzen und Welten umspannen. Laßt ihn die Last eines Tagelöhners theilen, und der Halbgott wird am Abend entkräftet dem Schlummer in die Arme sinken. Nichts täuscht mehr, als das Gefühl eigener Kraft, ehe man sie untersucht hat.

Faust. Ich soll meine Kraft brauchen, wozu? Ich soll ringen und kenne den Preis nicht.

Fremd. Muß es denn eben ein Preis seyn? Man ringt, um seine Kräfte zu prüfen, um sie zu üben, und durch Uebung zu erhöhen.

Faust. Aber es muß doch ein Ziel seyn, wornach ich laufen soll, wenn ich auch gleich den Kranz am Ziele verschmähe.

---

*) Ein Fluß in Asien.

**) Priester und zugleich Gelehrte.

Fremd. Seyd nützlich!

Faust. Was ich den Menschen geben könnte, würd' ihnen wenig frommen. Diese kränkelnden Geschöpfe verlangen sorgfältige Pflege, und ich bin kein guter Krankenwärter.

Fremd. Kennt ihr euch selbst?

Faust. Wer darf sagen, daß er sich kenne. Wir sind heute nicht, was wir gestern waren.

Fremd. So solltet ihr wenigstens daraus Duldung euerer Brüder lernen.

Faust. Ich will ihnen aus dem Wege gehen. Was können sie mehr verlangen?

Fremd. Euere Hülfe.

Faust. Ich habe schon gesagt, daß ich mir selbst nichts seyn kann.

Fremd. Wenn der Kranke die heilsamen Arzneyen verschmäht, so bleibt ihm wenig Hoffnung zu genesen. Drum lebt wohl! (entfernt sich).

Sechszehnter Abschnitt.

Fausts Vorsatz und erster Schritt zur Beschwörung des Teufels.

Jetzt waren einige Wochen verstrichen, und Faust erneuerte seine Anträge in Betreff der Bibel bey dem hochweisen Rathe, aber da er wieder, wie das erstemahl, auf Geduld und die Zukunft verwiesen wurde, ging er ohne Hoffnung voll Liebe und Grimm auf seine einsame Stube zurück. In diesem Mißmuth nahm er seine Pergamentrolle wieder zur Hand, und untersuchte mit der größten Aufmerksamkeit die darin enthaltenen Beschwörungsformeln. Zwar überlief kalter Schauer seinen Rücken, aber der Gedanke etwas Kühnes zu wagen, und Unabhängigkeit von den Menschen durch die Verbindung mit dem Teufel zu suchen, schoß lebhafter, als jemahls durch sein Gehirn. Mit heftigen Schritten, wüthenden Geberden, unter fürchterlichen Ausrufungen, ging er in seinem Zimmer auf und ab, und kämpfte mit seinen innern aufrühreriſchen Kräften. Kühn strebten diese das Dunkel zu durchbrechen, das uns umhüllt, bebte sein Geist vor dem Entschluß, aber nun wägt der Lüsterne die Befriedigung der unersättlichen Begierden seines Herzens, die lang gewünschten Genüße der ganzen Natur, gegen die Vorurtheile der Jugend, die Armuth, und die Verachtung der Menschen. — Schon schwankt die Zunge der Wage. Die Glocke schlägt eilf auf dem nahen Thurme. Schwarze Nacht bedeckt die Erde, der Sturm heult aus Norden, die Wolken verhüllen den Mond, die Natur ist in Aufruhr. — Eine herrliche Nacht die empörte Einbildungskraft zu verwildern.

Noch schwankt die Zunge der Wage. In dieser Schaale liegen Religion und Furcht vor der Ewigkeit. Die Gegenschale schlägt sie hinauf, Durst nach Unabhängigkeit und Wissen, Stolz, Wollust, Groll und Bitterkeit füllen sie. Ewige Strafe und Verdammniß schallen nur dumpf in seiner Seele. So strauchelt die tugendhafte Jungfrau, welche die glühenden Küße des Geliebten auf dem Busen fühlt, zwischen den Lehren der Mutter, und dem Zuge der Natur.

Und nun schritt der Unglückliche zu dem kühnsten, verwegensten Werke, das ein Mensch unternehmen kann. Er zog nach der Vorschrift der Pergamentrolle den fürchterlichen Kreis, der ihn auf ewig der Ob- und Vorsicht des Höchsten, und den süßen Banden der Menschheit entreißen sollte. Seine Augen glühten, sein Herz schlug, und die Haare stiegen auf seinem Haupte empor. In diesem Augenblicke glaubte er seinen alten Vater, sein junges Weib und seine Kinder zu sehen, die in Verzweiflung die Hände rangen. Dann sah er sie auf die Knie fallen, und für ihn zu dem bethen, dem er eben entsagen wollte. „Es ist der Mangel, es ist mein Elend, das sie in Verzweiflung stürzt," schrie er wild, und stampfte mit dem Fuße auf den Boden. Sein stolzer Geist zürnte der Schwäche seines Herzens. Er drang abermahls nach dem Kreise, der Sturm rasselte an seinen Fenstern, die Grundfeste des Hauses zitterte.

Siebenzehnter Abschnitt.

Der Schutzgeist der Menschheit erscheint ihm.

Eine edle Gestalt trat vor ihn und rief ihm zu: Faust! Faust!

Faust. Wer bist du, der du mein kühnes Werk unterbrichst?

Gestalt. Ich bin der Schutzgeist der Menschheit, ich will dich retten, wenn du zu retten bist.

Faust. Was kannst du mir geben? Kannst du meinen Durst nach Wissen, meinen Drang nach Genuß und Größe stillen?

Gestalt. Demuth, Unterwerfung im Leiden, Genügsamkeit und hohes Gefühl deines Selbsts, sanften Tod und Licht nach diesem Leben, kann ich dir gewähren.

Faust. Verschwinde, Traumbild meiner erhitzten Fantasie, ich erkenne dich an der List, womit du die Elenden täuschest, die du der Gewalt unterworfen hast. Gaukle vor der Stirne des Bettlers, des zertretenen Sclaven, und aller derer, die ihr Herz durch unnatürliche Bande gefesselt haben, und ihren Sinn durch die Kunst hinaufschrauben, um der Klaue der Verzweiflung zu entwischen. Die Kräfte meines Herzens wollen Raum.

„Du wirst mich wiedersehen," seufzte der Schutzgeist und verschwand.

Faust rief ergrimmt: Necken mich die Märchen der Amme? Nein — sie sollen mich nicht abhalten, das Dunkle zu durchbrechen. Ich will wissen, was der düstre Vorhang verbirgt, der vor unsere Augen gezogen ist. — — — Ewigkeit — Dauer — Dauer sonder Ende — — hinweg — Gedanke, du könntest meinen felsenfesten Entschluß schmelzen. — — — — — Was der Mensch fühlt, genießt, faßt, nur das ist sein. Der Stier nützt die Kraft seiner Hörner und trotzt auf sie, der Hirsch seine Leichtigkeit, dem Jäger zu entfliehen, und der Mensch allein sollte mit seinem Schatz nicht wuchern? — Ich hab es lang genug mit den Menschen versucht, sie haben mich in Staub getreten, Schatten habe ich für Wahrheit ergriffen, laß michs nun auch mit dem Teufel versuchen.

Achzehnter Abschnitt.

Faust im Kreise der Beschwörung.

Hier sprang er wild begeistert in den Kreis hinein, und Klagetöne seines Weibes, seiner Kinder, und seines grauen Vaters erschollen in der Ferne: „Ach verloren — ewig verloren!"

Mit schwarzen Tapeten war das ganze Zimmer behangen. Die Decke desselben stellte das Gewölbe des Himmels vor, an dem der Mond mit Millionen Sternen prangte. In jeder Ecke brannte eine Lampe, deren blaues Feuer, aus Schwefel und andern brennbaren Mineralien erzeugt, das Gemach düster erleuchtete, und einen erstickenden, ekelerweckenden Gestank verbreitete. Scheußliche Larven mit Kränzen und Cypressen umwunden, schmückten die Wände, und in dem gezogenen Kreise lag ein menschliches Gerippe, um welches die zwölf Himmelszeichen angebracht waren. Faust hatte sich zu diesem kühnen, schauerlichen Wagestücke auf die erforderliche Art bereitet. Sechs Tage lang war er seit der letzten Anweisung vom Staatsrathe seinen Freunden unsichtbar, er enthielt sich von allen Arten des Vergnügens, floh den Umgang mit dem schönen Geschlechte und versagte sich Schlaf und Wein.

Jetzt stand er im Kreise, die Pergamentrolle in einer und den Schlangenstab in der andern Hand haltend, neigte er sich dreymahl gegen Osten, siebenmahl gegen Westen, neunmahl gegen Süden, blieb mit dem Gesichte gegen Norden gerichtet stehen, beschrieb mit dem Stabe auf dem Boden und in der Luft die vorgezeichneten magischen Figuren und begann anfangs mit schwacher, dann immer mit mehr und mehr wachsender Stimme also:*)

Neunzehnter Abschnitt.

Wirkliche Beschwörung.

Preis und Ruhm sey dem Schöpfer der Natur! von Alpha bis Omega, von Orient bis Occident! Macht und Kraft den mächtigen Elementen, welche der Stoff aller Körper sind, durch welche wir allein Tibet (Wahrheit,) Rapaton (Weisheit,) Pessanos (Schätze,) und Kaldonai, das ist, den höchsten Genuß irdischer

*) Jeder meiner Leser wird ohne mein Erinnern diese Beschwörung für das nehmen was sie wirklich ist, für Erdichtung und Fabeley.

Vergnügungen erlangen. In diese Kraft gehüllt, auf diese Macht gestützt, beginne ich Johann Faust im Nahmen der mächtigen Zahl Drey, im Nahmen der kräftigen Zahl Neun, und im Nahmen der unüberwindlichen Zahl Eilf, das große und erhabene Werk der Beschwörung, wovon die Grundfeste der Hölle erschüttert werden müßte. Kraft der Macht und Gewalt, welche die Wahrheit über Irrthum und Lüge, die Weisheit über Dummheit und Vorurtheil, Reichthum über Mangel und Dürftigkeit, und wirklicher Genuß über Stumpfheit der Sinne vom ersten Augenblick des Werdens der Natur besaß, besitzt, und bis zu ihrer Vernichtung besitzen wird, kraft dieser Macht und Gewalt beschwöre ich dich Lucifer, Fürst aller Fürsten der Finsterniß, kraft dieser Macht und Gewalt sollst du gehalten, gebunden und gezwungen seyn, mir Johann Faust diesen Augenblick sechs der schnellsten und mächtigsten Geister zu schicken, die im Stande sind, meine Begierden und Wünsche in ihrem Entstehen zu befriedigen. — Vor dieser Wunderkraft soll deine Hoffart zu Schanden stehen, dein Stolz gedehmüthiget seyn, und wenn du deine Ohnmacht meiner Macht entgegen zu stellen dich je erkühnen solltest, so soll dein Thron unter den Trümmern der Hölle verschüttet, und du selbst neun und neunzig tausend Klafter tief unter ihren Schutt geschleudert werden. — Daß du Lucifer, Fürst der Hölle, Beherrscher der Verworfenen, dieß Begehren ohne Zaudern und Zögern erfüllest, dazu sollst du durch den mächtigen, kräftigen, und unüberwindlichen Zauber der Elemente, die dich zu zermalmen vermögen, beschworen und bezwungen seyn. Unschädlich sollen mir seyn deine Bothen, und unbedingten Gehorsam geloben.

Der erste durchbreche das Dunkel der Wahrheit,
Der zweyte verwandle die Zweifel in Klarheit;
Der Dritte verschaffe mir Silber und Gold,

Der vierte mach Mädchen und Weiber mir hold!
Der fünfte besorge den Tisch und den Becher,
Für muntere Schwestern und lustige Zecher!
Der Sechste sey Morgens, Mitttags und bey Nacht,
Auf neues Vergnügen und Freude bedacht!
Und sind dann im Taumel der Wollust die Stunden,
Wie flüchtige Nebel des Fühlings verschwunden;
Und ist meine Seele dem Körper entflohn,
So sey sie für euere Mühe der Lohn!

Ungefähr nach einer halben Stunde war die Gaukeley zu Ende, und Faust neigte sich wie Anfangs wieder in alle Weltgegenden, beschrieb mit dem Zauberstabe auf dem Boden und in der Luft die magischen Figuren, und sah muthig und voll ungeduldiger Erwartung der Wirkung seines Unternehmens entgegen. — Jetzt erscholl ein leises, donnerartiges Getöse, das ganze Haus erbebte von einem gewaltigen Stoß, die Lampen erloschen und Blitze durchkreuzten das Zimmer. — Aber Faust stand unerschüttert und fest.

In dieser Situation wollen wir unsern Helden, eine Zeit lang verlassen, und unsere Aufmerksamkeit auf die Bewegungen richten, welche dieses kühne Possenspiel in der Hölle unter den Teufeln verursachte.

Zwanzigster Abschnitt.

Nationalversammlung in der Hölle.

Lucifer, der Herrscher der Hölle, hatte durch schrecklichen Hörnerschall, der an der glühenden Scheibe der Sonne wiedertönte, allen gefallenen Geistern kund thun lassen, daß er heute mit seinen Getreuen sich über einen wichtigen Gegenstand berathen, und zugleich ein großes Freudenfest geben wolle.

Die höllischen Geister versammelten sich auf den mächtigen Ruft. Schon ertönte das ungeheure Gewölbe der Hölle von dem wilden Geschrey des Pöbels der Geister. Myriaden lagerten sich auf den verbrannten, unfruchtbaren Boden. Nun traten die Fürsten hervor, und gebothen Schweigen. Die Teufel gehorchten und eine schaudervolle Stille herrschte durch die dicke Finsterniß, die nur das Gewinsel der Verdammten unterbrach. Jetzt trat Lucifer aus seinem geheimen Cabinet. Die Sünde, das scheußlichste Gespenst, der Hunger, die Krankheit, die Pest, die Ungerechtigkeit, die Armuth, die Verzweiflung, die Hoffart, der Geiz, die Wollust, der Wahn, der Neid und die Lüsternheit gingen paarweise vor ihm her, und halfen ihn auf den Thron. Nachdem er sich mit stolzer Miene gesetzt hatte, ließ er sich also vernehmen.

Seyd mir willkommen, ihr mächtigen Fürsten der Hölle! Wollust durchglüht mich, wenn ich über euch hinblicke. Noch sind wir, was wir damahls waren, als wir in diesen scheußlichen Abgrund geschleudert wurden von dem Ewigen. Ich gestehe, wir haben viel gelitten, und leiden noch, da die Ausübung unserer Kräfte von dem Unbegreiflichen so sehr beschränkt ist, aber in dem Gefühl der Rache, die wir an den Menschen nehmen, in Betrachtung ihrer Laster, wodurch sie uns so ähnlich werden, liegt Ersatz für dieses Leiden. Vernehmt nun die Ursache euerer Ladung! Johann Faust, ein kühner Sterblicher, der die Kunst erfunden, die Bücher, das gefährliche Spielzeug der Menschen, die Verbreiter vieler Irrthümer auf eine leichte Art tausend und tausendmahl zu vervielfältigen, hadert gleich uns mit dem Schöpfer. Dieß ist es, was ich euch verkündigen wollte, freut euch, und ruft mit mir: »Es lebe Faust!« Unter schrecklichem Getöse, daß die Axe der Erde zitterte, und die Gebeine der Todten in den Gräbern zusammen rasselten, erscholl es: »Es lebe Faust! Es lebe Faust!«

Die frohen Teufel lärmten hierauf so gewaltig, daß sie das Geheul der Verdammten selbst überbrüllten.

Auf einmahl erscholl Fausts mächtige Stimme von der Oberwelt, durch die Hölle. Es war ihm gelungen durch seinen Zauber in den Abgrund zu dringen, und den ersten Fürsten des schwarzen Reichs aufzufordern. Seiner Gewalt war nicht zu widerstestehen. Frohlockend fuhr Lucifer auf: »Es ist Faust, der mich ruft, nur dem Kühnen konnte es gelingen, nur der Verwegene konnte es wagen, so gewaltsam an die ehernen Pforte der Hölle zu schlagen. Auf! Ein Mann, wie er, ist mehr werth, als tausend der elenden Sünder, die auf eine alltägliche Art zur Hölle fahren.« Hierauf wandte er sich zu dem Teufel Mephistophiles: »Dich,« sprach er, »den geschmeidigsten Verführer, den grimmigsten Hasser der Menschen, fordere ich auf, hinauf zu fahren, und mir die Seele des Kühnen durch deine Dienste zu erkaufen. Nur du kannst das gierige Herz, den stolzen, rastlosen Geist fesseln, sättigen und dann zur Verzweiflung treiben. Fahre hinauf, verjage den Dunst der Schulweisheit aus seinem Gehirne, senge durch das üppige Feuer der Wollust die edlen Gefühle seiner Jugend aus seinem Herzen, öffne ihm die Schätze der Natur, treibe ihn hastig ins Leben, daß er sich schnell überlade. Führe ihn durch die wilden, scheußlichen Scenen des menschlichen Lebens, er verkenne den Zweck, verliere unter den Greueln den Faden der Leitung und Langmuth des Ewigen. Und wenn er dann abgerissen steht von allen natürlichen und himmlischen Verhältnissen, zweifelnd an seiner edeln Bestimmung, der Sinn der Wollust und des Genusses in ihm verdampft ist, er sich an nichts mehr halten kann, und der innere Wurm erwacht, so zergliedere ihm mit höllischer Beredsamkeit die Folgen seiner Thaten, und entfalte ihm die ganze Verkettung derselben, bis auf künftige Geschlechter. Ergreift ihn dann die Verzweiflung, so schleudre ihn herunter, und kehre siegreich in die Hölle zurück! Lewiathan, Chil, Dilla, Poman und Oron werdet mit ihm fahren, und meinen getreuen Mephistophiles mit eueren Diensten treulich unterstützen. Sparet weder Fleiß noch Mühe, den verwegenen Sterblichen bald in das Reich der Finsterniß zu befördern.«

Ein und zwanzigster Abschnitt.

Erscheinung der Geister.

Faust stand in seinem Zauberkreise wild begeistert. Zum dritten Mahle rief er mit donnernder Stimme die furchtbare Formel aus. Die Thüre fuhr plötzlich auf, ein dicker Dampf schwebte an dem Rande des Kreises, er schlug mit seinem Zauberstab hinein, und rief gebiethend: »Enthülle dich dunkles Gebilde!«

Der Dampf floß hinweg, und Faust sah eine lange Gestalt vor sich, die sich unter einem rothen Mantel verbarg.

Faust. Langweilige Mummerey für einen, der dich zu sehen wünscht! Entdecke dich dem, der dich nicht fürchtet, in welcher Gestalt du auch erscheinst!

Der Teufel schlug den Mantel zurück und stand in erhabner, stattlicher, kühner und kraftvoller Gestalt vor dem Kreise. Feurige, gebietherische Augen leuchteten unter zwey schwarzen Braunen hervor, zwischen welchen Bitterkeit, Haß, Groll, Schmerz und Hohn dicke Falten zusammen gerollt hatten. Diese Furchen verloren sich in einer glatten, hellen, hochgewölkten Stirne, die mit dem Merkzeichen der Hölle, zwischen den Augen sehr abstach. Eine feingebildete Adlernase zog sich gegen einen Mund, der nur zu dem Genusse der Unsterblichkeit gemacht zu seyn schien. Er hatte die Miene der gefallenen Engel, deren Angesichter einst von der Gottheit beleuchtet wurden, und die seit ihrem Sturze ein düstrer Schleyer deckt. Der linke Fuß verlor sich in eine Kralle.

Faust. (erstaunt.) Wer bist du?

Teufel. Ich bin ein Fürst der Hölle, und komme, weil dein mächtiger Ruf mich zwingt.

Faust. Ein Fürst der Hölle? Wie heißt du?

Geist. Mephistophiles?

Faust. Wo sind die übrigen, die ich rief?

Meph. Hier sind sie! (Die fünf übrigen erscheinen Fausten als Karrikaturen von Menschen.)

Zwey und zwanzigster Abschnitt.

Eigenschaften der Geister.

Faust. Wohl, daß ihr hier seyd! Ich will euere Geschwindigkeit prüfen. Wie schnell bist du? und wie heißt du?

Chil. Ich heiße Chil, das ist in euerer langweiligen Sprache: Pfeil der Pest.

Faust. Und deine Schnelligkeit?

Chil. Denkst du, daß ich meinen Nahmen vergebens führe? — Wie die Pfeile der Pest.

Faust. Im Dienste eines Arztes, wärst du am rechten Platze. Wie nennst du dich Zweyter?

Dilla. Ich nenne mich Dilla; denn mich tragen die Flügel der Winde.

Faust. Und du Dritter?

Oron. Mein Nahme ist Oron; denn ich fahre auf den Strahlen des Lichts.

Faust. O ihr, deren Schnelligkeit endliche Zahlen auszudrücken vermögen, ihr Elenden! Wie schnell bist du Vierter?

Pomon. So schnell, als die Gedanken des Menschen.

Faust. Das ist etwas? Aber nicht immer sind die Gedanken des Menschen schnell. Nicht da, wenn Wahrheit und Tugend sie auffordern. Wie träge sind sie alsdann. Du kannst schnell seyn, wenn du schnell seyn willst, aber, wer steht mir dafür, daß du es allezeit willst? (zum Fünften) Sag an, wie schnell bist du?

Lewiathan. So schnell als die Rache des Rächers.

Faust. Schnell wäre seine Rache? Und ich lebe noch? Und ich sündige noch?

Lewiathan. Daß er dich noch leben, noch sündigen läßt, ist schon Rache.

Faust. Ha! Daß ein Tenfel mich dieses lehren muß! Und du Mephistophiles?

Meph. Unzuvergnügender Sterblicher! wo auch ich dir nicht schnell genug bin!

Faust. Rede wie schnell?

Meph. Nicht mehr und nicht weniger als der Übergang vom Guten zum Bösen!

Faust. Ha. Du bist mein Teufel! So schnell als der Übergang vom Guten zum Bösen! Ja, der ist schnell, schneller ist nichts, als der. Weg von hier, ihr Schnecken des Orkus — weg, erwartet unsichtbar meine Befehle! Aber warum erscheinst du mir unter dieser Maske? Unter der Gestalt des Menschen? Ich wollte einen Teufel haben, und keinen meines Geschlechtes?

Meph. Faust, vielleicht sind wir es dann ganz, wenn wir euch gleichen, wenigstens kleidet uns keine Maske besser. Ist es nicht euere Weise das zu verbergen, was ihr seyd, und das vorzugaukeln, was ihr nicht seyd.

Faust. Eine bittre Wahrheit; denn sähen wir von außen so aus, wie wir in unserm Innern sind, so glichen wir oft dem, was wir uns unter euch denken, doch dachte ich dich fürchterlich, und hoffte meinen Muth bey deiner Erscheinung zu prüfen.

Meph. So denkt ihr euch alle Dinge anders, als sie sind. Wenn ich dir erschiene, wie ich bin, die Augen drohende Kometen, einherschwebend wie eine schwarze Wolke, die Blitze aus ihrem Bauche schleudert, das Schwert in der Hand, daß ich einst vermessen gegen den Allmächtigen zog, den ungeheuern Schild an dem Arme, den sein Donner zerschmettert hat, du würdest in deinem Kreise zu Asche werden.

Faust. Nun, so hätte ich doch einmahl etwas Großes gesehen.

Meph. Dein Muth würde mir gefallen, aber nie seyd ihr kleiner, als wenn ihr euch Riesen zu seyn dünkt.

Faust. Spötter! Und was ist der Geist in mir, der, wenn er einmahl den Fuß auf die Leiter gesetzt hat, von Sprosse zu Sprosse bis ins Unendliche steigt? Wo ist seine Gränze?

Meph. Vor deiner Nase, doch, wenn du mich dieses Schnickschnacks wegen aus der Hölle gerufen hast; so laß mich immer wieder abziehen! Ich kenne schon lange euere Kunst, über das zu schwatzen, was ihr nicht versteht.

Faust. Deine Bitterkeit gefällt mir, sie stimmt zu meiner Lage, ich muß dich näher kennen lernen.

Meph. Nun so rede, was verlangst du von mir?

Faust. Verlangen? O des lang gedehnten

Wortes für einen Teufel. Wenn du bist, was du scheinen willst, so führe meine Begierden in ihrem Keimen aus, und befriedige sie, ehe sie Willen geworden sind.

Meph. Faust! — ich bin ein Geist aus flammendem Lichte geschaffen!

Faust. Und doch mußt du mir dienen, wenn mir's gefällt.

Meph. Dafür erwart ich Lohn und den Beyfall der Hölle, der Mensch und der Teufel thun beyde nichts umsonst.

Faust. Welchen Lohn erwartest du?

Meph. Ein Ding aus dir gemacht zu haben, das mir gleicht, wenn du die Kraft dazu hast.

Faust. Du kennst den Menschen schlecht, für einen so gewandten Teufel, wenn du an der Kraft desjenigen zweifelst, der es einmahl gewagt hat, aus den Banden zu springen, die der Schöpfer so fest um unser Herz gelegt hat.

Meph. Wohlan! So rede! Fasse dich kurz, und erkläre, was du von mir verlangst?

Faust. Sieh mich an, und sage mir, was dich mein Geist fragt, das, was ich nicht zu sagen wage. (Bey diesen Worten deutete er auf sich, dann gegen den Himmel, und machte eine Bewegung mit seiner Zauberruthe gegen Auf- und Niedergang der Sonne, dann fuhr er fort.) Du hörst den Sturm toben, warst — da die Natur noch schlummerte. (Hier deutete er auf seine Brust und Stirne.) Hier ist's Nacht, laß mich Licht sehen.

Meph. Verwegener! Ich verstehe deinen Willen, und schaudre vor deiner Kühnheit, ich ein Teufel.

Faust. Elender Geist, du windest dich mit dieser Ausflucht nicht los. In meinem glühenden Durste würde ich es unternehmen, das ungeheure Meer auszutrinken, wann ich in seinem Abgrunde das zu finden hoffte, was ich suche. Ich bin dein, wenn du dieß Begehren erfüllst, — noch steh ich da, wohin kein Teufel dringen kann, noch ist Faust sein Herr.

Meph. Das warst du vor einem Augenblick noch. Dein Loos ist geworfen, war geworfen, da du diesen Kreis betratst. Wer in mein Angesicht geblickt hat, kehrt umsonst zurück.

Faust. Reden sollst du, und die dunkle Decke wegreißen, die mir das Licht verbirgt. Du bebst? Hab ich etwa mehr Muth, als du? Welche zitternden Teufel speyt doch die Hölle aus! Weg mit dir! Du bist kein Teufel, du bist ein elendes Ding, wie ich es bin.

Meph. Kühner Sünder! Du hast die Hand des Rächers noch nicht gefühlt, wie ich. Die Ahndung davon würde dich in Staub verwandeln, und wenn du die Kraft des Menschengeschlechtes von dem ersten bis zum letzten Sünder in deiner Brust trügest. Dringe weiter nicht in mich!

Faust. Ich fordere Gehorsam!

Meph. Unzubefriedigender! Nun so wisse, daß auch die Teufel ihre Gränzen haben. Seitdem wir gefallen sind, haben wir die Vorbildung der Geheimnisse, bis auf die Sprache sie zu bezeichnen, verloren. Nur die unbefleckten Geister vermögen sie zu denken und zu besingen.

Faust (rasch). Glaubst du mich durch eine listige Wendung in dem zu täuschen, wornach mein Gaumen so lüstern ist.

Meph. Unersättlicher! Um mich an dir zu rächen, wünschte ich dir, mit den glänzenden Farben des Himmels das zu schildern, was du verloren hast, und dich dann der Verzweiflung zu überlassen. Wüßt ich auch mehr, als ich weiß, kann die Zunge aus Fleisch gebildet, dem Ohre aus Fleisch gebildet faßlich machen, was außer den Gränzen der Sinne liegt, und der körperlose Geist nur begreift?

Faust. So sey Geist und rede! Schütte diese Gestalt ab!

Meph. Wirst du mich dann vernehmen?

Faust. Schütte diese Gestalt ab! Ich will dich als Geist sehen.

Meph. Nun, so sieh mich — ich werde seyn, und dir nicht seyn, ich werde reden, und du wirst mich nicht verstehen.

Nach diesen Worten zerfloß der Teufel Mephistophiles in eine helle Flamme, und verschwand.

Faust. Rede und enthülle die Räthsel!

Wie der sanfte West über die beblümte Wiese hinstreicht, und die holden Blüthen leise küßt, so säuselte es an Fausts Stirne und Ohren. Dann verwandelte sich das Säuseln in ein steigendes, anhaltendes, rauschendes Rasseln, das dem rollenden Donner, dem Zerschlagen der Wogen an der Brandung, dem Geheule und Gesause in den Felsenklüften glich. Faust sank in seinem Zauberkreise zusammen, und erholte sich endlich wieder.

Faust. Ha, ist dieß die Sprache der Geister? Nun so verschwindet mein Traum, ich bin getäuscht, und muß in der Finsterniß knirschen. So hätt' ich dann meine Seele nur um Wollust und Gold verkauft; denn dieß ist ja alles, was mir diese Kuppler der Hölle leisten können. Erleuchtet, wie nie einer war, gedachte ich unter die Menschen zu treten, und sie mit meinem Glanze zu blenden, wie die aufgehende Sonne. — Der stolze Gedanke, ewig in den Herzen der Menschen zu leben, ist hin, und ich bin elender, als ich war. — — — — Ha! wo bist du Gaukler, daß ich meine Wuth an dir auslasse!

Meph. (in seiner vorigen Gestalt). Hier bin ich! Ich sprach und du vernahmst den Sinn meiner

Worte nicht. Fühle nun, was du bist, zur Dunkelheit geboren, ein Spiel der Zweifel. Dir kann nicht werden, was dir nicht werden soll. Ziehe deinen Geist von dem Unmöglichen ab, und halte dich an das Faßliche. Du wolltest die Sprache der Geister vernehmen, hast sie vernommen, und sankst betäubt hin unter ihrem Schall.

Faust. Reize nicht meinen Zorn, sonst will ich dich mit meiner Zauberruthe bis in die Hölle zurück geißeln.

Meph. Wag es, und die Hölle wird deines ohnmächtigen Zorns lachen!

Faust. Pfuy des Wahnsinns, daß ein edles Geschöpf sich mit einem, von Ewigkeit Verworfenen abgibt, der nur Sinn zum Bösen hat, nur im Bösen beystehen kann.

Meph. Pfuy des Ekels, einen Menschen anhören zu müssen, der dem Teufel vorwirft, daß er Teufel ist, und sich nicht mit Tugend brüstet, wie Viele von euch!

Faust. Brüstet? Taste den Werth der Tugend nicht an, wodurch sich der Mensch den unsterblichen Seligen nähert!

Meph. Ich will dir zeigen, was daran ist.

Faust. Spare deine Mühe, wir haben manche Philosophen gehabt, die dir hierin längst vorgegriffen haben.

Meph. Besser wäre es für dich gewesen, du hättest nie einen gelesen, dein Kopf würde gerader und dein Herz gesünder seyn.

Faust. Verdammt, daß der Teufel doch immer Recht haben muß.

Meph. Ich will dir anschaulich machen, wovon deine Philosophen schwatzen, und die Wolken vor deinen Augen wegblasen, die Stolz, Eitelkeit und Selbstliebe zusammen getrieben, und so schön gefärbt haben.

Faust. Wie das?

Meph. Ich will dich auf die Bühne der Welt führen, und dir die Menschen in ihrer Blöße zeigen. Laß uns reisen zu Wasser, zu Lande, zu Fuß, zu Pferde, oder auf den Flügeln des Windes, und das Menschengeschlecht mustern!

Faust. Wohlan! Ziehen wir durch die Welt! Ich muß mich durch Genuß und Veränderung betäuben. Längst hab ich mir einen weitern Kreis zum Bemerken gewünscht, als mein eigenes, tolles Herz.

Meph. Ich will dir den Becher des Genusses voll und rauschend füllen, so wie er noch keinem Sterblichen gefüllt wurde. Zähle den Sand am Meere, dann magst du die Zahl der Freuden zählen, die ich dir auftischen werde. Und sollte ich außer Stande seyn, dich ganz zu sättigen; dann will ich dir den Bundbrief zurück geben, den du heut mit deinem Blute unterzeichnen wirst, dann magst du zurückkehren, zur Armuth und Verachtung und zu deiner nüchternen Philosophie!

Faust. Du willst mich mit anderer Münze bezahlen, als ich bezahlt zu seyn wünsche. Ich verlange Licht im Dunkel.

Meph. Auch dieses wird dir werden, so weit es deinen schwachen Augen zuträglich ist.

Faust. Ich verlange Aufschluß über meine Zweifel.

Meph. Diese wird dir Leviathan gewähren, so fern es seine Gränzen erlauben.

Faust (unwillig). Ihr elenden Ohnmächtigen. Daß der Mensch doch so erhabene Begriffe von eurer Beschränktheit haben kann. — — Aber Schätze und Gold?

Meph. Sollst du haben, so viel du verlangst?

Faust. Welcher der unsichtbaren Geister, die mich umgeben, vermag meinen Golddurst zu löschen.

Oron (erscheint). Ich — ich will alle Goldminen der Erde erschöpfen, um deine Habgierde zu befriedigen.

Faust. Wohl — so verschaffe mir dann der Schätze so viel, als ich bedarf alle Geizhälse und Wucherer zu sättigen.

Oron. Dein Befehl sey erfüllt!

Und schon stand eine Kiste mit neu geprägten Goldstücken, und den kostbarsten Juwelen vor dem Kreise.

Faust. Und welcher der Uebrigen vermag das Feuer der Wollust in dem Herzen keuscher Weiber und Mädchen in lichte Flammen anzufachen?

Chil. Der bin ich — in dieser Kunst übertreffe ich alle Kuppler und Gelegenheitsmacher der Erde.

Faust. Wohlan! Aber hüthe dich, daß deine Kunst an der schönen Bürgermeisterinn nicht scheitere, daß du an ihrer Tugend nicht zum Pfuscher werdest!

Chil. Ich bin meines Sieges gewiß. (Er verschwindet).

Faust. Eine wohlbesetzte Tafel mit niedlichen und kostbaren Speisen und Getränken für mich und meine Gäste, wer aus euch wird diese besorgen?

Dilla. Darin hoffe ich deinen Beyfall zu erhalten.

Faust. Nun, so thue dann, was deines Amtes ist.

Poman. Auch ich erwarte deine Befehle, mächtiger Gebiether!

Faust. Dein Geschäft sey Ekel und Überdruß aus meinem Herzen zu verscheuchen, die schlummernden Begierden nach Genuße in mir aufzustören, die stumpfen Sinne zu schärfen, und jede Stunde meines Lebens durch neue Erfindungen und Reize zur Wollust zu einem Fest zu machen.

Poman. Dir in allem zu willfahren, will ich vergessen, daß ich ein Teufel sey, und eher tausend Seelen von der Pforte der Hölle warten, als deinen leisesten Wunsch unerfüllt lassen.

Meph. So wären denn die Rollen alle zu dem glänzenden Schauspiele ausgetheilt, das ein Sterblicher je hienieden zu spielen unternahm!

Faust. Sie sind es! Der Vorhang werde aufgezogen!

Meph. So bald du aus dem Kreise bist. Tritt heraus!

Faust. Ha! welcher Abgrund öffnet sich meinen Augen?

Meph. Tritt aus dem Kreise, und beginne eine Bahn, die noch keiner der Söhne des Staubes begann!

Faust. Die Wuth des Löwens brüllt aus mir, und wenn sich unter meinem Fuße die Hölle öffnete — ich springe über die Grenzen der Menschheit; (er springt aus dem Kreise). Ich bin dein Herr.

Meph. So lange deine Zeit rollt. Ich fasse einen großen Mann an der Hand, und bin stolz darauf, sein Diener zu seyn.

Drey und zwanzigster Abschnitt.

Fausts Abenteuer mit der Bürgermeisterinn.

Den folgenden Morgen kam der Teufel Mephistophiles in dem Gepränge und mit dem Gefolge eines großen Herrn, der Incognito reiset, vor Fausts Gasthof an. Er stieg von seinem prächtig gezierten Pferde, und fragte den Wirth ob der große Mann Faust bey ihm wohne. Der Wirth beantwortete die Frage mit einer tiefen Verbeugung, und führte ihn ein. Mephistophiles trat zu Fausten, und sagte zu ihm in Gegenwart des Wirthes:

„Sein Ruhm, sein großer Verstand und seine herrliche Erfindung hätten ihn gewogen, einen weiten Umweg auf seiner Reise zu machen, um einen so merkwürdigen Mann, den die Menschen vermöge ihres Blödsinnes, verkannten, genau kennen zu lernen, und sich, wenn es ihm gefiele, seine Begleitung auf seiner vorhabenden großen Reise in fremde Länder auszubitten. Er mache ihn übrigens ganz zum Herrn der Bedingungen; denn er könnte seine Gesellschaft nicht zu theuer erkaufen.“

Faust spielte seine Rolle in dem Sinne des Teufels, und der Eigner des Gasthofes eilte hinaus, den Vorfall dem ganzen Hause bekannt zu machen. Das Gerücht davon breitete sich schnell in ganz Frankfurt aus. Jung und Alt, Groß und Klein, Arm und Reich war begierig den Wundermann zu sehen. Die vornehmsten Damen der Stadt machten ihm ihre Aufwartung, und der Rath fertigte sogar eine Deputation an ihn ab, um ihn in ihren Mauern zu bewillkommen, und ihm vierhundert Goldgulden für seine lateinische Bibel anzubiethen. Faust empfing die Gesandtschaft, wie es ziemte, und da er ihren Antrag vernahm, so machte er der Stadt ein Geschenk mit seiner lateinischen Bibel, schlug die angebothene Summe aus, und nahm bloß die Einladung zu einem Gastmahle an, welches der Bürgermeister ihm zu Ehren veranstalten würde. Die Gesandten gingen mit frohen Gesichtern nach Hause und wurden mit großer Freude empfangen. Indessen schlug die Glocke zur Mahlzeit. Faust und Mephistophiles setzten sich auf prächtig geputzte Pferde und ritten von einem großen Gefolge begleitet, an das sich ein langer Zug gaffenden Pöbels hing, nach dem Hause des Bürgermeisters. Sie traten in den Versammlungssaal, und wurden von dem Eigner des

Hauses sowohl als auch von den anwesenden Gästen mit ausgezeichneter Hochachtung aufgenommen! Der Frau des Hauses war Fausts Blick so wenig entgangen, als seine schöne männliche Gestalt, und sein geistvolles Gesicht. Sie erröthete züchtiglich, da er sie bewillkommte, und ihr einige Galanterien sagte, aber sie wußte in dieser Verlegenheit sich durch nichts anders, als einen Blick voll Verwirrung zu helfen, den Fausts Herz begierig verschlang.

Voll guter Laune setzten sich nun die Geladenen zu Tische, der mit den ausgesuchtesten Speisen und köstlichsten Getränken besetzt war, und schmausten. Witz und Scherz würzte das verschwenderische Mahl, besonders wußte unser Held durch seine launigten Einfälle die Aufmerksamkeit der Gäste auf sich zu ziehen, und die Herzen der Damen zu fesseln. Alle waren von seinem schlanken Wuchse, von seiner regelmäßigen Bildung, am meisten aber von seiner schön gewölbten Nase, und seiner ausschweifenden Munterkeit bezaubert. Jeder seiner freundlichen Blicke ward ihm mitdem gefälligsten Lächeln vergolten, vorzüglich suchte die schöne Bürgermeisterinn seine Schmeicheleyen ihm mit reichen Zinsen zu erwiedern; denn der Wollustteufel hatte in ihrem Busen die Lust zur Sünde zur hellen Flamme angefacht, und sie war unermüdet geschäftig, ihrem vornehmen Gaste das eingesogene süße Gift durch alle erdenkliche Kunstgriffe der Kokètterie mitzutheilen. Jetzt war die Tafel geendet, die Geladenen standen auf, und Faust, der zu leben wußte, schlug der Gesellschaft einen Spaziergang in den Hausgarten vor.

Vier und zwanzigster Abschnitt.

Frühling im Winter. — — Die Nasenlese.

Jedermann erstaunte über den sonderbaren Einfall, denn es war im Eismond, und weit und breit lag die Erde in ihre Wintertracht gehüllt; doch war man so gefällig, seinem Wunsche zu willfahren; aber welche Bewunderung, welches Staunen ergriff die Sinne aller Anwesenden, da sie die Natur im jugendlichen Reitze des Frühlings erblickten. Tulpen und Hyazinthen, Veilchen und Rosen standen im schönsten Flor. Einige Obstbäume blühten, andere waren mit reifen Früchten behangen, und säuselnde Westwinde verbreiteten die aromatischen Düfte der Jasminstauden und Nachtschattenhecken durch den ganzen Garten. Der Tag glich dem schönsten im May, keine Wolke trübte den Himmel, und das süße Gemurmel der rieselnden Quelle lud den Lustwandler zum erquickenden Schlummer. Die Nachtigallen und Grasmücken ließen sich im Gebüsch hören und die fröhlichen Schwalben schwirrten hoch in der Luft um den Klosterthurm. Die Gesellschaft wähnte in einem Paradiese zu seyn, und jeder war im Genuße dieses unerwarteten Schauspieles selbst zu sehr versunken, als daß er darauf hätte achten können, was außer seinem Kreise vorging. Faust nützte die Augenblicke der Betäubung, er wandelte am Arme der schönen Dame aus einer Allee in die andere, plötzlich umfloß ihn eine undurchdringliche Wolke, wie einst den Donnerer und seine Jo umfloß, und bald befanden sich beyde wieder unvermerkt bey der Versammlung ein. Als der erste Rausch des Staunens vorüber war, machte man Fauste und seinen kunstreichen Talenten von allen Seiten die schmeichelhaftesten Complimente, und weil dieser Weihrauch seiner Eitelkeit behagte, so beschloß er bey sich, der Gesellschaft noch ein anderes Kunststück zu machen, wodurch er sich auch zugleich an den Rathsgliedern wegen der ersten schnöden Behandlung in Betreff seiner Anerbiethung der von ihm gedruckten lateinischen Bibel auf eine unschädliche Art zu rächen vornahm.

In dieser Absicht führte er den Bürgermeister, dessen Gattinn und die übrigen Gäste an ein Rebengeländer, an dem die saftigsten Trauben hingen, und gab jedem ein Messer, sich eine reife Traube abzuschneiden, aber plötzlich nahm er die künstliche Täuschung hinweg, da ergab es sich dann, daß jeder Gast seine eigene Nase statt der Traube gefaßt hatte, und im Begriffe stand, sie abzuschneiden. Einige der Anwesenden waren wirklich in ihrem Eifer, in der Mitte des Winters frische Trauben zu essen, so weit gegangen, daß sie statt dieser ihre abgeschnittenen Nasen in den Händen hielten, bey andern, die nicht so heißhungrig zu Werke schritten, hingen sie noch an schwachen Fasern, und die am letzten nach der reizenden Frucht gegriffen, und so eben ihr Messer angesetzt hatten, bey diesen waren die Einschnitte, die sie in die Stiele der Trauben anbrachten, an ihren Nasen zu sehen. Ein durchdringendes Geheul erfüllte die Luft, und kein Pinsel ist im Stande den Schmerz, die Verwirrung und die Verlegenheit zu mahlen, die auf allen Gesichtern ausgedrückt war. Die Damen, welche beynahe alle ihre Nasen in den Händen trugen, liefen ängstlich in dem Garten herum, die süßen Herren, die nicht viel weniger lüstern, und nahe an den Damen waren, drückten ihre herabhängenden Reste an das Gesicht, und die, welchen sie noch unverletzt zwischen den Augen stand, fürchteten aus dem häufig herabquellendem Blute ein gleiches Schicksal — den unvermeidlichsten Tod.

Faust und Mephistophiles standen unsichtbar in einem Winkel des Gartens, und lachten über den komischen Schwank. — Kein Anblick konnte grotesker seyn, und als sich die Frühlingsscene wieder in den wirklichen Winter verwandelt hatte, eilte alles nach Hause, um den abgeschnittenen herabhangenden und blutenden Nasen zu Hülfe zu kommen. Alle Ärzte und Wundärzte der Stadt hatten vollauf zu thun. Einigen wurden die Nasen durch zusammenziehende und theure Pflaster angeheftet, andern die herabhängenden mit goldenen Fäden aufgenäht, und die verwundeten wurden mit den köstlichsten Salben bestrichen. Jeder Quacksalber, jeder Bartscheerer bekam diesen Abend Gelegenheit, seine Kunst zu zeigen, und den Beutel zu füllen. Nachdem die Nasenoperationen allenthalben vollendet, und die lüsternen Näscher und Näscherinnen in einen behaglichen Schlaf voll banger Erwartung gesunken waren, hatte auch der Spuck ein Ende, und alle erwachten, und standen des Morgens mit wohlbehaltenen Nasen auf. Die einzige Frau Bürgermeisterinn, die zwar auch wieder eine gesunde Nase, aber kein gesundes Gewissen hatte, blieb von dieser Zeit an düster, und welkte, für alle Freuden des Lebens unempfänglich, langsam wie eine Blume aus Mangel an Nahrung, dahin. Leise sprach man in Gesellschaften von diesem Vorfalle. Einige hielten Fausten für einen Taschenspieler, andere für einen Schwarzkünstler, und eine dritte Partey erklärte ihn für einen tiefsinnigen gelehrten Philosophen, der die Natur beschlichen, und ihr die wichtigsten Geheimnisse abgelauscht habe. Alle Sagen und Meinungen verloren sich am Ende in dem Strome der Vergessenheit, wie sich Bäche und Flüsse nach tausend Krümmungen im ungeheuern Ocean verlieren.

Mephistophiles und Faust fuhren jetzt über die

Stadtmauern hinweg, und als sie sich auf dem flachen Felde befanden, sandte Ersterer einen Geist nach dem Wirthshause, die Rechnung zu berichtigen, und Faustens Geräthschaften zu bringen.

Fünf und zwanzigster Abschnitt.

Fausts Ankunft bey seiner Familie.

Mit dem ersten Morgen langten unsre Reisenden in Mainz an, und stiegen bey Fausts Wohnung ab. Sein junges Weib fiel ihm mit einem hellen Freudengeschrey um den Hals, herzte und küßte ihn, und brach dann in wehmüthige Thränen aus. Die Kinder hingen sich an seine Knie, und durchsuchten begierig seine Taschen. Der alte graue Vater nahte sich ihm mit zitternden Füssen, und reichte dem Sohne traurig die Hand. Fausts Herz bewegte sich, er fühlte seine Augen naß, er bebte, und sah zornig nach dem Teufel. Als er seine Gemahlinn fragte, warum sie weinte, antwortete sie schluchzend: „Ach sieh doch Faust, wie die Hungrigen in deinen Taschen nach Brot suchen, wie kann ich diesen Jammer ohne Thränen ansehen. Die Armen haben lange nichts gegessen, wir waren so unglücklich; aber nun, da ich dich wieder sehe, ist mir als erblickte ich das Angesicht eines Engels. Ich und dein grauer Vater haben noch mehr um dein, als um unsertwillen gelitten. Wir hatten so fürchterliche Träume und Erscheinungen. Wenn sich meine von Thränen müden Augen schlossen, sah ich dich gewaltsam von uns gerissen, und alles war so finster und schreckend. — —

Faust. Dein Traum, meine Liebe, geht eines Theils in Erfüllung. Denn sieh, dieser vornehme Cavalier will die Verdienste deines Mannes belohnen, den sein hartes Vaterland mißkannte und verstieß. Ich habe mich ihm verbunden, als Gesellschafter eine lange und weite Reise mit ihm zu machen.

Der alte Faust. Mein Sohn! Du reißest mir den Becher der Freude in dem Augenblick von dem Munde, in dem ich ihn verkosten will. Ich glaubte, du hättest deine Reise geendet, würdest dich nicht mehr von mir und den Deinigen trennen.

Faust. Vater! Ich kehrte nur deßwegen zurück, um Euch und meine Familie dem Elende zu entreißen, und vor widrige Zufälle in der Zukunft zu sichern.

Der alte Faust. Wähnst du, daß du dieses im Stande wärest?

Faust. Davon sollt ihr in diesem Augenblicke überzeugt werden, mein Vater!

Hierauf winkte er dem Teufel, der einen Diener herein rief, welcher bald darauf einen schweren Kasten herein schleppte. Faust öffnete denselben, und warf einen schweren Sack voll Gold auf den Tisch. So wie er diesen aufmachte, und das Gold schimmerte, verbreitete sich Heiterkeit auf die traurigen Gesichter. Jetzt zog er prächtige Stoffe und Kleinodien hervor, und überreichte sie seinem Weibe. Die Thränen verschwanden, die Eitelkeit leckte sie weg wie die Sonnenhitze den Thau, und Munterkeit ergoß sich über das Angesicht der jungen Gattinn. Mephistophiles lächelte, und Faust murrte in seinen Bart: „O Zauber des Goldes, Magie der Eitelkeit! Ich kann nun wegreisen, ohne daß es andere Thränen, als Thränen der Verstellung kosten wird. Sieh Weib, sprach er, dieß sind die Früchte meiner Reise.“ Aber die junge Frau hörte nichts, sie stand mit ihren Stoffen, Kleidern und Kleinodien vor dem Spiegel, und versuchte, wie sie diese Herrlichkeiten erhöhen würden. Die kleinen Mädchen hüpften um sie herum, nahmen die Putzstücke, die sie weglegte, und ahmten die Mutter nach. Indessen brachte ein Diener ein volles Frühstück, die Kleinen fielen gierig darüber her, und schrien und jauchzten, nur die Mutter allein hatte den Hunger vergessen.

Der alte Faust schlich sich zu seinem Sohne, und raunte ihm leise ins Ohr: „Hast du dieß alles auf eine redliche Art erworben, so laß uns Gott danken, mein Sohn, und des Bescherten genießen. Ich habe seit einigen Nächten schreckliche Gesichter und Ahnungen gehabt, doch ich hoffe, sie kommen von unserem Kummer.“

Diese Anmerkung des Alten, wollte tief in Fausts Seele sinken, aber die Freude seine Kinder so gierig und vergnügt essen zu sehen, zu bemerken, wie freundlich und dankbar sein ältester Sohn und Liebling nach ihm blickte, der Gedanke ihrem Elende abgeholfen zu haben, der Mißmuth über das Vergangene, und der innere Zug nach Genuß dämpften die Aufwallung.

Der Cavalier legte noch eine beträchtliche Summe zu dem Golde, beschenkte die junge Frau mit einem edlen Halsschmuck, gab jedem der Kinder eine Rolle voll Goldstücke, und versicherte die Familie, er würde Fausten reich, gesund und glücklich zurückbringen.

Sechs und zwanzigster Abschnitt.

Fausts Rache an einem Rechtsfreunde.

Noch vor kurzer Zeit wandelte Faust verkannt, von Mangel und Elend gedrückt, in Mainz herum, und ungeachtet seiner herrlichen Talente, wovon er der Welt durch seine Erfindungen einen so überzeugenden Beweis gab, schielten ihn doch die Meisten verächtlich an, und überließen ihn der Verzweiflung. Jetzt erschien er von dem Glanze des Überflusses umgeben, und alles drängte sich zu ihm, selbst diejenigen, von denen er ehe so schnöde abgewiesen wurde, wenn er sie um Unterstützung und Beystand flehte, kamen und bothen ihm nun ihre Dienste an. Aber Faust rächte sich als ein Mann, vergalt Verachtung mit Verachtung, und ließ die kriechenden Schmeichler das Gewicht fühlen, das er sich über sie zu verschaffen gewußt hatte. Von Mephistophiles begleitet ging er jetzt in der Stadt herum, suchte die Wenigen auf, die ihm ehedem Wohlthaten erwiesen hatten, bezahlte seine Schulden, gab überall mit vollen Händen, und fühlte sich glücklich, seiner angebornen Großmuth und Freygebigkeit ohne Maß und Einschränkung den Ziegel schießen lassen zu können. Der Teufel, der weiter sah und bemerkte, wie er das Gold ohne alle Überlegung wegwarf, freute sich der Folgen.

Am zweyten Morgen kamen sie zu seinem einzigen, treuen Freund Wagner, den Faust in mißlichen Umständen fand. Dieser redliche Mann war unglücklicher Weise mit einem reichen Bürger in einen Prozeß verwickelt worden. Sein Geldvorrath war durch die häufigen Gebühren erschöpft, und da sein Rechtsfreund den magern Braten roch, lag er ihm von der Gegenpartey bestochen, unermüdet in den Ohren, lieber einen Vergleich einzugehen, und das Wenige zu retten, als Hab und Gut und Ehre zu verlieren. Faust war von der traurigen Lage seines Freundes kaum unterrichtet, als er ihm einen vollen Beutel mit Gold in die Hand drückte, und ihn versicherte, das der richterliche Ausspruch, da das Recht ganz auf seiner Seite sey, unfehlbar für ihn ausfallen müßte. Wagner war entzückt über die Versicherung seines Freundes, und als Faust die Kunde erhielt, daß heute das Endurtheil, weil sein Freund den angebothenen Vergleich ausgeschlagen, abgefaßt werden sollte; so begaben sich alle drey ungesäumt nach der Wohnung des Advocaten. Der dienstfertige Faust fand in dem Rechtsfreunde einen aufgeblasenen stolzen Mann, der einen armen Klienten kaum eines Blickes würdigte. Der Advocat fuhr Fausts Freund verdrießlich an: „Was quält ihr mich, wißt ihr doch, das Thränen die Gerechtigkeit nie bestechen.“

Der gebeugte Klient sah demüthig zur Erde.

Faust. Gestrenger Herr! Da habt ihr Recht, Thränen sind auch nur Wasser, und beissen nur die Augen dessen, der sie weint, aber doch wißt ihr, daß mein Freund Wagner das Recht für sich hat; denn sonst würdet ihr ihm wohl schwerlich einen Vergleich angebothen haben.

Advocat. Ich that es, um ihn vom Bettelstabe zu retten, denn ein magerer Vergleich ist besser, als ein fetter Prozeß.

Faust. Diese Denkungsart macht eurem Herzen Ehre. (Er lächelt.)

Advocat. Schweigt Meister Faust! Euere Zunge ist im Sold der Lüge. Schweigt, ich kenne euch.

Faust. Wir betriegen uns vielleicht einer in

dem andern, gestrenger Herr! — Doch es lohnt der Mühe nicht, den Mohren weiß waschen zu wollen. (Er macht die Thür auf, Mephistophiles tritt ein.) Hier ist ein Freund, der euch ein Document vorlegen wird, das, wie ich mir schmeichle, meines Freundes Wagners Sache eine bessere Wendung geben soll.

Als der Rechtsfrrund den reich gekleideten Fremdling sah, nahm eine freundliche Miene an, und bath sie Beyde, Platz zu nehmen.

Faust. Wir können es stehend abthun. (Zu Mephistophiles.) Zeigt doch das Document vor, das wir ausgefunden haben!

Mephistophiles zählte bis fünfhundert Goldgulden, dann hielt er innen.

Advocat. Das Document ist nicht übel, meine Herren, doch die Gegenpartey hat längst eines vom gleichen Gewicht eingegeben.

Faust. So müssen wir die Gründe für uns schwerer machen.

Mephistophiles zählte bis tausend, dann hielt er innen.

Advocat. In der That, diesen Umstand hatte ich ganz übersehen, und solchen Beweisen ist nicht zu widerstehen. (Er raffte das Gold zusammen, und verschloß es in seinen Schrank.) Ihr seyd doch ein großer Mann, Meister Faust! Ihr versteht die Kunst die ärgsten Feinde auszusöhnen.

Faust, den der niedrige Charakter des vorgeblichen Rechtsfreundes eben so sehr beleidigte, als seine Grobheit, lispelte dem Teufel beym Weggehen ins Ohr: „Räche die Gerechtigkeit an diesem Bösewicht!“ und trennte sich von seinem Freunde Wagner, ohne seinen Dank abzuwarten.

Die Gründe, die der Advocat nun bey Gericht zum Vortheile seines Klienten vorbrachte, waren so triftig und überzeugend, daß weder die Gegenparten, noch die Richter etwas dagegen einzuwenden wußten, und der Prozeß zu Gunsten Wagners entschieden wurde.

Der Klient und sein Rechtsfreund eilten nun Beyde froh nach Hause, der erste konnte die erfreuliche Mähr nicht schnell genug seinem Weibe und seinem Freund Faust überbringen, und der Zweyte brannte von nicht minderer Begierde sich an dem Glanze der blanken Goldstücke zu ergetzen. Er war kaum in sein Zimmer getreten, so öffnete er hastig den Schrank, aber fuhr mit einem heftigen Schrey erschrocken und bebend zurück. Die Goldstücke hatten sich in Mäuse und große Ratten verwandelt, die alle heraus fuhren, und wüthend nach seinem Gesichte und Händen sprangen. Der Gerechtigkeitskuppler, der von Natur einen großen Abscheu gegen diese Thiere hatte, floh aus der Stube, sie ihm nach, und hingen sich an seine Füße. Er stürzte zu dem Hause hinaus, und lief durch die Straßen, das Ungeziefer verfolgte ihn. Er rannte aufs freye Feld, aber sie ließen nicht ab. So trieben sie den Angstvollen bis in den steinernen Mauththurm im Rhein. Hier dachte er das Ende seiner Verfolgung gefunden zu haben, aber Ratten und Mäuse aus der Hölle scheuen das Wasser nicht. Sie schwammen hindurch, fielen über ihn her und fraßen ihn lebendig auf. Von dieser Zeit an nannte man diesen Thurm, den Mäusethurm. Seine Frau erzählte in der Folge die Geschichte der verwandelten Goldstücke, wodurch sich ihr unglücklicher Mann hatte verblenden lassen, und seit diesem Vorfall hat man daselbst kein Beyspiel erlebt, daß sich ein Vertheidiger des Rechts hätte bestechen lassen. Der Teufel muß dieses nicht bedacht haben, sonst hätte er gewiß den Spuck unterlassen. Mainz war für Fausts großen Geist, und die Ausführung seiner Entwürfe, viel zu enge. Er hatte sich von seiner Ankunft daselbst ein Zauberschloß geträumt, worin alle Freuden des Lebens seiner harren würden. Aber wie sehr hatte ihn die Hoffnung getäuscht! — Was fand der Unglückliche? — Seinen Vater, der ihm mit jeder seiner Lehren zur Tugend tief ins Herz griff, seine Gattinn, die ihn über den Anblick des Goldes, seine Kinder, die ihn bey vollen Schüsseln so leicht vergessen konnten — dieß wurmte, dieß verwandelte sein Blut in Galle, und erstickte jeden Funken sanfter edler Gefühle in seinem Busen. Siebenfach schwer fiel die Last dieser schwarzen Gedanken auf ihn, als er spät in der Nacht mit seinem Freunde Mephistophiles von einem Trinkgelage nach Hause kam. Er konnte es seinem Weibe nicht vergeben, daß ihr weiter keine Klagen über seine Entfernung entfahren waren, nachdem sie das Gold und die Kleinodien gesehen hatte. Er glaubte sich bisher mehr von ihr geliebt, als alle Schätze der Erde, und dachte, sie würde dieselben um seinetwillen fahren lassen. Jemehr er diese Bemerkung über eine ihm so nahe Person zergliederte, einen desto schmerzhafteren Eindruck machte es auf sein Herz. So strenge richtet und schließt nur der, der sein eigenes Herz verurtheilt, als Faust diesen Augenblick in seinen Innern that. Mephistophiles merkte, wo es ihn drückte, ließ ihn aber an dem Köder nagen, damit er das süße Band, worin ihn die Natur noch leise gefesselt, ganz zerreißen möchte. Er sah mit innigen Genusse die schreckliche Qual, die einst daraus entspringen würde, wenn die Zukunft alle die Ungeheuer enthüllen sollte, womit der verwegene Faust sie zu füllen auf dem Wege war.

Das beste Mittel, von diesen Peinigern seiner Ruhe sich zu befreyen, schien ihm Zerstreuung, und diese konnte er nirgends, als fern von den Seinigen und seinem undankbaren Vaterlande finden. Er nahm also den andern Tag Abschied von seiner Familie. Es wurden wenig Thränen aufrichtiger zärtlicher Liebe vergossen, nur seinem greisen Vater ging der letzte Händedruck — das letzte Lebewohl von Seele und Herzen. Faust war ein zu richtiger Kenner des menschlichen Herzens, als daß er sich in seinem Schluße hätte irren sollen, Freylich mußte er einen großen Theil der Gleichgültigkeit seiner Gatinn auf seine eigene Rechnung schreiben, denn hätte er dafür gesorgt, sie gleich weit von Mangel und Ueberfluß zu entfernen, er würde ihre schwachen Augen nicht geblendet, nicht über die Grenzen der Pflicht gelockt, und sich manchen unruhigen Gedanken erspart haben, der ihm in der Folge so oft den höchsten Genuß sinnlicher Freude vergällte. Aber er kannte keine Mittelstraße, er sprang von einem Pol zum andern, und so kam es dann auch, daß er durch die allzuschnelle Veränderung des Mangels in Ueberfluß seinem eitlen Weibe den Weg zu ihrem Sturze zeigte. Heilige Genügsamkeit! wie glücklich ist der Mensch an deiner Seite! du zauberst ihm Arabiens Sandwüsten zum Paradiese, du verwandelst frisches Wasser und Haferbrot in ein Göttermahl, du verdrängst jeden quälenden Wunsch aus seinem Herzen, und erfüllst es mit Hochgenuß und Wonne. Doch es ist Zeit wieder einzulenken.

Sieben und zwanzigster Abschnitt.

Fausts zweyte Abreise von Mainz.

Als nun unser Abenteurer mit seinem Gefährten über die Rheinbrücke ritt, und die bereits bestandenen Abenteuer nach der Ordnung in seinem Geiste musterte, sah er von ferne einen Menschen im Wasser, der dem Ersäufen nahe war, und nur noch matt mit dem Tode kämpfte. Sogleich befahl er seinem Begleiter den Unglücklichen zu retten, aber dieser antwortete ihm mit bedeutendem Blicke: „Faust, bedenke, was du forderst! Es ist ein Jüngling, und vielleicht ist es besser für ihn und dich, daß er hier sein Leben endet.“

Faust. Teufel, nur zum Bösen bereit, willst du mich dahin bringen, dem Rufe der Natur zu widerstehen? Eile und rette ihn!

Meph. Du kannst vermuthlich nicht schwimmen. Gut — ich will gehorchen, aber die Folgen seyen dein Gewinn, du wirst es bereuen. – Er eilte hin und rettete den Jüngling.

Diese Anmerkung des Teufels empörte Faustens Galle von neuem, sein Groll erwachte, und Mephistophiles mußte seine ganze Beredsamkeit aufbiethen, die finstere Wolke von seiner Stirne zu scheuchen.

Meph. Wohin wollen wir nun ziehn?

Faust. Nach der Hölle — wenn du mir keine andere Schauspiele zu verschaffen im Stande bist, als du mir bisher gewährtest.

Meph. Das, was ich dir zeigte, war nöthige Vorbereitung, war bloß der Eingang zu dem, was du sehen sollst. Du hattest in Ingolstadt Freunde — ich dächte — —

Faust. Wir besuchten diese? Nicht wahr? Die Elenden, so lang ich glücklich war, umsummten sie meine Tafel, wie die Bienen die honigreichen Blumen, als aber Mangel die Stelle des Ueberflusses einnahm, flohen sie mich, als ob ich von der Pest angesteckt wäre. Nach Ingolstadt also! Ich will ihnen noch einmahl meine Tafel decken, und ihnen ein Andenken hinterlassen, daß sie meiner stets erinnern soll.

Acht und zwanzigster Abschnitt.

Seine Rache an falschen Freunden in Ingolstadt.

Der Ruf hatte Fausts Nahmen in ganz Teutschland verbreitet, allenthalben sprach man jetzt von seiner Erfindung, allenthalben pries man seine tiefe Gelehrsamkeit, und bewunderte ihn, als den größten Mann seiner Zeit, der durch seine eigenen Kräfte fähig war, sich aus dem Staube empor zu heben, und der Natur, die ihn zum Bettler bestimmt zu haben schien, so muthig die Stirne zu biethen. Auch in Ingolstadt beschäftigte das Gericht von ihm alle Zungen, und seine ehemahligen vorgeblichen Freunde waren nicht wenig entzückt, als sie vernahmen, daß Faust sich in dieser Stadt befinde. Der Gasthof, worin er abgestiegen war, wimmelte früh und spät von Besuchenden. Jeder streute ihm Weihrauch, jeder both ihm aufs Neue seine Freundschaft, seine Dienste, sein Haus und seine Börse an. Faust, der sich nun schon im Voraus seines listigen Streiches freute, den er diesen Speichelleckern spielen wollte, nahm alle mit seiner gewöhnlichen Sanftmuth und Bescheidenheit auf.

Kein Tag verging nun ohne Fest, das seine Freunde und andere vornehme Personen allemahl mit einem zahlreichen Zuspruche beehrten. Heute war große Tafel, morgen Ball, übermorgen Spiel und Conzert, und lustige Zechgelage bis an den hellen Morgen krönten immer den vorhergehenden Abend. Faust schwamm in seinem Elemente. In diesem Wirbel der Zerstreuung vergaß er alles, was sein Herz bisher so tief verwundet hatte, ja er hätte beynahe vergessen, sich an den Tischfreunden zu rächen, wenn ihn Mephistophiles nicht daran erinnert hätte. Zu diesem Ende kündigte er ihnen seine nahe bevorstehende Abreise an, und versprach ihnen noch ein Fest zu geben, das sein Andenken bey ihnen unvergeßlich machen sollte.

Jedermann sah diesem Versprechen voll Begierde und Erwartung entgegen, und weil man schon gewohnt war, alles bey dem reichen, gastfreyen Faust zu finden, was nur immer die Sinne zu kitzeln vermögend war, so war auch nun jeder um so eifriger und unermüdeter in seinen Besuchen, um nur von dem Göttermahle nicht ausgeschlossen zu werden. — Der lang erwartete Abend erschien endlich. Der Gasthof glich einem Feenpallast. Tausend und abermahl tausend brennende Lampen verdrängten die Finsterniß der Nacht, und gewährten dem Auge das reizendste Schauspiel. Eine liebliche Musik bezauberte schon von weitem die Ohren. Die Säle waren mit kristallenen Lustern behangen, deren Glanz sich in dem Feuer der Wachskerzen ins Unendliche vervielfältigte. An den Seiten waren die Orchester angebracht, die wohlklingendsten Instrumente wechselten in der süßesten Harmonie ab, in die sich die Stimmen der berühmtesten Sopransänger mischten, gegen die ein Caironi, Egiziello und Marnesi *) nur Stümper gewesen wären. Der Grund des Saales stellte eine Schaubühne vor, wo in reizenden Gruppen Jünglinge und Mädchen in morgenländischem Costume die wollüstigsten Tänze tanzten. In der Mitte war die Tafel, auf der die künstlichsten Aufsätze von gediegenem Golde prangten. Aus dieser Pracht der Nebensachen

*) Drey berühmte Sopransänger oder sogenannte Kastraten.

werden meine Leser leicht auf den Aufwand und die Kostbarkeit der Speisen und Getränke schließen, und mir also ein Gemählde davon erlassen, das bey der genauesten Darstellung wegen Fülle und Reichthum dennoch sehr unvollständig ausfallen müßte. Genug, wenn ich sie versichre, daß alle Anwesende in Freude und Vergnügen versunken waren. Nach aufgehobener Tafel begaben sich die Gäste in einen andern Saal, wo die Glücklichen unter bunten Reihen in wirbelnden Kreisen herumflohen. Jeder glaubte sich in der Gesellschaft der Götter zu befinden, so verschwenderisch und üppig war für die Befriedigung jedes Sinnes gesorgt.

In diesem Taumel der lärmenden Freude rückte die Mitternacht heran, und mit dem Schlage zwölf war auch der Zauber, wie ein leichter Nebel zerflossen. Die harmonische Musik hatte sich in ein gräßliches Geschrey von krächzenden Raben und Nachteulen verwandelt. Auf dem Orchester saßen die scheußlichsten Larven, bey deren Anblick die Zuschauer vor Schrecken zurück bebten.

Die reitzenden Jünglinge und Mädchen, die während des Mahles das Ballet aufführten, sprangen jetzt als Furien mit brennenden Pechfackeln um einen schwarzen, stinkenden Bock mit großen, feuersprühenden Augen herum, und die Schwelger, die an dem Busen einer Grazie zu schmachten schienen, sahen mit Entsetzen, daß sie die ekelhaftesten Fratzen, die schrecklichsten Gespenster in ihren Armen hielten. Sie selbst waren in scheußliche Gestalten und Ungeheuer verwandelt. Einer floh vor dem andern, einer drohte den andern zu verschlingen. Zur Ergänzung ihrer Angst hatten sie Bewußtseyn und Gegenwart des Geistes behalten. Der köstliche Mallaga und Maderawein hatte sich in gesalzene Häringslacke, oder faules Wasser einer stinkenden Pfütze, und die prächtigen Aufsätze in Grabhügel verwandelt, auf denen Todtenknochen zerstreut und ekelhaft herumlagen. Die Bedienten und Aufwärter des Gasthofes waren nicht weniger betroffen; denn die saftigsten Pomeranzen, Weintrauben, Granatäpfel und Feigen, und die niedlichsten Bäckereyen, die sie in der Geschwindigkeit, als die Gäste die Tafel verließen, zu sich gesteckt hatten, krochen jetzt, als langgeschwänzte Ratten, als Kröten, Eidechse oder in andern scheußlichen Gestalten aus ihren Taschen. Wer in einen Apfel beißen wollte, biß in einen mauenden Katzenkopf, wer eine Weintraube in Händen zu haben glaubte, brachte einen stechenden Skorpion zum Munde. Nur die redlichen Männer und Frauen, deren sich auch einige bey dieser Lustbarkeit befanden, waren vor dem Anfange dieser Gaukeley von unsichtbaren Händen in ihre Wohnungen gebracht worden. In diesem Gewühle, in diesem Chaos der Angst und des Schreckens war endlich der Tag angebrochen, und alle sahen einander nun wieder in ihrer natürlichen Gestalt. Beschämt schlich sich einer nach dem andern stillschweigend zur Saalthüre hinaus, und so viel Aufhebens man anfangs von Fausts Gelehrsamkeit und Reichthume machte, so sahe man jetzt die Quelle ein, aus der er schöpfte, und hütete sich sorgfältig, die mindeste Klage über ihn zu verlieren, aus Angst er könnte diesen Frevel mit neuem Schrecken an ihnen rügen.

Neun und zwanzigster Abschnitt.

Fausts Proben der Zauberey zu Wittenberg.

Diese wohl gelungene Züchtigung entzückte Fausten dergestalt, daß er sich vornahm, auch seinen treulosen Freunden in Wittenberg einen ähnlichen

Possen zu spielen. Er gab also dem Teufel Befehl, ihn dahin zu bringen. Der Ruf von seiner Pracht und seinem Reichthum war vor ihm daselbst angelangt, und so, wie in Ingolstadt, fanden sich auch hier bald die Niederträchtigen ein, ihm ihre Freude über seine glückliche Ankunft zu bezeigen. Einige derselben waren Ärzte, andere Advokaten, Kaufleute oder bekleideten andere öffentliche Ämter und Stellen. Faust empfing auch diese mit aller Pracht und Verschwendung, und jeder schätzte sich glücklich an seine Tafel, oder zu seinen Spiel- und Trinkgeladen gezogen zu werden. Bey einer solchen Gelegenheit war es, daß einige dieser lustigen Brüder den Wunsch äußerten, Faust möchte ihnen zur Abwechslung des Vergnügens doch eine kleine Probe der mannigfaltigen Künste machen, durch die er allenthalben Bewunderung und Staunen erregte. Er war zwar anfänglich bescheiden genug, sich mit seinen geringen Kenntnissen zu entschuldigen, da sie aber doppelt in ihn drangen, so gab er ihrem ungestümen Verlangen nach, und versprach, weil morgen in einer benachbarten Stadt das Beylager des Prinzen von B — mit einer vornehmen Prinzessinn sollte gefeyert werden, sie dahin zu bringen, ohne, daß sie die mindesten Reisekosten, und dennoch alle Bequemlichkeiten haben sollten.

Entzückt über dieß Versprechen zechten und schmausten sie nun bis in die späte Nacht, als Faust auf einmahl aufstand, und zu seinen Gästen also sprach: „Ist es euch Ernst, meine Freunde, dem Beylager beyzuwohnen, so laßt uns die Reise ohne Zögern antreten. Hastig sprangen alle auf und verwunderten sich hoch, da sie weder Pferde noch Wagen gewahrten. Aber Faust riß sie plötzlich aus ihrer Verlegenheit. Er spreitete einen weiten Mantel mitten im Zimmer aus, befahl ihnen darauf zu treten, hüllte sich und seine sechs Zechbrüder darein, und sogleich entstand ein starker Wind, der sie von der Erde aufhob, durch die Lüfte fortführte, und mit Aufgang der Sonne befanden sie sich zu M — mitten im fürstlichen Pallast.

Faust hatte seine Reisegefährten, ohne daß sie es wußten, in prächtige Kleider gehüllt, dieserwegen sah man sie auch für vornehme Cavaliere an, die gekommen wären, dem Beylager beyzuwohnen, und ließ sie ungehindert an allen Feyerlichkeiten Theil nehmen. Bey der Tafel mischten sie sich unter die übrigen Gäste, und ließen sich die niedlichen Leckerbissen, und köstlichen Weine vortrefflich schmecken. Auch bey dem glänzenden Ball, der mit Anbruch der Nacht eröffnet wurde, fanden sie sich ein, tanzten mit den schönsten und vornehmsten Damen, und als sie vom Weine erhitzt und von übereiltem Genusse ermattet waren, wandten sie sich an ihren Freund und bathen ihn, sie an einen sichern Ort zu bringen, wo sie ruhig schlafen, und den übrigen Theil der Nacht zubringen könnten. Unsichtbar führte er zwey derselben in das fürstliche Schlafgemach, und befahl ihnen, sich in die für den Prinzen und die Prinzessinn bereiteten Prunkbetten zu legen, und daselbst den Tag abzuwarten. Sie hielten es für ein gewöhnliches Zimmer im Pallaste, gehorchten und Faust entfernte sich. Zwey andere führte er in die fürstliche Schatzkammer, wo sie sich ebenfalls auf zwey daselbst befindliche Ruhebette warfen, ohne die nahe Gefahr zu ahnen, die auf sie lauerte. Den Letzten wies er ihr Nachtlager in dem Keller an, der in ein niedliches Schlafgemach verwandelt war. Faust, der den traurigen Ausgang der Komödie voraussah, hüllte sich in seinem Mantel, und freute sich innigst, daß ihm die Unbesonnenen so willig in die Falle gegangen waren. Ehe der Tag begann, hatte er Wittenberg erreicht. Jetzt hatte der Ball ein Ende, und unter großem Gepränge und mancherley Ceremonien wurde das fürstliche Brautpaar ins Schlafgemach geführt. Aber keine menschliche Hand ist im Stande den Schrecken zu beschreiben, der alle befiel, als sie zwey unbekannte Menschen in alltäglicher Kleidung auf den Brautbetten schnarchend antrafen. Die Frevler wurden sogleich von der herbeygeeilten Wache aus den weichen Eiderdunen gerissen, und in ein tiefes Gefängniß gebracht. Wie ihnen in ihrer Lage zu Muthe gewesen seyn mag, wird jeder meiner Leser am besten erfahren, wenn er sich nur einige Minuten in die Stelle der Getäuschten versetzt. Indessen ward die Braut ausgekleidet, und die Kammerfrauen waren im Begriff unter starker Bedeckung, den Schmuck nach der Schatzkammer zu bringen. Allein das Entsetzen der Matronen war nicht minder, als sie auch hier zwey Bösewichter schlafend fanden, die ohne Verzug mit den ersten ein gleiches Schicksal erfuhren. Die vom Wein und Schlafe Trunkenen hielten die Erscheinung anfänglich für ein Traumgesicht, als man ihnen aber die Ketten anlegte, und sie in einen finstern Kerker schleppte, fühlten sie deutlich, daß es nichts weniger, als Täuschung der Sinne, oder ein Nachtbild gewesen war.

Sie beseufzten zwar ihre Neugierde und Leichtgläubigkeit, aber Reue nach der That kömmt immer zu spät. Dieser unerhörte Frevel erfüllte des andern Morgens die ganze Stadt, aber das Staunen stieg auf die höchste Stufe, als der fürstliche Kellermeister die Anzeige machte, daß er zwey Bösewichter in dem Keller überrascht hätte, die mit nichts weniger umgegangen seyn mochten, als die Weine zu vergiften. Alsobald ward befohlen den unerhörten Frevlern den Prozeß zu machen und ihre Verbrechen aufs strengste zu bestrafen. Doch als der Kerkermeister das

Gefängniß öffnete, in das die ersten Ertappten geworfen wurden, wußte er sich vor Verwunderung kaum zu fassen, als er dasselbe leer, und keine Seele darinnen fand, er schritt zu dem zweyten, und als er auch hier keinen Menschen antraf, eilte man nach dem Keller, sich der darin verschlossenen Bösewichter zu bemächtigen, allein auch hier ging es ihm, wie bey den ersten, die Vögel waren entflohn, keine Spur von einem Menschen war zu finden. Alt und Jung zerbrach sich über diesen seltsamen Vorfall die Köpfe, man rieth hin und her, und als auch die ausgeschickten Steckbriefe ohne Folge blieben, nahm man endlich die Sache für das, was sie wirklich war, — für das Werk eines Spaßmachers, eines verschmitzten Gauklers.

Faust gnügte sich mit dem, daß er seine treulosen Freunde auf eine so listige Art ins Bockshorn zu jagen Gelegenheit fand, und hatte zu dem Ende zwey seiner Geister, Pomon und Oron, in M. zurückgelassen, welche die Geängstigten, nach dem sie genug gezappelt, wieder wohlbehalten nach Wittenberg bringen mußten.

Faust hatte indessen diese Stadt verlassen, die Abenteurer priesen sich glücklich, daß sie mit heiler Haut aus M. — gekommen waren, und wenn sie ja dann und wann im Gespräche auf ihren Freund Faust geriethen, standen ihnen allemahl die Haare zu Berge.

Dreyßigster Abschnitt.

Fausts Neckereyen an einem reichen Geizhals.

Die Bahn, welche Faust angetreten hatte, ward ihm nun immer reizender, da er dabey so viele Gelegenheit fand, seinem Hange zu Neckereyen ungehinderten Lauf zu lassen. Jetzt war er mit Mephistophiles und seinem unsichtbaren Gefolge auf dem Wege nach Lüneburg begriffen, einen daselbst befindlichen Verwandten zu besuchen. Unter mancherley Gesprächen, womit der geschäftige Teufel ihm den Weg zu verkürzen suchte, rückte einer der schönsten Sommerabende heran. Die Sonne war ihrem Untergange nahe, und in einer reizenden Gegend lag eine Meyerey. Hier beschloßen sie zu übernachten, ritten in den Hof, und fanden ein junges blühendes Weib, das mit dem Füttern des Geflügels beschäftigt war.

Faust. Guten Abend, schöne Frau.

Frau. Guten Abend, edle Herren! Was steht zu eueren Diensten?

Faust. Wir sind Reisende. Könnten wir bey euch nicht übernachten?

Frau. Übernachten? Ja! Aber die Herren werden auch hungrig und durstig seyn?

Faust. Nun, da trippeln ja niedliche Braten herum, die unsern Hunger schon stillen sollen, und die Fässer im Keller werden doch auch nicht mit Wasser angefüllt seyn?

Frau. Freylich sind sie es nicht, aber ihr dürft weder auf einen Braten, noch auf eine Flasche Wein Anspruch machen.

Faust. Für Geld und gute Worte doch?

Frau. Für keinen Preis in der Welt. Freylich, wenn es auf mich ankäme, ich wollte euch herzlich gern bewirthen; denn ich weiß wie wehe der Hunger thut, aber mein Mann, mein Mann —

Faust. Nun euer Mann?

Frau. Ist kein Freund von Gästen.

Faust. Wir wollen ihm aber alles gut bezahlen.

Frau. Und doch werdet ihr nichts bekommen;

denn er hat es sich in Kopf gesetzt, eher nichts zu veräußern, als bis er 20 gemästete Ochsen, 200 Kälber, 300 Schafe, 400 Gänse, 500 Putter *), 600 Enten, 700 Kapaune, 800 Hühner und tausend junge Hühnchen kann zu Markte treiben lassen. Und auf den Wein ist er, wie der Teufel auf eine arme Seele versessen. Man müsse kein Wasser trinken, spricht er immer, wenn man einen Keller voll Wein haben wolle.

Faust. Auf diese Art sieht es traurig mit uns aus?

Frau. Ja wohl! Doch laßt mich diese Undienstfertigkeit, diesen Mangel an Gastfreyheit nicht entgelten!

Faust. Keineswegs! Ihr seyd unschuldig, und werdet vielleicht selbst hart gehalten?

Frau. Zu was würde es frommen, wenn ich euch wirklich die Wahrheit gestünde?

Faust. Vielleicht frommt es doch — seyd also immerhin aufrichtig!

Frau. Daß ich keine der glücklichen Frauen sey; werdet ihr aus meiner obigen Anmerkung geschlossen haben. Mein Mann ist der leibhafte Geitz in Menschengestalt, und ungeachtet er schon viele Reichthümer zusammen gescharrt hat, so ist sein Durst nach Golde doch nicht gestillt. Er ißt sich keinen Tag satt, und mißt meinen Hunger immer nach seinem Geitze ab. Kaum, daß ich Haferbrot genug habe, — der übrigen Freuden einer glücklichen Ehe zu geschweigen.

Faust (gerührt). Mir geht euer Schicksal nahe zu Herzen. Doch laßt es gut seyn, und glaubt mir, das Ende eurer Leiden ist erschienen, euer Mann soll euch in Zukunft mit Achtung und Liebe behandeln!

---

*) Kalekutische Hühner, oder nach der gewöhnlichen Redensart Indiane.

Frau (mit einem Seufzer). Das wolle der Himmel!

Faust. Das wird er! Laßt indessen Feuer anschüren, ein Wagen mit allen Bedürfnissen des Lebens vollauf beladen, folgt uns auf dem Fuße nach. Ich wollte euch nur auf die Probe stellen. Ihr und euer Gemahl sollt diesen Abend unsere Gäste seyn.

Die Frau sprang nach der Küche Feuer anzuschüren. Faust raunte seinem Begleiter Mephistophiles etwas in die Ohren, und sogleich hielt ein vollgeladener Wagen mit Lebensmitteln, auf dem sich der Koch, der Kellermeister, und zwey Bediente befanden, im Hofe an.

Faust und Mephistophiles begaben sich ins Freye, um des herrlichen Abends zu genießen. Indessen bereitete das herrschaftliche Gefolge alles, was zu dem glänzenden Nachtmahl nur immer erfordert wurde. Die gekochten Speisen und die Brühen wurden in deutscher Manier, die Braten und das Backwerk aber im französischen und englischen Geschmacke zugerichtet. Enten, Gänse und Kapauner knarrten an den Spiesen, da stand bereits ein Rostbeef, dort ein Pudding, auf diesem Tische kalte Pasteten, auf jenem allerhand Torten, und beynahe konnte der Heerd die Gefäße kaum fassen, in denen die leckerhaftesten Speisen bereitet wurden. Die schöne Meyerinn und alle Mägde im Hause hatten vollauf zu thun. Inzwischen kam der Herr des Hofes vom Felde zurück, und die Frau hatte kaum Gelegenheit ihn nur im Kurzen von der Gegenwart der vornehmen Gäste zu unterrichten, als auch diese von ihrem Spaziergange zurück kamen. Der Eigenthümer der Meyerey war ein lebendiges Gerippe, und bewillkommte seine Gäste so gut, als es ihm seine Verwirrung und Verlegenheit erlaubte. »Ihr werdet uns doch eine Herberge gönnen,« sprach Faust, »denn weiter verlangen wir nichts von euch. Euere Frau hat uns bereits angezeigt, daß euere Umstände eben nicht die besten sind.« »Da hat sie die Wahrheit gesprochen,« erwiederte der Geitzhals, »und es ist mir leid; denn was kann ein armer Landmann so vornehmen Gästen gewähren?«

»Laßt das bey Seite,« entgegnete Faust, »wir wollen die Ungelegenheit, die wir euch verursachen, mit einem Andenken belohnen, das keine Zeit aus euerem Gedächtnisse verwischen wird. Seyd unser Gast!« Jetzt erschien ein Bedienter, und rief die Herren zur Tafel, die unter einem Eichenbaume aufgeschlagen war. Faust, Mephistophiles, die junge Meyerinn und der ausgezehrte Filz setzten sich.

Die Gesellschaft, so klein sie war, wurde bald munter und aufgeräumt, besonders ließ es sich der geitzige Hofbesitzer weidlich schmecken, und nachdem er auch manches Glas aufs Wohl der vornehmen Herren geleert hate, ward er gesprächig, munterte seine Frau auf, der Sorgen zu vergessen, und des gegenwärtigen Augenblicks, der wahrscheinlich in ihrem Leben nicht mehr erscheinen würde, zu genießen. Er bestätigte diese Sittenlehre mit seinem Beyspiele so fleißig, daß die Knechte kommen, und ihn zu Bette bringen mußten. Die junge Frau goß nun den Kummer ihres Herzens ganz vor ihren Gästen aus, und Faust war von der naiven Schilderung ihres Jammers so gerührt, daß er der Versuchung, ohne Verzug den Filz zu züchtigen, nicht länger widerstehen konnte. Jetzt geboth er, die Überbleibsel der Tafel dem Gesinde des Hauses Preis zu geben, und befahl der Meyerinn sich in ihre Schlafkammer zu entfernen, nachdem er ihr zuvor einen kostbaren goldenen Ring für ihre Bewirthung verehrt hatte. Auch Faust und Mephistophiles begaben sich zur Ruhe. Eben verkündigte der Hahn die Stunde der Mitternacht, da erhob sich in dem Schlafgemach des Geitzhalses ein solches Getöse und Gerassel, daß dieser davon aus seinem tiefen Schlafe aufwachte. Er schlug die Augen auf, aber erschrocken fuhr er unter die Hülle des Bettes, als er ein schwarzes zottigtes Ungethüm mit ungeheuren Hörnern und feurigen Augen erblickt hatte, das sich mit folgenden Worten vernehmen ließ: »Elender Filz! Werde klug mit deinem Schaden, und laß dir meine heutige Erscheinung zur Warnung dienen, deiner tugendhaften Hausfrau in Zukunft mit mehr Sanftmuth und Liebe zu begegnen. So fern du dieses unterlässest, und ihr nicht gesunde und anständige Nahrung reichest, wie es dein Stand und deine Einkünfte heischen, so erscheine ich dir zum zweyten aber zum letztenmahl und breche dir den Hals; denn wisse, Elender! Ich bin der Teufel, der in der Hölle die Geitzhälse züchtiget." Ein neues Gepolter ließ sich nun im Hause hören, und verschwunden war das Gespenst. Von kaltem Schweiße, den Angst und Schrecken ausgepreßt hatten, troff der Filz unter der Hülle des Bettes, und als er merkte, daß alles im Gemache wieder ruhig war, wagte er es wieder schüchtern die Augen zu öffnen, und dankte dem Himmel, daß er noch so gut aus dem Handel gekommen war. Nach langem Hin- und Herwerfen auf seinem Lager schlief er wieder ein, und erwachte erst, als die Sonne hoch am Himmel stand.

Hastig raffte er sich auf, und flog in den Hof, aber welcher neue Schrecken durchfuhr seine Glieder, als er denselben, wo sonst alles lebte und webte, so öde und leer fand, als ob die Pest darin gewüthet hätte. Weder Ente, noch Gans, weder Putter noch Kapaun, kurz, es war keine Feder zu sehen. Er schlug die Hände über den Kopf zusammen, und fing an zu ahnen, daß ihm seine Gäste diesen

Streich gespielt haben müßten, er wollte sie darüber zu Rede stellen, aber sie waren verschwunden. Jetzt lief er in den Keller, und beynahe hätte ihn vor Erstaunen der Schlag gerührt, da er drey Fässer, die mit dem ältesten und kostbarsten Weine angefüllt lagen, ausgeleert fand. Seine Ahnung ward nun völlige Gewißheit und Ueberzeugung. Traurig verließ er das unterirrdische Gewölbe, eilte zu seiner Gattinn und klagte ihr in den wehmüthigsten Ausdrücken den großen Verlust, den er diese Nacht erlitten habe. Die arme Frau suchte ihn zwar zu trösten und schimpfte weidlich auf die fremden Gäste, allein, weil er argwöhnte, daß sie mit demselben die Karte gemischt habe, und sich auf das Versprechen des Gespenstes erinnerte, faßte er sich, so gut er konnte, er trug mit Gelassenheit den Verlust und begegnete seiner Gemahlinn mit Achtung und zuvorkommender Liebe. Seine Wirthschaft war bald wieder im vorigen Stande, die leeren Fässer waren angefüllt, und der öde Hof wimmelte von Geflügel aller Art. Seit dieser Zeit kamen oft in einer Woche mehr Hühner und Kapauner und Wein auf den Tisch, als sonst in einem ganzen Jahre kaum auf demselben erschienen waren.

Der wilde Geyer war in eine fromme Taube verwandelt.

Ein und dreyßigster Abschnitt.

Faust bestraft die Neugierde eines Bauers auf eine sonderbare Art.

Seit dem Aufgange der Sonne, wo die Reisenden die Meyerey verlassen hatten, ritten sie nun schon drey volle Tage auf der Straße gen Lüneburg zu, wo Faust auch manches seltsame Abenteuer bestand.

Ich will einen einzigen komischen Zug davon dieser Geschichte einschalten.

Der Ruhm seiner Gelehrsamkeit, und seiner unerhörten Künste, wovon er allenthalben Spuren zurück ließ, hatte nicht nur alle große Städte angefüllt, sondern war auch bis in die unbedeutendsten Flecken und Dörfer gedrungen, und jedermann war begierig, den Wundermann zu sehen. Das Gerücht hatte sich jetzt eben verbreitet, daß dieser große Mann auf dem Wege nach Lüneburg begriffen sey, woselbst er durch die bewunderungswürdigsten Künste die Welt in Erstaunen setzen würde. Alles, was Füße hatte, eilte aus den umliegenden Gegenden dahin, Zuschauer seiner Gaukeleyen zu seyn, und dieses achte Wunder der Welt zu sehen. Dieses Geräusch von seiner Größe schmeichelte seiner Eitelkeit und seinem Stolze nicht wenig, als er eben mit seinem Gefährten in einem elenden Dorfe vor einer noch elenderen Hütte vorbey ritt, und unter der Thüre derselben ein altes Mütterchen gewahrte, deren Miene und Geberden Niedergeschlagenheit und Kummer zu verrathen schienen. Diese Gestalt zog seine ganze Aufmerksamkeit auf sich. Er hielt, stieg von dem Pferde, und ging auf die Alte zu. Als er vor ihr stand, bath er sie nach einem freundlichen Gruße, ihm die Ursache ihres so sichtbaren Kummers zu entdecken. Sie ließ sich nicht zweymahl darum fragen, und nach einer langen Vorrede kam sie endlich auf die Hauptsache, und sprach, sie hätte ihren Mann dringend gebethen, ihn nach Lüneburg begleiten zu dürfen, wohin er so eben abgereiset sey, bloß in der Absicht den berühmten und gelehrten Doktor Faust zu sehen, aber all ihr Bitten wäre vergebens gewesen. Sie liess sich in den bittersten Ausdrücken über die Unfreundlichkeit dieser Weigerung heraus, indem sie bemerkte, daß ihr Mann nur ein Holländer wäre, und folglich an dem Ruhm und Glücke ihres werthen Landsmannes, des berühmten und hochgelehrten Doctor Faust, nicht so viel Antheil nehmen könne, als sie, eine geborne Deutsche. Sie schloß damit, daß sie es ihrem Manne nie vergeben würde, da er sie des einzigen Glückes, das sie vor ihrem Ende noch zu genießen sich sehnte, beraubt hätte. Faust war von dem Eifer und der Liebe, welche die alte Hüttenbewohnerinn für ihn unerkannt bewies, so gerührt, daß er augenblicklich eine Börse voll Gold, und eine goldene Kette, an welcher sein mit Diamanten reich besetztes Porträt hing, aus der Tasche zog, sie der Alten überreichte, und sprach, da die Härte ihres Mannes sie verhindert habe, das Original zu sehen; so verdiene ihre Anhänglichkeit und Liebe für ihren Landsmann, mit desselben Portrait belohnt zu werden. Die Aehnlichkeit war so genau, daß das Weib sogleich erkannte, wem sie ihre Gesinnungen mitgetheilt hätte, und kaum hatte sie den Nahmen ihres Mannes und seinen wahrscheinlichen Aufenthalt in Lüneburg ihrem Gesellschafter entdeckt, und wollte sich an dem Anblicke ihres theuern Landmannes weiden, als er auch schon verschwunden war. Poman und Oron wurden sogleich im Voraus nach Lüneburg gesandt, um den Bauer aufzusuchen, und ihn auf ihre Gefahr und Verantwortung unter einem erdichteten Vorwande einziehen zu lassen. Er wurde auch wirklich den Abend zuvor, ehe Faust in Lüneburg eintraf, ins Gefängniß gebracht, gut bewirthet, und mit allem was er begehrte, reichlich versehen. Aber als er den vierten Tag darauf des Gefängnisses entlassen ward, hatte auch Faust bereits diese Stadt verlassen, und er sah nun zu seiner Beschämung deutlich ein, daß er seine Reise vergebens unternommen hatte. Die Geschichte der Goldbörse und der goldenen Kette mit dem Portrait offenbarte ihm bald bey seiner Nachhausekunft das Geheimniß seiner Gefangenehmung, und tröstete ihn über den Verlust des Anblicks des großen Mannes, den seine Frau so vortheilhaft genossen hatte.

Zwey und dreyßigster Abschnitt.

Der verwandelte Kalbskopf.

Da Mephistophiles merkte, daß solche Possenspiele seinen Faust mehr vom Ziele entfernten, als dazu förderten, nahm er sich vor, den schlummernden Menschenhaß in seiner Seele aufzuschrecken, seine Galle in Aufruhr zu bringen, und die Wunden seines Herzens wieder aufzureißen. Dazu both sich bald die bequemste Gelegenheit dar; denn sie mochten ungefähr zwey Meilen von Lüneburg geritten seyn, als sie unter einer Linde ein Bauernweib mit ihren Kindern sitzen sahen, die leblose Bilder des Schmerzens und der Verzweiflung zu seyn schienen.

Faust, den die Thränen eben so schnell, wie die Freude herbeyzogen, nahte sich hastig, und fragte die Elenden um die Ursache ihrer Noth. Das Weib sah ihn lang starr an, nur nach und nach thaute sein freundlicher Blick ihr Herz so weit auf, daß sie ihm unter Thränen und Schluchzen Folgendes mittheilen konnte.

„In der ganzen Welt ist Niemand unglücklicher, als ich und diese armen Kinder. Mein Mann war dem Pächter dieses Gutes, seit zwey Jahren die Gebühren schuldig. Das erste Jahr konnte er sie wegen Mißwachs nicht bezahlen, und das zweyte fraßen die wilden Schweine die Saat auf. Aber da dieser meinem Manne beständig mit der Pfändung drohte, so wollte er heute ein gemästetes Kalb mit den letzten Paar Ochsen zu Markte treiber, sie zu verkaufen, um die Gebühren zu bezahlen. Als er aus dem Hofe fuhr, kam der hartherzige Pächter und verlangte das Kalb für seine Tafel. Mein Mann stellte ihm vor, daß er es verkaufen müsse, um ihm den Rückstand der Gebühren bezahlen zu können, aber der Gefühllose war über die abschlägige Antwort meines Mannes so aufgebracht, daß er unsere ganze Habe nicht nur augenblicklich in Beschlag nehmen, sondern uns auch von Haus und Hof wegtreiben ließ. Mein Flehen um Schonung, das Flehen meiner Kinder um Nachsicht, alles — alles war vergebens — und mein Mann schnitt sich in der Scheune aus Verzweiflung den Hals ab. Da seht den Unglücklichen unter diesem Tuche! Wir sitzen hier seinen Leichnam zu bewachen, damit ihn die Raben und Geyer nicht fressen; denn sie wollen ihn nicht begraben."

Sie riß das weiße Tuch von der Leiche weg, und sank zu Boden. Faust fuhr bey dem schrecklichen Anblick zurück. Dicke Thränen drängten sich aus seinen Augen, und der kaum erloschene Groll regte sich wieder mit neuer Stärke in seinem Herzen. Er deckte die Leiche zu, warf der Unglücklichen Gold hin, und versprach ihr Gerechtigkeit zu verschaffen.

Diese Geschichte machte einen so starken Eindruck auf ihn, daß sie schon an dem Schlosse waren, bevor er seiner Empfindung Luft machen konnte. Man nahm unsere Reisenden sehr gut auf und lud sie zur Tafel. Der Pächter war ein Mann in seinen besten Jahren und so ungeheuer dick, daß das Fett seine Nerven sein Herz und seine Seele ganz überzogen zu haben schien. Er fühlte nirgends, als bey Tische, hatte nur Sinn auf der Zunge, und kannte kein anderes Unglück, als wenn eine von ihm angeordnete Schüssel nicht gerieth. Auf der Mitte des Tisches stand unter andern niedlichen Gerichten, ein großer, fetter Kalbskopf, eine Lieblingsspeise des Pächters. Er, der mit Leib und Seele bey Tische war, hatte noch nicht gesprochen.

Fausts Herz war voll, er konnte dem Drange nicht länger widerstehen, und begann, freylich wider alle Rechte der Gastfreyheit, dem Pächter über die vorgefallene Begebenheit den Text zu lesen, aber dieser stürzte ein Glas voll Wein aus, und sprach: eßt, trinkt und schweigt! Ihr seyd der erste, der an meiner Tafel von Bauern und solchem Gesindel spricht, und wenn euch euer Rock nicht zum Edelmann machte, so würde ich denken, ihr stammt von Bettlern her, weil ihr euch ihrer so heiß annehmt. (Zum Bedienten.) Reich mir den Kalbskopf und die Würze her Thomas! Ich will ihm ein Ohr herunter schneiden.

Faust lispelte dem Teufel etwas zu und in dem Augenblick da der Pächter das Messer an den Kalbskopf setzte, sperrte dieser das Maul gräßlich auf, und blöckte ihn mit fürchterlicher, röchelnder Stimme an. Der Pächter schauderte vor Schrecken zurück, und als der Kalbskopf sich in den Kopf des unschuldigen Bauers verwandelt hatte, und seinen Unterdrücker blutig und wild anstarrte, ließ er das Messer fallen, sank rücklings in Ohnmacht, und die ganze Gesellschaft saß da in lebloser Lähmung des Schreckens.

Faust brach mit Mephistophiles auf und machte bey der Behörde die nöthige Anzeige von der traurigen Geschichte. Nach dem Ausspruche des Gerichtes ward die Leiche des Verzweifelten sogleich beerdiget, das Weib in ihr Haus und alle vorigen Rechte eingesetzt, und der unbarmherzige Pächter, nachdem er von einer Todeskrankheit aufgestanden war, die ihm der Schrecken zugezogen hatte, wurde, mit Schimpf und Schande beladen, von dem Pachtgute in die weite Welt gejagt.

Drey und dreyßigster Abschnitt.

Faust befreyt einen Biedermann aus dem Gefängnisse.

Gegen Abend kamen sie in eine Stadt, wo sie bey ihrem Eintritte eine Menge Volks um einen Thurm versammelt fanden. Einige der Anwesenden sahen wild, andere gerührt hinauf, und als sich Faust um die Ursache des Vorfalles erkundigte, trat eine junge, reinlich gekleidete Frau, an die sich drey Kinder schlossen, mit einem Strom Thränen in den Augen zu ihm, und redete ihn also schluchzend an: »Ach gestrenger Herr! Da haben sie so eben meinen Mann in das Gefängniß gesetzt!«

Faust. Und warum, was hat er verbrochen?

Frau. Mein Gott! Verbrochen hat er nichts — aber wir waren unglücklich, denn wir kamen durch eine Feuersbrunst um Habe und Gut, und als wir, um uns wieder aufzuhelfen, Gelder aufnehmen mußten, geriethen wir unglücklicher Weise einem gewissenlosen Wucherer in die Hände, der uns von seinem Vorschusse gleich so hohe Zinsen abzog, daß es unmöglich war, die vorgesetzte Absicht zu erreichen. Die Wiederaufbauung des Hauses unterblieb, die vorgeschossene Summe reichte kaum hin unsere Blöße zu decken und den Hunger zu stillen. Indessen nahte der Zahlungstermin heran, und weil mein Mann sich außer Stande befand zur bestimmten Zeit sein Versprechen zu halten, so ließ ihn der Unbarmherzige Gläubiger in diesen Kerker werfen.

Faust. Ist es aber auch wahr, was ihr mir erzählet. Vielleicht ist euer Mann ein Verschwender, arbeitet nicht gern, und hat sich durch seine Unbesonnenheit selbst in dieß Unglück gestürzt.

Frau. Daß ich die Wahrheit rede, daß mein Gatte kein Verschwender, sondern ein guter Wirth und Freund der Arbeit sey, davon kann die ganze hier versammelte Menge Zeugniß geben.

Er ist ein Biedermann, er ist ein Biedermann, der Unglückliche, scholl es in tausend Stimmen zu seinen Ohren.

Faust. Wohlan! Seyd gutes Muthes! Ich will euch retten, will euch euer Haus aufführen lassen, will den hartherzigen Gläubiger befriedigen, und euch in den Stand setzen, auf dem Wege der Rechtschaffenheit euer Brot zu erwerben.

Vor Freude über diese himmlische Bothschaft stürzte das Weib sprachlos zu seinen Füßen, und die versammelte Menge jauchzte dem großmüthigen Manne den lautesten Beyfall zu. Faust hatte indessen seinen unsichtbaren Dienern den Befehl gegeben, während der Nacht das abgebrannte Haus des unglücklichen Biedermannes fest und stark wieder aufzubauen, und am Morgen stand es in solcher Pracht da, als ob es aus der Erde hervorgewachsen wäre.

Nachdem sich die unglückliche Gattinn vom Rausche der unerwarteten Freude erholt hatte, eilte sie mit Fausten zu dem gefühllosen Gläubiger, und jener zählte diesem die ganze Summe mit den wucherischen Interessen in blanken Goldstücken auf, wofür er einen mit Zeugen unterschriebenen Empfangschein ausstellen und sich für bezahlt erklären mußte.

Der Gefangene ward sogleich in Freyheit gesetzt, dieser kam mit seiner ganzen Familie dem großmüthigen Wohlthäter für seine Rettung zu danken, aber er fand Niemanden im Gasthofe, als einen Bedienten, der ihm im Nahmen seines Herrn eine Rolle mit Gold, nebst dem schriftlichen Befehl, Morgen sein Haus zu beziehen und ein Biedermann zu bleiben, einhändigte.

So groß die Freude des Geretteten war, als er des andern Morgens ein prächtiges Haus auf der öden Brandstätte erblickte, so groß war das Wehklagen und der Jammer des reichen Wucherers, als er den zweyten Tag nicht nur die gestern Abends erhaltenen Goldstücke, sondern auch seine ganze Cassa geplündert und ausgefeget fand. Zwar ließ er den Dieben fleißig nachspüren, aber seine Mühe blieb vergebens, und die Unkosten vermehrten nur noch seinen Verlust. In der Geldküste entdeckte er in der Folge ein Blatt Pergament, auf dem die Worte geschrieben standen, daß sich sein Schatz nun in solchen Händen befände, die das Geld als ein Mittel zu edlen Zwecken zu verwenden wüßten, zu dem es bestimmt wäre.

Vier und dreyßigster Abschnitt.

Hochzeitfeyer auf dem Schlosse Hagenbusch.

Fausts Abenteuer daselbst.

Der stürmische Faust war nun wieder durch die zwey letzten Abenteuer, womit er die verfolgte Tugend an dem stolzen Laster gerächt hatte, etwas besänftiget, er sehnte sich nach Abwechslung und Zerstreuung, und befahl dem Teufel alle Trauerscenen, die sein Herz wieder verstimmen könnten, sorgfältig von ihm zu entfernen, und ihn auf einen Ort zu bringen, wo er ungestört sich eine Weile seines Daseyns freuen könnte. Mephistophiles knirschte über die Verzögernng seines Planes mit den Zähnen, und mußte, so ungelegen ihm auch dieser Befehl kam, doch gehorchen.

Sie befanden sich eben in einem Walde, in dessen Nähe sich eine Burg stolz gegen die Wolken hob, da sahen sie drey Knappen traurig auf ihren Hengsten daher traben.

Faust. Woher? Und wohin des Weges meine Freunde?

Erster Knappe. Woher wir kommen, edler Herr! Dieß können wir euch wohl sagen, — aber wohin uns das Schicksal führen wird, dieß wissen wir selbst nicht.

Zweyter Knappe. Wollt ihr an Unglücklichen eine edle That ausüben, so gebt uns Bescheid, wo wir einen Gasthof treffen!

Dritter Knappe. Denn wir reiten schon drey Tage, ohne die mindeste Nahrung genossen zu haben.

Faust. Dafür will ich Rath schaffen. He! Dilla! Öffne den Mantelsack und tische diesen Fremdlingen den darin befindlichen Schinken und Brot auf! Steigt von euren Pferden, und lagert euch hier ins Moos!

Die Knappen stiegen von ihren Rossen, und lagerten sich ins Moos, indeß Dilla den Schinken aus dem Mantelsack hervorragte, und solchen den Reisenden mit etwas Brot überreichte. Sie aßen mit so vielem Apetite, daß auch der Gesättigste neue Lust zum Schmausen bekommen hätte.

Faust. Nur ist es mir leid, daß ihr euern Durst aus dieser Quelle werdet löschen müssen, denn unsern Vorrath von Wein haben wir so eben aufgezehrt.

Erster Knappe. Macht nichts, edler Herr!

Zweyter Knappe. Wer weiß, ob die kostbaren Weine dem Ritter von Hagenbusch heut so gut munden werden, als uns das Wasser aus dieser Quelle.

Dritter Knappe. Wenn sie ihm auch die schöne Hand seiner Braut kredenzt.

Faust. (mit Verwunderung). Was ihr mir da für eine Mähr bringt.

Erster Knappe. Ja, Herr Ritter! Dieß ist eben die Ursache, daß wir hungern mußten, weil der hartherzige Ritter von Hagenbusch praßte. Vor drey Tagen begann seine Hochzeitsfeyer mit einem reizenden Fräulein auf seinem Schlosse, und dieses Fest soll erst mit dem achten Tage enden. Während dieser Zeit, wo andere Ritter an den Reisenden die Rechte der Gastfreyheit verschwenderisch ausüben, befahl der Karge seine Burg zu schließen, und keinen Menschen, wenn er auch mit einer Krume Brotes vom Hungertode zu retten wäre, einzulassen, indessen er mit seinen Spießgesellen in Freuden schwimmt, und den edlen Rebensaft vergeudet.

Faust. Ihr wäret also ohne Labung von seiner Burg abgewiesen worden?

Erster Knappe. Wir waren freylich dieser schnöden Behandlung nicht gewärtig, und getrösteten uns um so zuversichtlicher seiner Hülfe, da wir nahe an seiner Burg von Wegelagerern überfallen, des Unsrigen beraubt wurden, und nur mit vieler Gefahr unser Leben retten konnten.

Faust. (entrüstet) Wie abscheulich sich doch Menschen an Menschen versündigen können! Doch ich zweifle noch an der Echtheit eures Berichtes, noch sträubt sich mein Herz, demselben Glauben beyzumessen, vielleicht war es nur ein Einfall seiner Knechte, jeden Fremden während der Feyer von dem

Schlosse abzuweisen, um ihren Zechgeladen ungestört beywohnen zu können.

Komm, laßt uns zurück reiten. Ich will mich durch meine eigene Erfahrung überzeugen. Trifft die Behandlung mit euerer Aussage überein, so will ich diese schändliche Verletzung des Gastrechtes empfindlich an dem hartherzigen Buben rächen, und ihn auf eine Art züchtigen, von der er gewiß noch nicht geträumt haben mag.

Zweyter Knappe. Ihr werdet es finden, wie wir euch sagten.

Faust (zu Mephistophiles). Ihr seyd der Wege in dieser Gegend gut kundig, führt uns den kürzesten nach der Burg Hagenbusch.

Meph. Das will ich — folgt mir.

Jetzt schwangen sich alle auf die Pferde, und ritten dem Teufel nach, der den Zug anführte. Es ging über Berg und Hügel, und in kurzer Frist standen sie am geschlossenen Thore der Burg. Ein fürchterlicher Sturm brauste, der ganze Himmel war mit schwarzen Wolken behangen, und ein gewaltiger Platzregen fiel herab, der unsere Gesellschaft bis auf die Haut durchnäßte. Faust rief um Einlaß, unter dem Vorwande Schutz vor dem Gewitter zu suchen, und ihre erschöpften Kräfte durch Trank und Speise wieder herzustellen. Aber der Thurmwächter rief trotzig von der Warte herab, daß es des edlen Besitzers dieser Burg schärfster Befehl und ernster Wille sey, Niemanden während der Hochzeitfeyer einzulassen, sie möchten also immerhin weiter ziehen, und anderwärts Obdach und Labung für ihre ermüdeten Kräfte suchen.

Faust erstaunte über die schnöde Antwort, schwieg und zog den Teufel bey Seite, dem er etwas leise in die Ohren flüsterte. Sein Befehl war, dem Burgherrn einen kleinen Possen zu spielen, der ihn vielleicht auf bessere Gedanken bringen, und ihn gefühlvoller für das Elend anderer Menschen machen würde. Es war gerade Mittag, und der Ritter saß mit seinen Gästen an der Tafel, die mit köstlichen Weinen und den niedlichsten Speisen besetzt war, aber ein noch nie gefühlter Schrecken durchfuhr die Herzen aller Anwesenden, als sie den Wein aus den Flaschen in blauen, schwefelartigen Flammen herausfahren, die Braten als Hasen, Hirsche, Rehe, Schweine und Kälber davon laufen; die Fasane, Repphühner, Kapauner und Enten davon flattern sahen, und in den Pasteten die Tauben girren und die Wachteln schlagen hörten. Aller Zungen waren vor Verwunderung gelähmt, der einzige Eigner des Schlosses merkte den Spuk, faßte sich, und gab seinen Köchen den Befehl in der Geschwindigkeit ein anderes Mahl zu bereiten, und der Verlust des Weines ward sogleich aus dem Keller doppelt ersetzt. Indessen die Köche geschäftig waren, den Befehl ihres Herrn aufs geschwindeste zu vollziehen, rief Faust vor der Burg neuerdings um Einlaß, und ließ dem Ritter vorstellen, wie daß sie von Wegelagerern überfallen, des Ihrigen beraubt, und der Gefahr nahe wären, ohne seinen Beystand des schmerzlichsten Hungertodes zu sterben. Ungefähr in einer Viertelstunde erschien der Thurmwächter wieder auf der Warte, und bedeutete ihnen, daß der Befehl des Burgherrn unter keinem Vorwande eine Ausnahme leide, daß sie weiter ziehen und ihn ungestört lassen möchten. — Nun floß Faustens Galle über, er knirschte mit den Zähnen vor Zorn, und befahl seinem unsichtbaren Gefolge dem Chil, Dilla, Poman und Oron, die Tafel, die jetzt wieder mit frischen Gerichten besetzt war, aufzuheben, und in den nahen Tannenhain zu bringen, wohin sich Faust mit Mephistophiles und den drey Knappen verfügte. — —

Kaum hatten die Gäste in dem Schlosse wieder Platz genommen, kaum war die Tafel wieder mit frischen Speisen besetzt, als sie solche mit allen ihren Reichthümern und Kostbarkeiten verschwinden sahen. Sprachlos, wie versteinerte Bildsäulen saßen sie in einem Kreise herum, staunend blickte einer den andern an, Niemand konnte sich den Zauber erklären, und noch hatten sie sich von ihrem Schrecken nicht gesammelt, als ein neuer sie befiel; denn einer sah sich auf einer Katze, der andere auf einer Nachteule, der dritte auf einem Krokodille, der vierte auf einem schuppigten Drachen, und so jeder auf einem andern scheußlichen Thiere oder Gespenste unaufhaltsam durch die Lüfte mit so einer Schnelligkeit fortgeführt, daß sie jeden Augenblick in Gefahr waren, zu ersticken. Endlich hatte die Caravane das Ziel erreicht und der unbarmherzige Ritter befand sich mit seinen Gästen auf den Gipfeln und Aesten der höchsten Tannen, die von ihrer Last gebeugt sie herab zu stürzen drohten. Was ihnen ihre Lage ganz zur Hölle machte, war, daß sie unter den Bäumen, auf denen sie schwankten, die hochzeitliche Tafel mit allen Leckerbissen, die Braut und die übrigen Damen und Fräuleins erblickten, die sich die Speisen nicht nur vortrefflich behagen ließen, sondern auch fremde Ritter herzten und küßten, und mit ihnen in muthwilligen Gruppen scherzten und koseten. Die Knappen waren nicht wenig über diesen Vorfall betroffen; daß sie einem mächtigen Zauberer in die Hände gerathen seyn müßten, war ihnen einleuchtend, allein da sie so gut dabey fuhren, kümmerten sie sich nicht weiter um den Zauber, und aßen und tranken, und schäckerten mit den adeligen Dirnen. Dieses Schauspiel machte unsere Zuschauer auf der Tannengallerie schier vor Äger und Galle bersten, was aber vergebens, war ihre Wuth, denn jeder Fluch, den sie über die Frevler ausstoßen wollten, erstarb auf ihren Zungen, und die mindeste Bemühung von den Gipfeln herab zu klettern, vermehrte die Angst herab zu stürzen, und sich zu zerschmettern.

Mephistophiles hatte es auf Fausts Befehl so eingerichtet, daß die Damen sich auf dem Schlosse in Gesellschaft ihrer Gatten und Liebhaber zu befinden wähnten, dem gefühllosen Ritter aber und seinen Gesellen war die Zauberbinde weggezogen, und sie sahen ihre Frauen und Liebhaber zu ihrem unaussprechlichen Verdruße mit fremden Rittern tändeln und liebäugeln.

Faust fand an diesem lustigen Schwank so viel Vergnügen, und lachte so herzlich über den ohnmächtigen Zorn der Tannenbewohner, daß er sich vornahm, auch den zweyten Theil dieser Farse von seinen Geistern spielen zu lassen. Zu diesem Ende ward der Schauplatz wieder nach dem Schlosse Hagenbusch verlegt. Faust wurde von den Knechten der Burg für ihren Herrn, Mephistophiles, die drey Knappen, und seine Teufeln für die übrigen Gäste gehalten. Unser Abenteurer spielte die Rolle des Bräutigams bey der Braut, und die übrigen bey den andern Frauen so meisterhaft, daß sie den lautesten Beyfall erhielten. Während, daß es sich alle auf der Burg wohl seyn ließen, hingen die Waldbewohner noch immer auf ihren Tannen, und hatten Zeit die Fülle Reflexionen über die Untreue und den Leichtsinn ihrer Weiber anzustellen, und ungeachtet sie jetzt wieder ihre Sprache hatten, und die Vorübergehenden um Hülfe und Rettung bathen, so lief doch jeder, so schnell als er konnte; denn sie waren in scheußliche Fratzen verwandelt, deren Anblick den Vorbeywandelnden Furcht und Entsetzen einjagte. Jetzt war der Tag angebrochen, und der Zauber hatte ein Ende.

Sie wagten es endlich herab zu klettern und es gelang ihnen. Ausgezehrt langten sie gegen Mittag auf Hagenbusch an, und so wie sie erschienen, verschwand Faust mit seinem Gefolge. Ohne auf das gestrige Betragen der Braut und der übrigen Damen zu denken, fielen sie, wie ausgehungerte Wölfe, über die eben aufgetragenen Speisen und Flaschen her, und weil diese nicht hinreichten, ihren Durst zu stillen, besannen sie sich kurz und drangen in den Keller, aber auch hier nahmen sie sich nicht Zeit aus einem Fasse ihre Becher zu füllen, sondern jeder nahm ein eigenes Faß in seinen Schutz, aus dem er den schäumenden Saft hob, die brennende Flamme des Durstes zu löschen.

An keinem Strauß, wo Ruhm und Ehre zu erkämpfen war, bewiesen sich unsere Ritter so geschäftig, als hier; aber sieh! Da begann sich der Knoten der Posse zu lösen, und ehe sie sichs versahen, verschwanden die Zapfen aus den Fässern, und der Wein sprudelte in mächtigen Strömen heraus. In dieser Verlegenheit wußten sie dem Verderben nicht anders Einhalt zu thun, als daß ein jeder seinen Daumen, statt des Zapfens, in die Mündung steckte. Wie angefesselt standen sie nun da, indessen erschien Faust, Mephistophiles, die fremden Knappen und die fünf andern Teufeln unsichtbar mit Knutten, und gärbten das Fell der Trunkenbolde so weidlich durch, daß beynahe jeder in seinem Herzen schwur, lieber 8 Tage in einem Geißelgewölbe sich den härtesten Bußübungen zu unterwerfen, als einer Hochzeitfeyer mehr beyzuwohnen. Eine Stimme erscholl durch den Keller: »Daß diese Züchtigung nur ein Vorgeschmack der Strafe seyn sollte, die des Eigenthümers wartete, sofern er sich gelüsten ließe, in Zukunft dürftige Reisende wider alle Rechte der

Gastfreyheit ohne Labung von seinem Schlosse abzuweisen.«

Die Zapfen lagen nun wieder zu ihren Füßen, sie steckten sie an, schlichen sich nach den Zimmern des Schlosses, und man sagt, daß der Burgherr noch dieselbe Stunde den Befehl ertheilt habe, die Thore des Schlosses zu öffnen, jeden Vorüberziehenden einzulassen, und ihn mit Trank und Speise zu bewirthen.

Faust hatte seinen Muth gekühlt, beschenkte die Knappen, entließ sie, und entfernte sich unsichtbar mit seinem Gefolge von der Burg.

Fünf und dreyßigster Abschnitt.

Fausts Reise nach Göttingen.

Die Reise unsers Abenteurers war nun auf eine Stadt gerichtet, wo seiner nicht minder lustige Auftritte harrten. — Es war Göttingen. Dieser Ort faßte dazumahl große und gelehrte Männer in sich. Hier beschloß Faust eine Zeit auszuruhen, und des lange entbehrten Vergnügens, des Umganges mit berühmten Männern, wieder einmahl zu genießen. Sein Wunsch ward ihm auch bald in vollem Maße gewährt; denn so wie er sich nach der Freundschaft der dasigen Gelehrten sehnte, so sehnlich wünschten diese seine Bekanntschaft. Nicht nur seine tiefe und gründliche Gelehrsamkeit machten ihn allenthalben beliebt, sein untadelhafter Lebenswandel, seine Bescheidenheit, seine wohlthätige edle Freygebigkeit erwarben ihm alle Herzen, und er sah ein, daß man durch Prunk und lärmendes Geräusch zwar viele Zungen beschäftigen, aber nie zu jener wahren Größe gelangen könne, die nur allein die Tugend gewähret. Zwar hatte er durch seinen Bund mit dem Teufel auch dieser Huldgöttinn seine Fehde angekündigt, aber ihre Reize vermochten in seiner gegenwärtigen Stimmung der Seele so viel über ihn, daß er sich nicht entbrechen konnte, die Feindseligkeiten gegen sie eine Zeit hin einzustellen. Oft durchdrang bittre Reue sein Herz über den verwegenen Schritt, durch den er sich von der großen Kette der Menschen losgerissen hatte, aber der Teufel, der diese Empfindungen auf seinem Gesichte las, zeigte ihm das Labyrinth, in das er sich bereits so tief verirrt hatte, daß er unmöglich auf einen Ausgang mehr rechnen durfte. Er sammelte sich also, und sah mit kaltem Blicke in die schwarze Zukunft, vor der jeder andere zurück geschaudert wäre. Sein Leben glich nun einem stillen Frühlingsmorgen, den keine Wolke trübet, kein Tag verfloß, den nicht eine edle Handlung bezeichnete. Sein Haus stand allen zu jeder Zeit offen. Vorzüglich machte er sich ein angenehmes Geschäft daraus, die verfolgte Unschuld zu schützen, verkannte Talente aus dem Staube hervorzuziehen, und fähige Köpfe, denen das Glück meistens seine Gunst versagt, zu unterstützen, und sie zur Thätigkeit aufzumuntern. Mit thränenden Augen schlich sich die Dürftigkeit an seine Schwelle, und mit lachendem Munde verließ sie sein Haus. Niemand ging ohne Trost, ohne Beystand von ihm, und weil er auch in der Arzeneykunde tiefe Kenntnisse besaß, so vermehrten die bewundernswürdigsten Curen nicht wenig seinen Ruhm. Er heilte die hartnäckigsten Krankheiten; denn seine Teufel mußten ihm die heilsamsten Kräuter und Arzeneymittel aus allen Theilen der Erde verschaffen, die er seinen Kranken unentgeldlich darreichte. Ich will der Seltenheit wegen einige Züge anführen.

Eines Tages kam ein junges, blühendes Mädchen zu ihm, und bath ihn in den rührendsten Ausdrücken um seine Hülfe; denn ihre Mutter, wie sie sagte, wäre von den Ärzten der Stadt aufgegeben, und läge in den heftigsten Schmerzen, die wahrscheinlich den Tod nach sich ziehen würden. Obschon ich, fuhr sie fort, gegründete Ursachen hätte, nichts mehr als ihren Tod zu wünschen, so will ich doch die erste der Pflichten nicht vergessen, lieber das beneidenswürdigste Glück meines Lebens aufopfern, und alles anwenden, was nur immer ihr Leben zu fristen vermag. Ich weiß, daß sie mein Daseyn mit Gefahr des ihrigen erkaufte, und dieserwegen bitte ich euch inständigst, edler Herr! zu ihr zu eilen, und ihr euren Beystand nicht zu versagen. Seyd ihr nicht im Stande sie herzustellen, so ist für ihren Tod kein Kraut gewachsen, und der Wille des Himmels mag an ihr geschehen.

Faust. Daß deine Mutter gefährlich krank liege, schönes Kind! daß du mich zu ihrer Hülfe aufforderst, dieß alles verstehe ich, und will auch meine Kunst an ihr versuchen; aber was du von Aufopferung deines Glückes für ihre Rettung sprachest, dieß ist dunkel für mich, darüber mußt du dich deutlicher erklären.

Mädchen. Seht edler Herr Doctor! Mein Vater, den der Tod vor drey Jahren in einer hitzigen Krankheit dahin raffte, hinterließ meiner Mutter und mir ein beträchtliches Vermögen. Gott hab ihn selig! Er war ein guter Mann, und würde seine Tochter gewiß nicht dem Vorurtheile aufgeopfert haben ——— (sie fängt an zu weinen.)

Faust. Sey offenherzig, gutes Kind! so fern ich dir und deiner Mutter helfen kann; soll es mit Freuden geschehen.

Mädchen. Vor allen müßt ihr wissen, daß ich achtzehn Jahre und drey Monathe alt bin. Da war ich so glücklich einen jungen, schönen, braven Mann kennen zu lernen, der keinen andern Fehler hat, als daß er von armen, aber rechtschaffenen Aeltern geboren ist, und noch kein öffentliches Amt bekleidet. (Sie stockt.)

Faust. Rede weiter liebes Mädchen!

Mädchen (schamhaft). Erloßt mir das Ende des Geständnisses! Ihr werdet es leicht errathen!

Faust. Nun, du wünschest seine Gattinn zu werden, und deine Mutter. — —

Mädchen (einfallend). Mißbilliget die Wahl, und will unter keiner Bedingniß ihre Einwilligung zur Verbindung geben.

Faust. Das laß meine Sorge seyn! Wenn dein Geliebter ein tugendhafter, wenn er ein betriebsamer, rechtschaffener Mann ist, so will ich alle Hindernisse heben, die eurem Glücke im Wege stehen.

Mädchen (freudig). Das ist er, das ist er!

Faust. Wohl! Führe mich zu ihm, und dann eilends zu deiner Mutter!

Und ohne Verzug führte das Mädchen Fausten zu ihrem Geliebten, der nicht allein die Erwartungen unsers Doctors, sondern auch die enthusiastische Schilderung, die das Mädchen von ihm entworfen hatte, übertraf. Faust sicherte dem liebenswürdigen Paare seinen Beystand zu, und bald befand er sich am Lager der kranken Mutter!

Sechs und dreyßigster Abschnitt.

Faust, als Arzt am Krankenbette.

Faust. Ihr seyd sehr krank, edle Frau!

Frau (in schwachem Tone). Ohne Hoff=

nung zu genesen. Die Aerzte haben mich aufgegeben.

Faust. Ich bin auch ein Arzt! (er fühlt den Puls, und erkundigt sich nach dem Umfange, dem Wachsthume und allen übrigen Umständen der Krankheit). Wie? Wenn ich es übernähme, euch wieder herzustellen?

Frau (leise). Ihr wollt mir mit der Hoffnung zu gesunden schmeicheln — wahrscheinlich nur deßwegen, um mir die nahe Gefahr des Todes zu verbergen.

Faust. Wenn ich euch aber wirklich herstellte, dann würdet ihr meinen Worten doch wohl Glauben beymessen.

Frau (schwach, und kaum vernehmlich). Die Aerzte haben ihre Kunst an mir erschöpft, mir bleibt nichts übrig, als mich in den Willen des Himmels zu fügen, und die Stunde meiner Auflösung mit Gelassenheit abzuwarten.

Faust. Eurer Standhaftigkeit kann ich meine Bewunderung nicht versagen, aber der Zweifel in die Hülfe der Menschen mißfällt mir; denn obschon zehn Aerzte die Krankheit nicht ergründen, und die dagegen nöthigen Heilmittel nicht anwenden konnten, sollte es darum dem eilften unmöglich seyn, der Natur auf die Spur zu kommen?

Frau (mit einem zweifelhaften Schein von Zuversicht). Solltet ihr es kraft euerer Kunst und tiefen Kenntnisse vermögen, meine Krankheit zu heben, so wendet alles an, sparet kein Mittel, ich will euch reichlich für euere Mühe lohnen.

Faust. Die Ursache euerer Leiden liegt klar vor meinen Augen, ich besitze die köstlichsten Arzeneyen, welche eure Schmerzen stillen, und euch in kurzer Zeit zur vorigen Gesundheit bringen sollen, aber nur unter einer Bedingung geb' ich euch mein Wort.

Frau (mit Zuversicht). Fordert so viel Geld, als ihr wollt, ich werde den kostbarsten Schatz, die Gesundheit, um keinen Preis zu theuer erkaufen.

Faust. Nicht Geld ist es, was ich für meine Mühe von euch verlange.

Frau. Nun — ihr seyd ein Arzt ohne Gleichen — Was verlangt ihr also?

Faust. Ihr habt eine Tochter, ein liebes, reitzendes Mädchen!

Frau. Ja — und diese?

Faust. Liebt einen jungen Mann, der mir verwandt ist, und wird von ihm mit gleicher Wärme geliebt. Dieser wünscht eure Tochter zu seiner Gattinn zu haben, gebt eure Einwilligung zu ihrer Verbindung, macht das tugendhafte Paar durch den wechselseitigen Besitz glücklich, und ich will sogleich die Arzeney bereiten, die euch in kurzer Frist vom Krankenlager befreyen wird.

Frau. Mein Gott! Das böse Kind! Kann der armen Mutter noch auf dem Todbette ungehorsam seyn!

Faust. Eure Tochter ist nicht ungehorsam, sie bittet um eueren Segen, um euere Einwilligung.

Frau. Ich würde ihr diese nicht versagen, wenn sie nur einen würdigeren Gegenstand ihrer Liebe gewählt hätte, aber der Mensch ist arm, bekleidet kein Amt, hat keinen Charakter!

Faust. Laßt euch das nicht irren, edle Frau! Die vortrefflichsten Talente, die edelsten Eigenschaften des Herzens ersetzen den Verlust der Güter, den ihm das Glück versagt hat. Gebt ihm eure Tochter zum Weibe, das edle Mädchen ist des biedern Jünglings werth.

Frau (seufzend). Mein Gott! Mein Gott! Wenn der Mensch nur nicht gar so bettelarm wäre!

Faust. Ist seine Armuth allein der Stein des Anstoßes — wohlan! so will ich ihn bey Seite schaffen. Ich habe mir auf meinen Reisen durch meine glücklichen Curen viel Geld und Vermögen gesammelt. Ich will ihm sechstausend Goldgulden zum Heirathsgut schenken, und mein ganzes Ansehen verwenden, ihm ein einträgliches Amt zu verschaffen.

Frau. Wenn ihr das im Stande seyd, Herr Doctor! So mag sie ihn in Gottes Nahmen haben. Nur seyd auch bedacht, euer Versprechen an mir zu erfüllen!

Faust. Ich bürge euch für euere Genesung mit meinem Kopfe. Habt Vertrauen auf die Arzeneymittel, die ich euch reichen werde, benehmt euch nach meiner Vorschrift, und ihr werdet eher genesen, als ihr glaubt.

Faust konnte diese Versicherung mit der größten Zuverlässigkeit von sich geben, denn aus dem Pulse hatte er wahrgenommen, daß die Gefahr vorüber war, daß sich die Krankheit zum Vortheile der Leidenden entschieden hatte, und daß schickliche Arzenеymittel sie in Kürze ganz aus dem Grunde heben würden.

Jetzt ward die Tochter herbeygerufen, und Faust machte ihr den Entschluß ihrer Mutter bekannt. Das Mädchen fiel vor Freuden der Kranken sprachlos um den Hals, und die Scene gewann ein rührendes Ansehen, als auch auf Fausts Geheiß der Liebhaber erschien, und Kunde von seinem so nahen Glücke erhielt.

Der vorgebliche Verwandte zählte ihm sechstausend Goldgulden auf den Tisch, und stellte eine schriftliche Versicherung aus, sich für ihn um ein Amt zu bewerben, das er auch wirklich bald erhielt.

Die kranke Mutter legte nun die Hand ihrer Tochter in die Hand des Geliebten, segnete ihre Kinder, und sobald sie genesen war, wurde der Tag ihrer Verbindung mit großer Pracht gefeyert.

Sieben und dreyßigster Abschnitt.

Noch ein Zug seiner Dienstbarkeit.

Zwey Bürger der Stadt waren in einen Prozeß mit einander verwickelt, wovon der eine dem andern gegen Ausstellung eines Schuldscheines und der Versicherung der landesüblichen Interessen eine ansehnliche Summe Geldes vorgeschossen hatte. Einige Zeit wurden die Zinsen auch richtig abgeführt, aber der boshafte Schuldner, der sich auf einmahl von seiner Last befreyen wollte, gerieth auf den Einfall, den ausgestellten Schuldschein seinem Gläubiger in Geheim entwenden zu lassen. Ein junger, ausschweifender Mensch, der sich durch Geld zu jedem Bubenstück verleiten ließ, und der im Hause des redlichen Gläubigers gut bekannt war, half dieses boshafte Vornehmen gegen Versprechung einiger Goldstücke auszuführen. Es gelang ihm unbemerkt den Schuldschein zu entwenden, und solchen dem Schuldner sammt einer Schrift zuzustellen, worin der Gläubiger die vorgeschossene Summe richtig und baar wieder erhalten zu haben, erklärte, und worin seine Hand so genau nachgeäfft war, daß der Betrogene sie selbst für seine eigene würde gehalten haben, wenn ihn nicht sein Bewußtseyn von dem Gegentheil überzeigt hätte. Eine Frist verstrich nun nach der andern, ohne daß der Schuldner Miene machte, die gewöhnlichen Zinsen abzutragen. Als dieser nun von seinem Freunde ernstlich daran erinnert wurde, stützte der ehrliche Mann nicht wenig, als der Betrieger ihm die Summe richtig bezahlt zu haben vorgab, und dieses Vorgeben mit des Gläubigers eigener Handschrift und Siegel bekräftete. Er wollte ihn mit dem Schuldscheine des Gegentheils überweisen, aber zu seinem größten Schrecken war dieser aus dem Schrank verschwunden, und des sorgfältigsten Durchsuchens ungeachtet nirgends zu finden. In dieser Verlegenheit wandte sich der Unglückliche an einen Advocaten, dem er den ganzen Hergang erzählte, allein dieser sagte ihm geradezu, daß er den Prozeß für verloren hielte, so fern er seinen Schuldner nicht mit dem Schuldscheine überfuhren, dieser sich hingegen mit der von seiner Hand ausgestellt seyn sollenden Quittung rechtfertigen und vertheidigen könnte. Untröstlich war der brave Mann über die Bosheit des Betriegers; denn mit dem Verluste dieses Geldes sah er sich zum Bettler herabgesunken. Als er einst in diesen Gedanken traurig herumirrte, stieß er ungefähr auf einen Freund, dem er sein Unglück unter einem Strom von Thränen erzählte, dieser rieth ihm zu Fausten zu gehen, und den gelehrten, einsichtsvollen Mann um seinen Rath und Beystand zu bitten, vielleicht daß durch seine Vermittlung die Sache eine günstigere Wendung bekommen könnte. Ohne Verzug eilte der Geängstigte zu Fausten, berichtete ihm von dem Vorfalle und bath ihn, ihm in dieser kritischen Sache mit seinem gutem Rathe an die Hand zu gehen, indem er zugleich versicherte, daß ihm der Schuldschein des Schuldners gestohlen, und die Quittung, worauf sich sein Gegner stütze, unwiderleglich unterschoben seyn müsse. Faust war über die Bosheit des Betriegers hoch entrüstet, und weil alle Umstände die gerechte Sache des Unglücklichen außer Zweifel zu setzen schienen, so ging ihm sein trauriges Loos zu Herzen, er befahl ihm daher nach Hause zu gehen, die Sache bey der Behörde anhängig zu machen, und versicherte ihn, ihm Falle er die Wahrheit gesprochen hätte, und sich alles seiner Aussage gemäß verhielte, ihm unmöglich das Recht abgesprochen werden könnte. Mit einem Strahl von Hoffnung eilte der Gläubiger nach Hause. Indessen befahl Faust dem Teufel dem Betrieger die falsche Quittung zu entwenden, und an deren Stelle den wahren Schuldbrief zu legen, den der Meineidige sorgfältig in einen andern Schranken verschlossen hatte. Es geschah, wie er befahl. Endlich erschien der Tag an dem das Urtheil gesprochen werden sollte, und der Kläger sowohl als der Beklagte wurden vor Gericht geladen. Der letzte, seines Sieges gewiß, steckte den von ihm ausgefertigten Schuldschein mit seiner eigenhändigen Nahmensunterschrift, und Siegel versehen, zu sich, in der Meinung, es sey die unter dem Nahmen seines Gläubigers gemachte, unterschobene Erklärung, daß er die vorgeschriebene Summe richtig empfangen habe, und erschien mit frecher Stirne vor dem Gerichte. Als die Richter versammelt waren, und den Beklagten fragten, was er zu seiner Vertheidigung vorbringen, und womit er sich von dem beschuldigten Verbrechen reinigen könnte, zog dieser die Urkunde hervor, und überreichte sie den Richtern mit diesen Worten, daß dieses Document seine Unschuld unumstößlich beweisen würde.

Der erste Richter entfaltete die Schrift, las sie, traute seinen Augen nicht, und übergab sie dem zweyten, dieser dem dritten, der dritte dem vierten, und als sie alle durchgelesen hatten, fanden sie, daß sich der Bösewicht selbst sein Urtheil gesprochen habe. Dieser sank schier vor Schrecken zu Boden, als er die Schuldverschreibung vorlesen hörte, und sein Siegel nebst der eigenhändigen Unterschrift sah. Zwar gab er sie für unterschoben und falsch aus, als man aber eine Schrift, die er in Gegenwart der Richter aufsetzen mußte mit dem Schuldscheine verglich, entdeckte es sich, daß beyde nur eine Hand geschrieben habe, und der Betrüger stand beschämt in seiner Blöße da. Der Rechtsspruch fiel dahin aus, daß er nicht nur die schuldige Summe sammt den Unkosten ersetzen mußte, sondern er ward auch aus dem Ehrenbuche der Bürger ausgestrichen, und auf lebenslang in einen finstern, unterirdischen Kerker geworfen.

Acht und dreyßigster Abschnitt.

Mephistophiles hält eine Bußpredig an Fausten.

Fausts Betragen in Göttingen war nichts weniger, als nach dem Geschmacke des Teufels eingerichtet. Er lag ihm daher unaufhörlich in den Ohren, dieses Nest der langen Weile zu verlassen, und seine Sinnen nicht durch ewiges Einerley zu ermüden.

Hast du, sprach er, den Zweck des Bundes mit mir vergessen? — War nicht Genuß — voller Genuß des Lebens der mächtige Zauber, der dich zu dem kühnsten Schritte, den ein Sterblicher je wagte, bewog? Und was geniesest du hier? — Schalen ohne Kern. — Wozu nützt die Maske der Tugend? Laß solche den frömmelnden Memmen, den feigen Sündern, den Zwittern von Tugend und Laster, worunter sie den Stämpel des Galgens verbergen können. Dich kleidet diese Larve nicht. Handle, als ein Mann, groß und erhaben! Handle als Faust, dem die Hölle zu Gebothe steht, dem die Natur alle ihre Schätze aufschleußt. — Auf! Erwache aus der betäubenden Schlafsucht! Das Gebieth der Freude ist weit und groß, die Ernte ergiebig, die Deiner harrt.

Verschwende nicht den kostbaren Schatz, den ich dir allein nicht zu ersetzen vermag, verschwende nicht die Zeit, und genieße, weil Rosen deine Schläfe umkränzen, und der volle Becher der Freude schäumt.

Wie ein Blitzstrahl fuhr diese Rede des Teufels durch Faustens Seele. Der Hämische hatte die reizbarste Seite seines Herzens berührt, und kaum graute der Morgen, so hatten sie auch schon Göttingen im Rücken. Die Bestimmung ihrer weitern Reise war noch ungewiß, noch wußten sie nicht, wohin sie sich wenden sollten. Mephistophiles selbst war in Verlegenheit, wohin er den Ungenügsamen führen könnte, um ihn vor ferneren Rückfällen in den Schooß der Tugend zurückzukehren, zu bewahren, als eine unvermuthete Scene ihren Zweifeln und Berathungen plötzlich eine andere Richtung gab.

Am Ufer eines tiefen Baches erblickten sie eine Frauensperson, welche sichtbar mit der Verzweiflung rang, und eben im Begriffe war, sich und ihr Kind, das sie in den Armen hielt und mit Inbrunst küßte, in denselben zu stürzen. Die rasche Ankunft unserer Reisenden hinderte sie in ihrem Entschlusse.

Faust. Was willst du beginnen Unglückliche?

Frau. Einem Leben ein Ende machen, das mir zur Last ist.

Faust. Darfst du mit einem Gute nach deinem Eigendünkel schalten, daß dir nur auf kurze Zeit geliehen ist?

Frau. Was frommt mir ein Gut, wenn mir dessen Genuß verbittert wird. Besser ich gebe es dem Eigenthümer wieder zurück.

Faust. Er wird es fordern, sobald er einsieht, daß es dir nicht mehr zuträglich ist. Vielleicht hast du aber auch selbst beygetragen, dir die Freuden des Lebens zu vergällen?

Frau. Freylich spricht mich mein Herz nicht

von aller Schuld frey, aber wer kann auch sagen, daß er nie strauchelte? Wer ist so scharfsichtig allezeit den Irrweg zu entdecken, auf den uns unsere Leidenschaften locken. Wir wähnten oft am sichersten zu seyn, wenn wir der Gefahr am nächsten sind. So ging es mir. Ich glaubte den höchsten Gipfel des Glückes erstiegen zu haben, und sank zur verworfensten Creatur herab, Mörderinn meiner selbst — Mörderinn meines Kindes zu werden.

Faust. Die That ist abscheulich — aber laß mich deine Geschichte hören, vielleicht, daß Umstände eintreffen, die deine Rettung noch möglich machen!

Frau. Ihr fordert viel, und doch kann ich dieß Verlangen, meiner eigenen Beruhigung wegen, nicht unerfüllt lassen. Hört mich also an, und habt Mitleid mit einem Mädchen, daß aus Schwäche fiel und unglücklich ward.

»Nicht weit von hier steht die Hütte meines Vaters, darin ich das Licht der Welt erblickte. Ich ward von Jugend auf zur Arbeit und Thätigkeit angehalten, war munter und gesund, und hatte von all den Gefahren nicht die leiseste Ahnung, die allerwegs unter tausend Gestalten auf den Sturz der Unschuld lauern. Da war ich eben eines Tages auf der Bleiche in meiner gewöhnlichen Beschäftigung begriffen, als mein Unglücksstern den Besitzer jenes Schlosses herbey führte. Er blieb stehen, bewunderte meinen Fleiß, und schenkte mir, mich zur Thätigkeit, wie er sagte, noch mehr aufzumuntern, ein Goldstück, wovon ich die abgebenden Kleinigkeiten zu meinem Putze mir anschaffen sollte. Der Bösewicht schlich sich auf zwey Wegen in mein argloses Herz. Sein Wuchs war schlank, seine Bildung angenehm, und seine Miene freundlich; kein Wunder, daß ich an seinen Besuchen Geschmack fand, und dieß erwarb ihm endlich, ohne daß ich es selbst noch wußte, meine Achtung, welche seine Freygebigkeit, der er so listig den Anstrich des Edelmuths zu geben wußte, nach und nach zur hellen Flamme der Liebe anblies, die mich in der Folge so unglücklich machte. Wie von ungefähr fand sich der Nichtswürdige öfters auf der Bleiche ein. — Doch ich will euere Geduld durch meine Trauergeschichte nicht länger ermüden, und euch nur so viel sagen, daß er seine Besuche und Geschenke so lange widerholte, bis ich mich gegen die glänzendsten Versprechungen entschloß, wider den Willen meiner Aeltern auf sein Schloß zu ziehen, und als Magd in seine Dienste zu treten. Mit diesem unglückseligen Schritte war auch der Schritt zu meinem Fall gethan«

»Daß er weder Aufwand noch Mühe sparte, als er mich in der Schlinge hatte, zu seinem gottlosen Zwecke zu gelangen, werdet ihr von selbst errathen. Schmeicheleyen, Geschenke und eine ausgezeichnete Art, womit er mich vor dem übrigen Gefolge behandelte, blendete mich, und ich war schwach genug das wilde Feuer seiner Begierden für Ausflüsse reiner Liebe zu halten, und ihm die Empfindungen meines Herzens zu gestehen. Der Elende nützte die Gelegenheit, schwur mir ewige Liebe, both mir Hand uud Herz an, und es war um Glück, Ruhe und meine Tugend geschehen.« — — —

»Statt daß ich mir durch seinen Besitz das Paradies errungen zu haben schmeichelte, nahm ich zu meinem größten Schmerzen mit jedem Tage seine Kälte immer mehr und mehr wahr, endlich kam es so weit, daß er mir, gleich seinem übrigen Gesinde begegnete, und als ich mich über diese beleidigende Behandlungsart bey ihm beschwerte, und ihn seines Versprechens erinnerte, gerieth er darüber in solche Wuth, daß er augenblicklich den Knechten befahl, mich aus der Burg zu jagen. Mein Elend war ohne

Gleichen. Zwar floh ich zu meinen Aeltern, aber auch diese verschlossen mir ihre Thüre, und versagten mir ihre Hülfe. In dieser verzweifelten Lage verfügte ich mich zu einer Köhlerinn, die in der ganzen Gegend als ein wohlthätiges Weib bekannt war, gestand ihr meine Unbesonnenheit, und weil ich doch hoffte, mich mit meinen Aeltern wieder auszusöhnen, so bath ich sie gegen Versprechung meiner Dienste mich so lange in ihrem Hause zu behalten, bis ich meiner Bürde entledigt seyn würde. Die gutherzige Köhlerinn erhörte meine Bitte, und als die Zeit meiner Genesung vorüber war, begab ich mich wieder zu meinen Aeltern, in der Hoffnung sie zu besänftigen, und ihre Verzeihung zu erlangen, allein auch dieser heiße Wunsch blieb unerfüllt, sie waren unerbitterlich, überließen mich meinem Schicksale, und auf welche Art ich dieses unerträgliche Joch abschütteln wollte, davon seyd ihr so eben Augenzeuge gewesen.«

Neun und dreyßigster Abschnitt.

Faust als Ehestifter.

Faust. Du dauerst mich armes Kind! Was wirst du aber nun anfangen?

Frau. Ohne eueren Beystand bleibt mir nichts übrig, als mich mit meinem Kinde in dieses Gewässer zu stürzen.

Faust. Das sollst du nicht. Der Tod wird dich, wenn du auch hundert Jahre lebst, noch immer zu frühe überraschen. Wenn du mir versprechen kannst, deinem Verführer zu verzeihen, und ihm nicht mit gleichem Maße zn vergelten, so will ich dir zu seinem Besitze verhelfen.

Frau. Rettet mich edler Herr! Und fordert,

was mit dem Reste meiner Tugend besteht, ich will alles thun, was ihr befehlen werdet.

Faust. Wohl also! Mäßige deinen Schmerz! Ich will die Stelle deines hartherzigen Vaters vertreten.

Faust entfernte sich mit Mephistophiles einige Schritte von der Unglücklichen, redete leise mit ihm, und nicht lange so erschien eine weibliche Gestalt mit prächtigen Kleidungsstücken, die dem Mädchen von Fausten mit dem Bedeuten überreicht wurden, sich in solche zu kleiden, und ihr Kind indessen der eben angekommenen Frauensperson zu übergeben.

Sogleich ward hinter einer schattigen Dornhecke die Toilette aufgeschlagen, und die neue Kammerfrau wußte ihre gute Gebietherinn mit so vielem Geschmacke zu kleiden, als ob sie alle Herzen der Männer erobern sollte. Die Spuren des Kummers waren von ihrem Gesichte verschwunden, Gesundheit blühte auf ihren Wangen, aus den Augen blitzte ein gefährliches Feuer, das Heben des Busens verrieth die Wünsche des Herzens, ihre Mienen hatten so viel Gefälliges, und ihre Geberden so viel Anstand und Grazie, daß der frömmste Klausner bey ihrem Anblick nicht unempfindlich geblieben wäre. Sie war ganz gemacht, das Feuer der Liebe in dem kältesten Herzen zu erwecken. Jungfräuliche Schüchternheit, Unschuld und Naivetät erhoben den Reitz ihrer jugendlichen Schönheit. Mit diesen Waffen der Verführung ausgerüstet, erschien sie nun vor Fausten, dieser und Mephistophiles bestiegen ihre Pferde, und auch Blandine (so hieß sie) mußte sich auf einen Rappen setzen, den ein Bedienter den Augenblick gebracht hatte, und so jagten sie dem Schlosse ihres Verführers zu, indeß die Kammerfrau mit dem Kinde sich in eine nahe gelegene Hütte verfügt hatte.

Unsere Reisenden wurden auf dem Schlosse von

dem Eigner desselben aufs freundlichste aufgenommen, und als sie den Wunsch äußerten, sich daselbst ein Paar Tage aufhalten zu dürfen, um sich von den Beschwerden der Reise, denen das Fräulein nicht gewachsen sey, erholen zu können, billigte er nicht nur ihren Entschluß, sondern traf sogleich alle Vorkehrungen, seinen Gästen alle Gemächlichkeiten zu verschaffen, und sie aufs beste zu bewirthen. Er nahm sich besonders des Fräuleins mit vielem Eifer an, bestimmte zu ihrer Bedienung etliche von seinem Gefolge, und war unermüdet beschäftiget der schönen Fremden den Aufenthalt auf dem Schlosse recht angenehm zu machen. Gleich bey dem ersten Anblick ward er von ihren Reitzen bezaubert, und als er jetzt alle Gelegenheit hatte, sie näher beobachten und kennen zu lernen, entdeckte er so viele Vorzüge und liebenswürdige Eigenschaften an ihr, daß er nur allein in ihrem Besitze glücklich seyn zu können glaubte. Das Mädchen, das den Streich merkte, den Amor dem verliebten Gecken gespielt hatte, both alle Künste auf, den Funken der Liebe in seinem Busen zum hellen Feuer anzuschüren, und sich ihm unentbehrlich zu machen, deßwegen suchte die Schlaue beständig seine Gesellschaft, und als er nach und nach vertrauter wurde, und sich von ferne vernehmen ließ, wie daß er von ihren Reitzen gefesselt sey, und sich für den Glücklichsten aller Sterblichen achten würde, so fern sie sich entschließen könnte ihm ihre Hand zu reichen, bezeigte sie mit jungfräulicher Schüchternheit ihr Wohlgefallen über seinen Antrag, und erklärte, daß sie nicht abgeneigt wäre, seinen Wunsch zu erfüllen, wenn anders ihr Vater seine Einwilligung dazu gäbe.

Jetzt rückte der Abend heran, und nach dem Nachtimbisse eilten die müden Wanderer zur Ruhe, und schliefen sanft und süß bis an den Morgen.

Nur der einzige Burgherr konnte nicht schlafen. Seine Seele war ganz von dem reitzenden Bilde seiner Geliebten erfüllt, und der Gedanke, wie der Morgen- seinen Wunsch ihrem Vater eröffnen, und um sie werben wolle, entfernte den leisesten Schlummer von seinen Augen.

Endlich erschien der Tag. Die Gesellschaft verfügte sich in den Saal und nahm das Frühstück ein. Der Burgherr, der seine Schöne heut noch reitzender fand, zögerte nicht, sich in den Besitz dieses Kleinods zu schwingen, und erklärte Fausten, den er für Blandinens Vater hielt, daß die Schönheit seiner Tochter einen mächtigen Eindruck auf sein Herz gemacht hätte, und daß er nichts sehnlicher wünschte, als sie zu seiner Gemahlinn zu haben, er möchte, fuhr er fort, ihm ihren Besitz nicht versagen; denn auch sie wäre entschlossen seinem Wunsche zu willfahren und ihm ihre Hand zu reichen. Der vorgebliche Vater stellte sich Anfangs sehr betroffen über das Begehren des Ritters, endlich sprach er, daß er weit entfernt sey, dem Herzen seiner Tochter Zwang anzuthun; wenn sie glaubten, daß sie mit einander glücklich seyn könnten, so würde er ihrer Verbindung nicht das mindeste Hinterniß entgegen stellen. Doch müßte die Hochzeitfeyer noch heut vor sich gehen, denn seine Geschäfte litten keinen Aufschub, und er müsse sich durch einen schrecklichen Eid verbinden, seine Tochter lieb und werth zu halten, und ihr mit Gefälligkeit und Sanftmuth zu begegnen, widrigen Falls er die unerhörteste Rache an ihm nehmen würde. Der Ritter schwur alles pünctlich zu erfüllen, das Mädchen wurde herbey gerufen, und nach Verlauf zweyer Stunden war das verliebte Paar durch die Hand des Priesters ewig verbunden.

Die lauteste Freude herrschte auf der Burg, und alle Hände waren beschäftigt, das prächtigste

Hochzeitmahl zu bereiten. Nachdem dieses in Freuden und Wohlbehagen geendet war, rüsteten sich die Fremden zur Abreise, und nach den brünstigsten Umarmungen floh Faust und Mephistophiles zum Schloßthore hinaus.

Niemand war jetzt glücklicher als der Burgherr; an dem Arme seiner reitzenden Gattinn verfügte er sich in den Garten, und brachte den noch übrigen Theil des Tages daselbst in Wonne zu; endlich spreitete die Nacht ihr Rabengefieder über die Erde aus, und die Glücklichen schlichen sich in ihr Schlafgemach.

Aber einem, der auf der Folter gespannt, die gräßlichsten Qualen leidet, dem der empfindlichste Schmerz jede Ader durchzuckt, kann nicht ärger zu Muthe seyn, als unserem Bräutigam zu Muthe war, da er des andern Tages erwachte und an seiner Seite, statt der reitzenden Braut, seine verstoßene Blandine erblickte, welche die Verzweiflung, der Hunger und das Elend so entstellt hatten, daß sie eher einem Schatten als einem lebendigen Wesen glich. Zorn und Wuth durchfuhren ihn, schnell, wie der Blitz, sprang er aus dem Bette, griff nach dem Schwerte, und wollte die Brust der Unglücklichen durchbohren.

In diesem Augenblicke trat eine Frauensperson in das Zimmer, welche ein Kind in ihren Armen hielt, und es neben die Mutter auf das Bett legte, und im Nu stand der scheußlichste Teufel vor seinen Augen: »Elender Bösewicht,« fuhr er ihn mit fürchterlicher Stimme an, »halt ein, willst du die Zahl deiner Sünden auch noch durch einen Mord vermehren? Genügt dir nicht, die Unschuld verführt, dich an ihren Thränen geweidet, und sie der Verzweiflung Preis gegeben zu haben? Nur durch die günstigste Fügung des Schicksals ist gestern dein Weib und

Kind vom Tode gerettet worden. Hartherziger Schänder der Tugend! Erinnere dich deines gestrigen Schwures, den du am Altare des Rächers in die Hände seines Dieners geschworen, erinnere dich des Eides, den du dem vorgeblichen Vater deines Weibes ablegtest, denn du hast ihn dem Teufel abgelegt, und wenn du pflichtvergessen genug seyn könntest, dem Schwur zuwider zu handeln, und deinem Weibe und Kinde schnöde zu begegnen, so wisse, daß ich dich bey dem ersten Gedanken, deinen Schwur zu verletzen, von dem höchsten Burgthurme in das tiefste Thal stürzen, deine Gebeine zermalmen, und dich als Staub und Asche in die tiefste Hölle schleudern werde, denn ich bin bestimmt, dich unsichtbar zu umgeben, und die verheißene Drohung an dir zu erfüllen.

Jetzt zerfloß der Teufel in eine schwarze stinkende Wolke, und verschwand.

Mit großen Tropfen der Todesangst auf der Stirne, stand der Ritter sprachlos, wie eine Bildsäule da, er schauderte vor seiner eigenen Gestalt, die er in dem Spiegel des Teufels gesehen hatte, und ein Strahl des Lichtes und der Reue durchblitzte seine Seele. Heiße Thränen rollten über seine Wangen, er fiel seinem Weibe in die Arme, bath sie um Verzeihung und Vergessenheit des Vergangenen, gelobte ihr ewige Liebe und Treue, und genoß, nachdem er sich auch mit den Aeltern seiner Blandine ausgesöhnt hatte, bis ans Ende seines Lebens aller Freuden einer glücklichen Ehe.

Vierzigster Abschnitt.

Fausts physiognomische Reise.

Unter mancherley Anmerkungen und Lachen über den Schwank, welchen sie dem verliebten Gecken auf dem Schlosse gespielt hatten, ritten sie durch das Thor der vor ihnen liegenden Stadt, und die gute Bewirthung, die herrlichen Weine, die sie dort fanden, gaben Fausts Geiste bald wieder die vorige Spannkraft und neuen Schwung. Da eben daselbst Jahrmakt war, so ging Faust mit dem Teufel nach Tische auf den Platz, um das Gewimmel von Menschen zu sehen. Es war ein sonderbarer Ort, in dem sie sich nun befanden. In einem Winkel dieser Stadt lebte ein junger Mensch, dem es ohne viele Mühe gelungen war, einige wenige Funken von Verstand, durch das Feuer seiner Einbildungskraft, gänzlich aufzubrennen, und durch eine aufgewärmte Gaukeley seinen Nahmen in ganz Teutschland auszubreiten. Er sog, gleich einem trockenen Schwamme, alle Thorheiten und Charlatanerien ein, die andere seines Gelichters ausheckten, und da er, wie jeder Schwärmer, von seinem Gegenstande durchdrungen, und ein groẞer Schwätzer war, so zog er bald die Aufmerksamkeit aller Einwohner auf sich. Seine Fantasie verschaffte ihm einen mächtigen Zauberstab, denn er ging mit nichts weniger um, als die geheimsten Gedanken der Menschen auf ihren Stirnen zu lesen, nnd die geheimsten Wünsche ihrer Herzen aus dem äuẞersten Umrisse des Gesichtes zu entziffern.

Da er nur die vier Wände seines Gemachs und Leute seiner Art gesehen hatte, übrigens in Ansehung der Menschen, der Welt und wahrer Wissenschaften so unwissend war, als es Leute von erhitzter Einbildungskraft sind, so läẞt sich leicht schlieẞen, daẞ auch die Phantasie allein seine Lehrerinn war. Aber eben darum that er eine erstaunende Wirkung, auf alle, die lieber verworren fühlen, als klar denken. Dieẞ ist der Fall des gröẞten Theils der Menschen, und da die Tage des Lebens unter dem angenehmen Kitzel des geliebten Selbsts so sanft dahin fließen, so konnte es ihm nicht an Anbethern fehlen. Dieser Schwärmer aber blieb nicht bey den Menschen allein stehen, er stieg auch zu den andern unedlen Thieren der Erde herunter, bestimmte ihre Eigenschaften aus ihren Gesichtern, ihrem Baue, und glaubte große Entdeckungen gemacht zu haben, wenn er aus den Klauen, den Zähnen, dem Blicke des Löwen, und dem leichten Baue des Hasen bewies, warum der Löwe kein Hase, und der Hase kein Löwe sey. Es nahm ihn hoch Wunder, daß es ihm gelungen war, die bestimmten und unveränderlichen Merkzeichen der thierischen Natur so klar beweisen und auf den Menschen anwenden zu können, obgleich die Gesellschaft das Gesicht des Letztern zur Maske geschliffen hat, und er nie einen in seinem ursprünglichen Zustande sah. Hierauf drang er selbst in das Reich der Todten, zog die Schädel aus den Gräbern, die Gebeine der Thiere aus den Gruben, und zeigte den Lebenden, wie und warum die Todten so waren und sie vermöge ihrer Knochen so, und nicht anders seyn konnten.

Dem Teufel Mephistophiles war dieser Spuck bekannt, und er merkte wohl, da sie im Gasthause bey Tische saßen, daß einige Anwesende, und selbst der Wirth, ihn und Fausten mit besonderer Aufmerksamkeit betrachteten, und sich leise ihre Beobachtungen mittheilten, während sie verstohlen ihre Schattenrisse zeichneten. Auch zu Fausts Ohren war der Ruf dieses Wundermanns gedrungen, hatte ihn aber bisher so wenig interessirt, daß er auf dieses Geflüster nicht aufmerksam wurde. Da sie nun auf den Platz kamen, überraschte sie ein ganz neues Schauspiel. Dieses Gewimmel von Menschen war die ächte Schule der Gesichtsspäher. Jeder konnte da seinen Mann fassen, und sein Gesicht auf die Wage legen, die Kräfte seiner Seele abzuwägen. Einige standen vor Müllereseln, Pferden, Ziegen, Schweinen, Hunden und Schafen, andere hielten Spinnen, Käfer, Ameisen und andere Insecten zwischen den Fingern, forschten mit scharfem Blicke nach ihrem innern Charakter, und suchten zu entwickeln, wie sich ihr Instinct aus dem Aeußeren bestimmen ließe. Einige maßen Schädel von Menschen und Thieren aus, beurtheilten das Gewicht und die Schärfe ihrer Kinnladen und Zähne, und riethen, welchem Thiere sie zugehörten. Da aber Faust und Mephistophiles unter sie traten, hörte man sie ausrufen: „Welch eine Nase! Welche Augen! Welch ein forschender Blick! Welch eine liebliche sanfte Rundung des Kinn's! Welche Kraft ohne Schwäche! Welche Durchdringlichkeit! Welche Helle und Bestimmtheit im Umrisse! Welch ein kraftvoller bedeutender Gang! Welch ein Wurf der Glieder! Wie einverstanden und harmonisch!

„Ich gäbe, ich weiß nicht was, darum, wenn ich die Handschrift der Herren hätte, sagte ein Schuhflicker, um den schnellen und leichten Gang ihrer Denkkraft aus ihren Federzügen zu sehen. Jeder zog sein Reißbley aus der Tasche, und nahm ihr Profil. Der Teufel verzerrte bey Anhörung dieser Frazen das Gesicht, und einer der Späher schrie: „Der innere Löwe **Kraft** hat sich gegen eine äußere Versuchung oder einen schwachen Gedanken geschüttelt."

Faust lächelte über diese Narrheit, als auf einmahl ein englisches Gesicht aus einem nahen Fenster auf ihn blickte, und in süßer Verwunderung rief: „Welch ein herrlicher Kopf! Welch eine liebevolle, sanfte Schwärmerey! Welche Gefühle und Anhänglichkeit athmende Physiognomie!"

Diese Töne erklangen melodisch in Fausts Ohren. Er starrte nach dem Fenster, sie sah noch einen Augenblick auf ihn, zog sich zurück, und Faust sagte zu dem Teufel: „Ich verlasse diesen Ort nicht, bis ich mit dieser Dirne näher bekannt bin."

Sie wandten sich kaum nach einer Seitenstraße als einer der Späher zu ihnen trat, und sie keck um die Physiognomie ihrer Handschrift bath, um, wie er sie versicherte: die Trägheit oder Fertigkeit ihrer hervorbringenden Talente, die Standhaftigkeit und Reinheit ihres Charakters zu entziffern. Er setzte hinzu: „Es habe ihm bisher kein Fremder diese Gefälligkeit abgeschlagen, und er hoffe von ihnen ein Gleiches."

Hierauf zog er ein Taschenbuch, Feder und Dinte hervor, und spitzte die Ohren voller Erwartung.

Faust. Nicht so rasch, guter Freund, Dienst um Dienst. Sagt mir zuvor, wer ist die Jungfrau in jenem Hause, die ich so eben am Fenster sah, und die so wunderschön ist?

Späher. O sie ist ein Engel im vollen Verstande des Wortes. Unser großer Seher versichert von ihr, ihre Augen seyen Spiegel der Reinheit und Keuschheit. Ihr holder Mund sey nur geschaffen, die hohe Begeisterung eines von himmlichen Dingen erfüllten Herzens auszudrücken. Ihre Stirne sey ein glänzender Schild der Tugend, an dem sich alle Versuchungen, alle irrdische und sinnliche Gefühle zerschlügen. Sie sey das Ideal der Schönheit. — —

Faust (ihm in die Rede fallend). Ihr mahlt nur mit Farben der Erde, aber sagt mir nun auch etwas von ihren irrdischen Verhältnissen!

Späher. Diese sind freylich nicht so glänzend wie die ersten, aber doch hinreichend ihre Ausübung nicht zu stören.

Faust. Und sie heißt?

Späher. Alma!

Sie schrieben jetzt einige Worte ohne Sinn auf ein Blatt, und der Späher verschwand vergnügt mit seinem Schatze.

Faust. Mephistophiles! Wie meinst du, daß

dem frommen Kinde beyzukommen sey? Ich bin nun recht in der Laune, das Ideal dieses Sehers zu verhunzen.

Meph. Auf dem geraden Wege zu dem menschlichen Herzen, darauf wird sie dir gewiß begegnen. Laß mich die Probe machen!

Faust. Aber schnell, denn ich brenne vor Ungeduld, die Bekanntschaft dieses Mädchens zu machen.

Ein und vierzigster Abschnitt.

Raritäten in einem Guckkasten.

Dem Teufel war darum zu thun, eine solche Seele dem Himmel zu stehlen, Faustens Sündenmaß schneller zu füllen, und er stand in einem Augenblicke unter der Gestalt eines alten Mannes mit einem Guckkasten vor ihm, gab ihm einen Wink und schlich nach dem Markte. Hier schlug er seine Bude auf, und rief den Pöbel zusammen, seine Raritäten zu sehen. Das Volk drang hinzu, Mägde und Knechte, Jungfrauen und Witwen, Kinder und Greise. Der Teufel gaukelte ihnen allerley Histörchen vor, Jedermann trat vergnügt von dem Guckkasten zurück und reizte die Zuschauer mit Erzählung der gesehenen Wunder.

Die wunderschöne Alma sah aus dem Fenster, und da sie den Teufel mit einem so frommen Tone die Vorspieglung seiner Histörchen ableyern hörte, fühlte sie eine unwiderstehliche Versuchung, die Wunder des Kastens zu sehen, und dem frommen Greise ein Allmosen zufließen zu lassen. Der Teufel ward gerufen, und er fühlte sich selbst betroffen von ihrer wunderbaren Schönheit, ihrer Sanftmuth und Güte, und ward um so begieriger ihre Sinne zu verwirren.

Nun legte sie ihr schwärmerisches Aug an die Oeffnung des Kastens, der Teufel leyerte seine Alltagssprüche herunter und gaukelte ihr stufenweis die Scenen der Liebe vor, und führte ihre Fantasie so rasch und unmerklich vom Geistigen zum Sinnlichen hinüber, daß sie die Schattirung kaum gewahr werden konnte. Wenn sie das Aug zurückziehen wollte, so verwandelte sich der anstößige Gegenstand in ein erhabenes Bild, das den widrigen Eindruck auslöschte, und das Herz für das Folgende zündbarer machte. Ihre Wangen glühten, sie glaubte vor einer bezauberten unbekannten Welt zu stehen. In allen diesen Scenen ließ der Tausendkünstler Fausts Gestalt erscheinen, und versetzte sie immer in die anziehendsten Lagen. Sie sah ihn, einen Schatten verfolgen, der ihr glich, und um ihretwillen die größten Thaten unternahm, sich den schrecklichsten Gefahren unterwarf, und nachdem er ihre Aufmerksamkeit gänzlich gefesselt hatte, und wahrnahm, daß die Neugierde, die Verwicklung, worin Fausts Gestalt mit ihr verflochten war, aufzulösen wünschte, so ließ er die sinnliche Liebe mit den reizendsten Farben bekleidet vor den Augen der unschuldigen Lauscherinn gaukeln. Ihre Rettung war nun zu spät, die Unschuldige hatte das Aug kaum an den Kasten gelegt, als auch das Gift schon in ihr Herz geflossen war. Nun deckte sie mit beyden Händen ihre Augen, floh nach einem andern Zimmer, und die Bosheit siegte über die Tugend. Faust ging jetzt triumphirend zum Teufel, der die Scene belachte, und sich der schaudervollen Folgen der That freute.

Zwey und vierzigster Abschnitt.

Faust und Mephistophiles besuchen den Seher.

Noch war eine Seltenheit übrig, die sie noch nicht in Augenschein genommen hatten. Es war der Seher, der mit seiner Schwärmerey beynahe die ganze Stadt angesteckt hatte, diesen beschlossen sie zu besuchen. Da sie beyde stattlich gekleidet waren, und Leute von Rang und Bedeutung zu seyn schienen, so wurden sie von dem Schwärmer sehr freundlich empfangen. Aber kaum sah er den Teufel schärfer an, als er von seinem Angesichte so begeistert wurde, daß er alle Worte des Grußes vergaß, ihm stark die Hand schüttelte, und ihn von allen Seiten anstarrte. »Ha,« rief er endlich aus, »wer bist du Uebergroßer? Wer kann ein solches menschliches Gesicht ohne Gefühl, ohne Hingerissenheit, ohne Interesse ansehen; in dieser Nase nicht innere, tiefe und ungelernte Größe ahnen? Ein Gesicht voll Blick, voll Drang und Kraft (er befühlte des Teufels Stirne und fuhr fort). Erlaube mir mit meinem Stirnmesser die Wölbung deiner Stirne auszumessen! — Ja! — eherner Muth ist so gewiß in dieser Stirne, als in den Lippen wahre Freundschaft und Liebe. Welch ein Adel im Ganzen! — Ja, — dein Gesicht ist die Physiognomie eines außerordentlichen Mannes, der schnell und tief sieht, festhält, zurückstößt, wirkt und fliegt. Ach! Wenn ein gemeiner Mensch so eine Stirne, so eine Nase, so einen Mund, ja nur solch ein Haar haben kann, so steht es schlecht mit der Physiognomie.«

»Adler! Löwe! Zerbrecher der Menschen!

Steure zu, und rufe die Sterblichen von ihrer Blindheit zurück, theile ihnen deine Kraft mit, die Natur hat dich zu alle dem gestämpelt, was ich dir verkündige.«

Faust biß wild die Zähne zusammen, während der Schwärmer alle die herrlichen und erhabenen Sachen, über das Angesicht des Teufels begeistert herausstieß. Mephistophiles wandte sich nun kalt zu dem Seher, und sprach: »Was hältst du von diesem?«

Seher. Groß, kühn, mächtig, kraftvoll, sanft und mild. Doch der Größere ist Größer, das Kühnere kühner, das Mächtigere mächtiger, das Kraftvollere kraftvoller, das Sanftere sanfter, das Mildere milder. Großer edler Schüler eines Größern, wenn dein Geist und Herz ihn ganz fassen werden, so wird sein Licht auch durch dich leuchten. Doch ich bitte, setzt euch, daß ich euren Schatten nehme.

Faust, der noch mehr ergrimmte, daß ihn der Schwärmer so tief unter den Teufel setzte, brach los:

»Schatten — ja nur Schatten sind es, die du gesehen hast? Wer bist du, der du dich so frech erkühnst, das Menschengeschlecht nach den Zuckungen deiner erhitzten und verworrenen Einbildungskraft zu richten und zu messen? Hast du den Menschen gesehen? Wo? Wie? und wann? Im Schatten hast du ihn gesehen, und diesen, geschmückt mit den Blumen deiner Phantasie, für seine wirkliche Gestalt ausgegeben.«

Meph. Bravo Faust! Laß mich nun auch das Woet nehmen, und ihn mit Wahrheit lohnen. Zwischen deinen vier einsamen Mauern hast du dir ein abgeschmacktes Ideal von menschlicher Vollkommenheit zusammen gesetzt. Wie willst du die

Kraft des Menschen abwägen, da du dich bloß mit Schatten genährt hast? Und wie, wenn dir alle die Schatten in ihrer wahren Gestalt erschienen, wie ich dir nun erscheinen will? Ich habe gehöret, daß du auch den Teufel gemustert hast, es ist hohe Zeit, daß er dir erscheine, und du ihn in seiner wahren Gestalt erblickest.

Hier zog der Teufel sein Inneres in der fürchterlichsten Maske der Hölle hervor, stellte sich vor den Seher, und dieser sank, wie zermalmt, ohnmächtig zusammen!

Meph. Nun sage, du hättest den Teufel gesehen, mahle ihn, wenn du Kraft dazu hast, in seiner wahren Gestalt, und laß der Wahrheit die Ehre. Oft würdest du so zusammen sinken, wenn du die innere Gestalt derjenigen sähest, die du als Engel gemahlt hast.

Sie verließen den Seher. Faust freute sich des lustigen Auftrittes herzlich, und da er des Ortes müde war, so machten sie sich bald wieder auf den Weg.

Drey und vierzigster Abschnitt.

Faust setzt einen Bauer in Schrecken.

Auf dem Zuge nach Leipzig, wohin sich unser Abenteurer zu verfügen gesonnen war, fand er hinreichenden Stoff, seine Laune in guter Stimmung zu erhalten.

Nicht weit von einer kleinen Stadt in Sachsen, gingen Faust und Mephistophiles, der reizenden und anmuthigen Gegend wegen, eine Strecke zu Fuß, indeß Pomon ihnen die Pferde unsichtbar nachführte, und begegneten einem Bauer, der eine

Fuder Heu auf der Wiese aufgeladen hatte. Bey diesem Anblicke wandelte Fausten die Lust an, den Landmann zu necken, und seine Geduld auf die Probe zu stellen. Aus diesem Grunde nahm er die Maske an, als ob er einen vollen Rausch hätte, taumelte hin und her, und wollte dem Wagen nicht ausweichen. Der Bauer über die Dreistigkeit des vermeinten Trunkenboldes aufgebracht, fuhr ihn mit harten Worten an, befahl ihm auf die Seite zu gehen, und ihn in seiner Arbeit nicht zu hindern. Allein Faust, der zu lustigen Streichen gerade recht gestimmt war, antwortete ihm mit lallender Zunge: Daß ein beladener Wagen einem Betrunkenen ausweichen müsse, dieses Sprichwort wolle er ihm nun klar beweisen, und wenn er seinen Lästerungen nicht Einhalt thun würde, so wolle er ihn sammt seinem Wagen voll Heu und seinen Pferden verschlingen. »Versuch es, versetzte der Bauer lächelnd, denn du mußt gewaltig vom Hunger geplagt werden, und sogleich eröffnete sich ein ungeheurer Rachen, der den Heuwagen sammt den Pferden verschlang. Der Bauer, als er dieses Wunder sah, floh schneller, als ein gejagter Hirsch, aus Angst, es möchte auch auf ihn die Reihe kommen, und begab sich zum Bürgermeister der Stadt, dem er den Hergang erzählte, und ihn um seinen Beystand bath. Auf das ungestüme und dringende Flehen des Landmannes ließ sich endlich der Bürgermeister bewegen, mit ihm auf das Feld zu gehen, und umständlichere Kunde von der unerhörten Begebenheit einzuziehen. Sie kamen auf der bezeichneten Stelle an, und sahen zu ihrer Verwunderung nicht nur den vollgeladenen Wagen unbeschädigt, sondern auch die Pferde frisch und munter da stehen. Der Bauer hüpfte vor Freuden, sein für verloren gehaltenes Fuhrwerk wieder gefunden zu haben, und der Bürgermeister, der zu seiner Zeit ein heller Kopf war, und einsah, daß ein Spaßvogel dem Bauer diesen listigen Streich gespielt hatte, ermahnte ihn in Zukunft sich gegen Jeden bescheidener zu benehmen.

Vier und vierzigster Abschnitt.

Faust hält zu Leipzig eine Jagd in der Luft.

In der Gegend dieser Stadt hatte ein reicher Graf seine Güter, auf denen er eine ungeheure Menge des Wildes aller Art unterhielt, das der Arbeit und dem Segen des Landmannes vielen Schaden zufügte. Obschon ihm seine Unterthanen deßwegen die dringendsten Vorstellungen thaten, und ihn inständig bathen, der zu großen Anhäufung des Gewildes Schranken zu setzen, und die Früchte ihres Fleißes nicht zu vereiteln, so blieb es doch immer beym Alten, wenn er ihre Klagen auch gegründet gefunden zu haben vorgab, und ihrem Gesuche zu willfahren versprach.

Faust ritt mit Mephistophiles gerade durch eines seiner Dörfer, als er einige Bauern bey einander stehen sah, die sich, wie er aus ihren Geberden und Mienen muthmaßte, über einen wichtigen Gegenstand zu berathen schienen. Neugierig drängte er sich zu ihnen, und fragte sie um den Stoff ihrer Unterredung. Die Bauern waren offenherzig, und klagten ihm ihre Noth und Elend, in das sie das häufig gehegte Wild ihres Gutsherrn stürze. Aber Faust hatte nicht sobald ihre Klagen vernommen, da tröstete er sie, und versprach ihnen, sie von dieser Plage zu befreyen, nur möchten sie sich noch eine kurze Zeit gelassen in ihr Schicksal fügen. Mit diesem Troste verließ er die versammelten Bauern, die ihm mit tiefen Bücklingen im voraus für seinen Beystand dankten, und des andern Tages langten unsere Reisende gegen Abend wohlbehalten in Leipzig an. Sie stiegen in einem berühmten Gasthofe ab, und hielten sich einige Tage ruhig, endlich ward die Anwesenheit des großen Mannes durch einen Fremden verrathen, der Fausten von Lüneburg aus kannte, sogleich drängte sich der Adel und Halbadel nach dem Gasthofe, dem berühmten Wundermanne die Aufwartung zu machen. Dreist von seiner Bescheidenheit und herablassenden Gefälligkeit, ersuchten ihn einige der Vornehmsten auch sie mit einigen seiner bewundernswürdigen Künste zn beglücken, besonders lag ihm eine junge schöne Dame, die Faust nicht mit gleichgültigen Blicken zu betrachten schien, und die seine Anhänglichkeit merkte, deßwegen beständig in den Ohren. Endlich gab er ihren ungestümen Wünschen nach. Er hielt es für nothwendig, dem großen Schauspiele, das er in dieser Stadt aufzuführen Willens war, einige lustige Scenen vorauszuschicken, um seinen Entwurf desto sicherer bewerkstelligen zu können. Er schickte sich also an, als ob er dem dringenden Bitten nachgäbe, und machte ihnen einige Taschenspielerkünste, welche die Zuschauer nicht genug bewundern konnten und ihn deßwegen bis zu den Sternen erhoben. Seinen Nahmen auch in Leipzig zu verewigen, versprach er seinen Bewunderern vor seiner Abreise eine Luftjagd zu geben, dergleichen die Welt noch nie gesehen hätte.

Jedermann brannte vor Begierde, und der Tag, welchen Faust dazu anberaumt hatte, erschien endlich. Die geladenen Gäste, worunter auch der Graf war, der seine Unterthanen, durch die übergroße Menge des Wildes, schier auf den Bettelstab brachte, erschienen an dem bestimmten Platze; die Damen, als Amazonen, die Männer in den prächtigsten Jagdkleidern mit Pfeil und Bogen und andern Waffen versehen. Eine beträchtliche Anzahl geflügelter Pferde stand in Bereitschaft, und wiherten den Kommenden entgegen. Die schönsten und schnellsten Jagdhunde, die paarweise an einander gekuppelt waren, schienen den Anfang kaum erwarten zu können, so freudig gaben sie Laut. Endlich ward das Zeichen zum Aufbruche mit hell tönenden Waldhörnern gegeben. Jeder schwang sich auf sein Pferd, und wie auf Flügeln der Winde erhob sich die Jagdgesellschaft in die Luft. Es war das erhabenste herrlichste Schauspiel, das vielleicht je ein menschliches Auge sah. Hoch in den Lüften erblickte man Wälder und Auen, die mit breiten Gängen durchschnitten waren, und wo die Schützen in größern und kleinern Gruppen ihren Stand nahmen. Die Teiche wimmelten von Geflügel aller Art. In das lustige Jagdgeschrey ertönten die Waldhörner.

Jetzt zogen einige der Jäger gen Holz, die Hunde gaben Laut, und prächtige Hirsche mit stolzen Geweihen jagten einher, einige sanken von einem mächtigen Wurfspieße getroffen zu Boden, andere stürzten durch den Fang darnieder, und andere sprangen behende über das gespannte Zeug. Jetzt beschäftigten flüchtige Rehe die Behendigkeit der schnellsten Windhunde, und mancher Bock, der nicht sogleich auf der Stelle fiel, verhauchte mit einem Pfeil in der Seite sein Leben im Schatten eines unzugänglichen Dickichts.

Hier war man bemüht mit scharfen Waffen versehene Eber in den Kreis zu bringen, sie zu hetzen und ihnen die Feder zu geben. Dort setzten flüchtige Hunde einem Heer aufgeschreckter Hasen nach, wovon einige den Jägern zur Beute wurden, andere rettete die Schnelligkeit ihrer Läufe, und die geschwindesten Ramler spitzten in sicherer Ferne ihre Löffel. Bald flog ein Volk Repphühner in das Garn, bald stürzte ein Pfeil einen aufflatternden Fasan zur Erde. Enten und wilde Gänse, und andere Arten schwimmenden Geflügels wurden durch Hunde aus dem sicheren Schilfe der Teiche gestöbert, und in das ausgespreitete Netz gejagt.

Mit einem Worte, die Gesellschaft genoß des Vergnügens im vollem Maße, was die edle Jagd nur immer zu gewähren vermag, und was den Genuß desselben noch mehr erhöhte, war der stolze Gedanke, daß sie es auf seinem Orte genoß, den vor ihr kein Sterblicher betreten hatte und vielleicht auch nie betreten wird. *)

Jetzt wird zum Abzuge dreymahl in das Hüfthorn gestoßen, und hungrig und müde langten mit Sonnenuntergang unsere Jäger wieder auf dem Platze an, auf dem sie sich des Morgens versammelt hatten. Auf Faustens Einladung verfügten sie sich in den Gasthof, wofür auf seinen Befehl ein herrliches Nachtmahl bereitet war, das aus niedlichen Gerüchten, meistens aber aus erlegtem Wildprät aller Art bestand, und der vergnügte Tag ward mit fröhlichen Tänzen beschlossen. Faust beurlaubte sich hierauf von allen, und jeder der Anwesenden, besonders die junge schöne Dame, bedauerte es höchlich, daß sie seiner werthen Gegenwart nicht länger genießen sollten.

Dieser Zug nahm nun alle Herzen wieder für das Vergnügen der Jagd ein, man vergaß jede andere Art der gesellschaftlichen Freuden, und jagte vom frühen Morgen bis in die späte Nacht.

Freylich waren es keine Luftjagden, aber es war

---

*) Wahrscheinlich hatte die Jagdparthie noch keine Ahnung von dem kühnen Luftschiffer Blanchard.

Mode zu jagen und Jagden zu geben, und dieserwegen fand Arm und Reich, Jung und Alt Geschmack an dieser edeln Beschäftigung.

Unter andern reichen Rittern und Herren, wollte sich unser Graf auf eine entscheidende Art auszeichnen, der die ergiebigste Wildbahn weit und breit in der Gegend unterhielt, und lud zu dem Ende die vornehmsten Ritter und Damen ein, ihm an einem festgesetzten Tage nach seinem Gute zu folgen, wo sie der Freuden dieses herrlichen Zeitvertreibes, zwar nicht in der Luft, aber doch in nicht minderem Grade in seinen Forsten und Wäldern genießen sollten. Alle Vorkehrungen dazu wurden auf seinen Befehl getroffen, und es verstrichen einige Wochen, bis alle Zimmer auf seinem Schlosse für die vornehmen Gäste eingerichtet waren. Die Köche konnten der Leckerbissen nicht genug bereiten, mit denen sich der Eigenthümer schon auf Conto des Hungers seiner Gäste versehen wissen wollte. Alle Netze und Garne, an denen die Zeit genagt hatte, wurden ausgebessert, der Rost von Wurfspießen und Lanzen geschliffen, die Spannkraft der Bogen, und die Spitzen der Pfeile untersucht, und alles ward in den gehörigen Stand gesetzt, was die entfernteste Beziehung auf dieses glänzende ländliche Fest hatte.

Nachdem der Graf von den vorgekehrten Maßregeln die zuverlässigste Kunde eingezogen hatte, ließ er seine Freunde und übrigen Gäste bescheiden, wie daß er sie Morgen auf seinem Landgute N. zu sehen, und mit einer ausgesuchten Jagd zu bewirthen und zu unterhalten hoffe. Die Jagdliebhaber vergaßen über diese erfreuliche Nachricht des Schlafes, die Damen des Putzes und des Spiegels, einer übte sich mit dem andern in die Wette im Lanzenwerfen und Bogenabdrücken, und so wie der Morgen erschien, war die ganze Straße nach N. mit Hunden, Pferden und Jägern bedeckt. Der Graf der einige Stunden voraus abgegangen war, empfing seine Gäste mit geziemender Achtung, und nachdem jedem sein Gemach angewiesen war, und man sich zu dem großen Geschäfte durch ein stärkendes Frühstück erquickt hatte, bestieg die ungeduldige Gesellschaft die stampfenden Pferde und jagte unter dem Schalle der der Waldhörner den Auen und Wäldern zu.

Aber Mephistophiles hatte auf Fausts Befehl dieses glänzende Fest ganz verpfuscht. — Diese Jagd war die seltsamste, die, so lange die Welt steht, je gegeben wurde.

Jetzt theilte sich die Jagtparthie in verschiedene Gegenden, und stellte sich an. Die Hunde wurden los gekuppelt, und in das Holz gelassen, das Wild aus seinem Lager zu stöbern. Mit gespitzten Ohren horchte jeder auf ihren Laut, und hielt den gespannten Bogen in Bereitschaft, den hervorbrechenden Hirschen oder Rehbock zu fällen. In dieser brennenden Erwartung war ungefähr eine Stunde verstrichen, ohne daß ihnen eine Klaue zu Gesichte gekommen war. Die Hunde kamen traurig zurück, und obschon sie fleißig gejagt hatten, so konnten sie doch nicht einmahl einen Rammler aufspüren. Der Herr des Gutes ward daher über die Nachlässigkeit seiner Jäger sehr entrüstet, die so schlecht für das Vergnügen seiner Gäste gesorgt, und nicht bessere Vorkehrungen dazu getroffen hatten.

Jeder verließ nun seinen Stand, der Graf eilte mit ihnen tiefer in das Gehölz, die unzugänglichsten Dickichte wurden durchdrungen, an jeden Busch, an jede Hecke ward angeschlagen, allein nicht die mindeste Spur vom Wilde war zu entdecken. Es hatte das Ansehen, als ob alle Bewohner des Waldes auf einmahl gewechselt, und ihren Aufenthalt in andern Forsten und Auen genommen hätten.

Der Graf war untröstlich, aber noch wollte er einen Versuch wagen, drang also mit seinen Jagdgefährten in nasse sumpfigte Gegenden, in der Hoffnung, vielleicht auf einen im Schilfe verborgenen Eber zu stoßen, aber auch hier war alles öde und leer. Endlich ritt man zu einem nicht weit vom Walde entlegenen Teiche, sich mit dem Vergnügen der niedern Jagd für den Verlust der höhern zu entschädigen; doch Niemand ist im Stande das Entsetzen zu schildern, als sie den Teich eben so unbewohnt, als den Wald fanden. Von Wuth und Zorn entbrannt, rief der Graf nun seine Jagdbedienten zusammen, und schwur, ihre Nachlässigkeit mit den schrecklichsten Strafen zu ahnden, seine Freunde und Gäste aber bath er um Vergebung, daß er ihnen mit dem Genusse eines Vergnügens geschmeichelt hätte, an dem sie zu seinem größten Verdruße nicht den entferntesten Antheil nehmen könnten, und ersuchte sie, mit ihm auf sein Schloß zurückzukehren, woselbst er sie mit der prächtigsten Bewirthung schadlos zu halten versprach. Sein Vorschlag wurde von allen freudig angenommen, und als sie durch den Wald dem Schlosse zuritten, lasen sie zu neuem Erstaunen folgende in die Rinde einer dicken Buche eingeschnittene Worte: »So lange der Besitzer dieses Gutes den Vortheil und das Wohl seiner Unterthanen seinem Vergnügen aufopfern wird, so lange wird dieser Wald öde und leer, und unbewohnt von allem Wilde bleiben. Faust.«

Jetzt ging Licht in der Seele des Eigenthümers auf, er muthmaßte, daß seine Bauern, deren gerechte Klagen er so lange unerhört ließ, ihre Zuflucht zu diesem Tausendkünstler müssen genommen haben, und daß dieser ihm durch Zauberey seinen Wald von allem Wilde entvölkert hätte.

Diese Muthmaßung hatte auch ihren Grund,

denn die Luftjagd, die Faust in Leipzig gab, war nur eine Täuschung, kraft welcher sich die Gäste in der Luft zu befinden wähnten, sich aber wirklich in diesem Walde befanden, wo der Graf selbst so unermüdet an der Vertilgung des schädlichen Wildes arbeiten half.

Die Chronik sagt, daß diese Arzeney bey dem Grafen die beste Wirkung für seine Unterthanen hervorgebracht habe, und hiemit will ich den ersten Theil von Fausts Leben und Thaten beschliessen.

Ende des ersten Theils.

Faust, der große Mann

Zweyter Theil.

Erster Abschnitt.

Fausts Zwist mit dem Teufel.

Ich will die Abenteuer, die Faust auf seiner Reise von Leipzig nach Prag bestand, mit Stillschweigen übergehen, und nur den Zwist anführen, der sich zwischen ihm und dem Teufel Mephistophiles entspann; eine einzige Anecdote werde ich damit verweben, die ich meinen Lesern nicht vorenthalten zu dürfen glaube.

Eines Morgens, als sie ihre letzte Herberge bereits einige Meilen im Rücken hatten, ritten sie wohlgemuth durch einen dichten Wald, und fanden mitten auf der Straße einen jungen Menschen in seinem Blute liegen. Dieser unverhoffte Anblick überraschte Fausten dergestalt, daß er hastig von seinem Pferde sprang, zu dem Fremden eilte, und ihn so lange rüttelte, bis er seine Augen aufschlug.

Faust. Welcher Bösewicht hat dich so zugerichtet, Unglücklicher!

Fremder (mit schwacher Stimme). Ein heuchlerischer Freund, dem ich Wohlthaten erwieß, den ich vom Untergange rettete, hat mir mit dieser Münze vergolten.

Faust. Ha! wie ergiebig doch die Ernte der Bösen, wie fruchtbar der Samen des Unkrautes ist! — Und was gab ihm Gelegenheit zu dieser schwarzen That?

Fremder. Das sträfliche Feuer der Sünde

entbrannte in seinem Busen gegen meine tugendhafte Gattinn. Sich ungehindert in ihre Reitze theilen, in ihren Besitz sich schwingen zu können, lauerte er hinter jenem Dornbusche auf mich, überfiel mich meuchlings, und würde mir durch seinen Dolch das Licht des Lebens ausgeblasen haben, wenn ihr meine fliehende Seele nicht zurück gerufen, mich nicht den kalten Armen des Todes entrissen hättet.

Faust (stampft mit den Füßen). Der Verworfene! Ich will ihn für seine That vollwichtig lohnen!

Faust untersuchte die Wunden des Fremden, reinigte sie von dem geronnenem Blute, und rief: He! Dilla!

Dilla (erscheinend). Dein Befehl, mein Gebiether?

Faust. Reiche mir sogleich den kräftigsten Wundbalsam, und eine Binde!

Dilla. Hier ist, was du befiehlst.

Faust nahm den Balsam, bestrich damit die Wunden, verband sie, und fuhr fort: »He Pomon und Oron!

Pomon und Oron. Hier sind wir!

Faust. Nehmt diesen Unglücklichen, legt ihn auf eine weiche Matte, und bringt ihn nach dem Hause seiner Gattinn. Tragt alle nur mögliche Sorge für ihn, und entbiethet seiner Gemahlinn von dem unbekannten Retter ihres Mannes einen Gruß. Sagt ihr, sie möge sich über das Unglück trösten, den Verwundeten gut pflegen, er würde in Kürze genesen.

Die Geister legten den Kranken auf eine weiche Matte, und trugen ihn sanft durch die Luft nach seiner Wohnung, wo er sich auch bald wieder außer Gefahr befand, und zur Freude seines tugendhaften Weibes genas.

Faust. Was für einer Strafe hältst du diesen Bösewicht würdig, Mephistophiles?

Meph. Welche würdest du dir zuerkannt haben, als du in Frankfurt dich mit der schönen Dame in eine Wolke verbargst?

Faust. Teufel! Du wirst bitter! Ich fordere Antwort von dir!

Meph. Nun ja! Welche Züchtigung würdest du über den Schänder der Tugend ausgesprochen haben, wenn du Richter gewesen wärest?!

Faust. Bin ich ein Meuchelmörder?

Meph. Der bist du freylich nicht; aber dein Zweck, und jener dessen, den du züchtigen willst, ist einerley; nur die Mittel, durch die du wirklich dazu gelangtest, und er zu gelangen hoffte, sind verschieden.

Faust. Diese That magst du auf deine Rechnung schreiben!

Meph. Und du die Folgen derselben auf die deinige.

Faust (zornig). Teufel, vermiß dich nicht weiter! Ich bin dein Gebiether! Ich habe Waffen, dich damit in die Hölle zurück zu jagen!

Meph. Die sich mir nur dann öffnen wird, wenn ich mit dir vor ihrer Pforte erscheine. Und gesetzt, du vermöchtest dieses, so würdest du mich nur um so sicherer in den Stand setzen, dir einst mit reicheren Zinsen zu vergelten.

Faust. Ich kehre in den Schoß der Tugend zurück, entsage deinem Bunde, und lache deiner Ohnmacht.

Meph. Versuch es! Noch eher als die leiseste Begierde dazu in deinem Herzen aufkeimt, liegst du im Abgrunde der Hölle zermalmt. (Er steht vor ihm in der abscheulichsten Gestalt eines Teufels.

Faust (unerschrocken). Verschwinde, Scheusal! In dieser Hülle habe ich dich zu meinem Gesellschafter nicht gewählt! — Verschwinde — und gehorche!

Meph. (in voriger Gestalt). Und dein Befehl wäre?

Faust. Den Verführer der Tugend, den Meuchelmörder zu rächen.

Meph. Faust! Du greifst der Rache des Rächers vor!

Faust. Ich will den bestraft sehen, der Wohlthaten mit Undank — sogar mit dem Tode zu lohnen vermag.

Meph. So gebiethe mir, die Pest über die halbe Erde auszuhauchen!

Faust. Hämischer Teufel! Du möchtest ihn retten, daß er der Gräuel noch mehr begehen könnte! Er soll sterben — der Bösewicht! Beladen mit dieser Schandthat, soll er zur Hölle fahren!

Meph. Der Teufel freut sich des Mordes des Sünders. Was ich sage geschieht bloß darum, mich gegen deine Vorwürfe in Zukunft zu sichern, damit dir keine Entschuldigung übrig bleibe. Die Folgen dessen, was du mir zu thun befiehlst, sind dein.

Faust. Sie seyen mein! Eile! Sey der Pfeil meiner Rache! Fasse den Lüstling, und schleudere ihn in den glühenden Sand des heißen Lybiens! Dort mag er seinen Durst kühlen, und langsam dahin schmachten!

Meph. Faust! ich gehorche! Doch bedenke, daß dir das Richteramt nicht verliehen ist.

Faust. Geschwätziger Teufel, gehorche! Hätte ich das Unrecht der Menschen sehen und dulden können, würde ich dich aus der Hölle gerufen haben? eile, und vollziehe!

Der Teufel eilte, faßte den mörderischen Buben und schleuderte ihn in Lybiens glühenden Sand.

Indessen ritt Faust, unsichtbar von den übrigen Teufeln begleitet, gen Böhmen. Die Geschichte der Dame in Frankfurt, woran ihn der Teufel erinnert hatte, nagte tief in seinem Herzen, und es verdroß ihn am meisten, daß Mephistophiles die Erinnerung derselben in sein Gedächtniß geführt hatte. Doch tröstete ihn der Gedanke, daß er schon manchen Unglücklichen gerettet habe, und noch manchen zu retten Gelegenheit haben würde. Der Stolz schwellte nach und nach sein Herz so auf, daß er beynahe anfing, seine Verbindung mit dem Teufel, als das Wagstück eines Mannes anzusehen, der seine Seele für das Beste der Menschen opfert, und dadurch alle Helden des Altherthums, die nur ihr zeitliches Daseyn daran setzen, übertrifft. Noch mehr, da diese um des Ruhms willen sich opferten, und also aus Eigennutz handelten, auf den er, vermöge seiner Verbindung, keinen Anspruch machen konnte, so fiel vor seinen verblendeten Augen alle Vergleichung zwischen ihnen und ihm weg. — Setze den Menschen in welche Lage du willst, sey unbesorgt, und laß nur seine Eigenliebe wirken; du siehst, sie weiß Fausten selbst die Aussicht in die Hölle zu vergolden.

Er vergaß in diesem stolzen Gefühle der Beweggründe seiner Verbindung mit dem Teufel, seinen Hang zur Wollust und Genuß, und schwärmte sich auf seinem Roße in gespannter Phantasie zum Ritter der Tugend und Rächer der Unschuld. Ja, dieser Selbstbetrug ward sogar ein Balsam für seinen gekränkten Geist; sein Herz schlief dabey so ruhig an dem Abgrund der Hölle ein, als der Fromme in die Arme des Todes sinkt, der ihn in die seligen Gefilde hinüber trägt.

Inzwischen war Mephistophiles von seiner Expedition aus Lybien zurück gekommen, er ritt neben Fausten einher, und ließ ihn ruhig seine Glossen machen. Er nur sah in jedem dieser vermeinten edlen Gefühle einen neuen Stoff zur künftigen Marter und Verzweiflung, und sein Haß nahm in dem Maße gegen Fausten zu, als sich dessen Aussicht erheiterte. Er genoß der Stunden voraus, worin alle diese glänzenden Lufterscheinungen zusammen stürzen; alle diese bunten Bilder der Phantasie sich in die Farbe der Hölle hüllen, und des Kühnen Herz so zerreißen würden, wie nie eines Sterblichen Herz zerrissen ward. Nach langem Schweigen erhob endlich Faust die Stimme:

Faust. Hast du meinen Befehl mit dem schnöden Lüstling vollzogen, Mephistophiles?

Meph. Pünctlich! Er schmachtet auf dem glühenden Sande, steckt seine verdorrte Zunge aus dem brennenden Rachen, daß die Luft und der Thau sie erfrischen mögen; aber dort weht kein kühlender Wind, und in Jahrtausenden fällt kein erquickender Tropfen vom Himmel. Sein Blut kocht wie glühendes Metall, in den Adern; Die Strahlen der Sonne fallen senkrecht auf sein nacktes Haupt. Er arbeitet in dem heißen Sande wie ein Maulwurf; um die feuchte Erde zu lecken, und öffnet sich sein Grab. Ist deine Rache befriedigt?

Faust. Rache? Du nennst die Ausübung der Gerechtigkeit Rache?

Meph. Die Zeit, welche langsam den Schleyer von allen Dingen hebt, mag es unterscheiden. Indeß übereile dich nicht, es steht dir noch ein weiteres Feld offen. Bis jetzt haben wir dem Laster nur die erste Haut abgezogen; alle Arten der Strafe werden erschöpft seyn, und du wirst zurück beben, wenn wir ihm die Brust aufreißen.

Zweyter Abschnitt.

Faust als Schatzgräber.

Faust wollte so eben dem Teufel antworten, da drang ein dumpfes Gemurmel männlicher Stimmen aus einem dicken Gebüsche zu seinen Ohren. Dieß spannte seine Neugierde. Komm, sprach er zu Mephistophiles, laß uns sehen, was für ein Wild darin sein Lager gewählt hat. Hastig jagten sie nun dem Laute nach auf den Busch zu, stiegen vor demselben von ihren Pferden, banden sie an Buchen an, und schlichen sich leise in das Gesträuch, dessen dicht verwachsene Aeste und Zweige von dieser Seite jedem Menschen den Zugang unmöglich machten. Aber Faust befahl dem Teufel, einen Weg durch dieses geheimnißvolle Dunkel zu bahnen; und im Nu bildete sich vor ihnen der bequemste Pfad. Zu nicht geringem Erstaunen erblickte Faust sechs Männer in einem Kreise sitzen, auf deren Gesichtern Spuren der Verzweiflung, Angst und Furcht deutlich ausgedrückt waren. Im tiefen Gebethe versunken, wagten sie es nicht die Augen aufzuschlagen, und der Gebrauch aller ihrer Sinne schien gelähmt zu seyn. Eine große schwarze Kerze brannte in der Mitte des Kreises, um welche verschiedene magische Gestalten und Figuren, auf Pergamentblättchen gezeichnet, herumlagen. Eine Wage hing an einem in die Erde gesteckten Stabe, bey dem sich eine Kiste mit allerhand Werkzeugen zum Graben befand. Die Gaukler saßen mit entblößten Köpfen da, die von darauf gestreuter Asche grau waren; lange schlanke Ruthen hielten sie in ihren Händen, und in einer leinenen schwarzen Hülle bestand ihre Kleidung, die, mit grotesken Bildern geschmückt, ihnen noch ein groteskeres Ansehen gewährte.

Hier gibt es Schatzgräber! flüsterte Faust dem Teufel in die Ohren, laß uns diesen Narren einen Strich durch die Rechnung ziehen. Und sogleich drang er zu ihnen bis vor ihren Kreis. Erschrocken fuhren alle zusammen, als sie einen großen stattlichen Mann vor ihnen gewahrten, den sie für nichts anders, als für den leibhaftigen Teufel hielten: so sehr hatte die erhitzte Einbildungskraft den Gebrauch ihrer Sinne verschoben. Die abergläubischen Thoren wähnten, daß nun der Augenblick gekommen sey, wo sie den verborgenen Schatz heben könnten, und schwangen ihre Wünschelruthen, deren Spitzen sich am Ende alle auf einem Punct der Erde vereinigten. Eine Seele schien sie jetzt Alle zu bebeben; geschäftig griff der Erste nach einer Hacke, der Zweyte nach einer Spate, und so jeder nach einem andern Instrumente, die Erde zu durchwühlen. Faust lachte der zwecklosen Thätigkeit, und rief ihnen zu: „Sparet eure Mühe! Zwar liegt hier der Schatz begraben, nach dem ihr forscht; aber der Teufel, der ihn bewacht, ist hartnäckig, und eure Beschwörung war nicht kräftig genug, ihn zu zwingen, euch denselben zu überliefern. Ich komme aus gleicher Absicht hieher, und so es euch gefällt, will ich mich mit euch verbinden; denn meiner Beschwörung vermag der Teufel nicht zu widerstehen, und in kurzer Frist haben wir den Schatz glücklich gehoben.“ Die Versammlung billigte seinen Vorschlag, und Faust begann die Farce von neuem. Er zog noch zwey Kreise, beschrieb mit seinem Stabe die possirlichsten Figuren in der Luft, und stellte sich in die Mitte des dritten Kreises.

Nachdem er zuvor einige griechische, arabische und chaldäische Worte gesprochen, und sich wie ein Quacksalber geberdet hatte, rief er mit vernehmlicher Stimme: „Chill! Dilla! Pomon und Oron! Lewiathan und Mephistophiles! ihr mächtigen Fürsten der Hölle! erscheint auf mein Geheiß vor diesem Kreise, und zwinget durch euere Kraft den hartnäckigen Geist, der den hier verborgenen Schatz bewacht, daß er gehalten seyn möge, uns solchen ohne Gefahr und Schaden zu übergeben!" Plötzlich erhob sich ein Sturm, der die ältesten Buchen und Eichen aus ihren Wurzeln zu reißen drohte; die Erde bebte, und von dem Gebrülle reißender Bestien widerhallte der Wald. Scheußliche Larven, bey deren Anblick man zum Stein hätte werden können, standen nun vor dem Kreise; Blitze fuhren aus ihren Augen, und zermalmende Wuth äußerte sich in jeder ihrer Geberden. Die Schatzgräber schienen ihr Bewußtseyn verloren zu haben; aber Faust weckte sie aus ihrem Todesschlummer, und setzte das angefangene Possenspiel unter mancherley komischen Ceremonien fort. Endlich sahen sie unter entsetzlichem Krachen die Erde sich vor ihren Füßen öffnen; eine große eiserne Kiste fuhr aus dem Schlunde derselben, auf der ein schwarzer ungeheurer Bullenbeißer saß, der aber bey dem Anblick der Larven sogleich verschwand. Kaum hatte Faust die Schlösser, welche vor der Kiste hingen, mit seinem Stabe berührt, als sie auch schon wegfielen, und die Kiste sich öffnete, die mit großen Goldstücken bis oben angefüllt war. Jetzt befahl er den anwesenden Fürsten der Hölle abzuziehen, und redete seine Spießgesellen also an: „Das Glück hat unsere Wünsche gekrönt, meine Freunde! der Schatz ist in unsern Händen. Greift zu! Jeder nehme, so viel er tragen kann!"

Wie die hervorbrechende Frühlingssonne die trübe Hülle des Nebels verscheuchet, so schwand bey dem Anblicke des Goldes Angst und Furcht von dem Gesichtern der Glücklichen. Begierig griffen sie nach ihren Säcken, füllten dieselben voll an; auch Faust nahm seinen Theil; und nachdem sie ihm für seinen Beystand in den verbindlichsten Ausdrücken gedankt hatten, schlichen sie sich aus dem Walde, und eilten keuchend unter der angenehmen Last nach ihren Wohnungen zurück. Gränzenlos war die Freude, die eines jeden Herz durchströmte, als sie ihre Goldsäcke in ihren Schränken verwahrten; jeder baute sich ein Luftschloß nach dem Risse seiner Leidenschaften, jeder träumte sich ein besonderes Paradies. Aber dieses Glückes genossen die Thoren nur während der Nacht; denn als sie des andern Morgens aufstanden, ihre Schränke aufschlossen, und sich an dem Anblicke ihres Schatzes laben wollten, fuhren sie, wie bey dem Anblicke der Larven im Walde, erschrocken zurück, da sie die Säcke vom Golde leer, und Pergamentblättchen daran geheftet fanden, auf denen für einen jeden eine besondere Devise aufgezeichnet war. Der Erste las: „Wuchere mit der Zeit, die du in schnödem Müssiggange verschwendest, und du hast den köstlichsten Schatz gefunden.“ Der Zweyte trauete seinen Augen kaum, als er darauf die Sittenlehre fand: „Wer ernten will, muß zuvor säen. Unermüdete Arbeit ist die Aussaat, und dieser folgt allezeit eine reiche Ernte.“ Des Dritten Blättchen enthielt die goldene Wahrheit: „Der kostbarste Schatz liegt in deinem Herzen vergraben; lerne genügsam seyn, und du bist im Besitze des Steines des Weisen.“ Die vierte Devise lautete: „Bezwinge deine Leidenschaften; das sicherste Mittel, den Sieg über sie zu erlangen, ist, die Sinne fleißig durch Arbeit zu ermüden.“ Auch auf den andern Blättchen war ein Denkspruch irgend eines Weisen zu lesen. Ihr Glück war nun wie eine Seifenblase zerflossen; sie merkten, daß ihnen der Unbekannte eine Nase gedreht hatte, und vermuthlich wird sie die Befolgung des Rathes von ihrer

Thorheit geheilt, und zu glücklichen Menschen gemacht haben.

Dritter Abschnitt.

Die Gattinn zweyer Männer. Faust erscheint als Vermittler in dieser Geschichte.

Faust ritt neben Mephistophiles stolz einher, und lachte herzlich über die Leichtgläubigkeit der Thoren, die seinen ausgeworfenen Köder so hungrig verschlungen hatten, als sie die hohen Thürme von Prag im schimmernden Glanze ihnen entgegen blicken sahen. Jetzt waren sie in der prächtigen Stadt angelangt, und ihr Weg war nach der Wohnung eines Freundes gerichtet, der mit Fausten in Ingolstadt studiert hatte; diesen wollte er mit seiner unverhofften Ankunft überraschen. Aber unser Abenteurer verwunderte sich nicht wenig, da er vernahm, daß dieser biedere Gefährte seiner Jugend mit dem königlichen Heere gegen die Türken in den Krieg gezogen sey, wo er wahrscheinlich seinen Tod gefunden haben dürfte, weil man seit fünf Jahren, alles Nachforschens ungeachtet, nicht die entfernteste Kunde von ihm erhalten konnte. Noch mehr aber griff es ihm in sein Herz, als ihm die junge reizende Frau seines Freundes eröffnete, daß sie sich entschlossen habe, da ihr Gemahl im Türkenlande zuverlässig den Tod gefunden hätte, in einer Frist von zwey Wochen ihre Hand einem verdienstvollen jungen Manne zu reichen, und sich mit ihm zu verbinden. Faust suchte ihr zwar mit den triftigsten und wahrscheinlichsten Gründen zu beweisen, daß ihr Vorsatz übereilt sey, und daß sie die Ausführung desselben so lange verschieben möchte, bis sie gewisse Nachricht von seinem Nichtseyn eingezogen hätte. — Die Frau blieb standhaft, und war von ihrem Vorhaben auf keine Weise abzubringen. Unser Faust, der die mißliche Lage seines Freundes voraus sah, in die er, falls er am Leben wäre, ohne seinen Beystand früh oder spät verwickelt werden dürfte, empfahl sich, und zog seinen Mephistophiles zu Rathe; und da dieser versicherte, daß der vermeinte Todte noch lebe, und sich zu Constantinopel in Gefangenschaft befinde, verließen sie eilends Prag, und segelten mit dem schnellsten Winde durch die höchsten Regionen der Luft nach der Türkey. Während dieser Reise hatte Faust einen Plan ausgeheckt, der, so viel Vergnügen er seinem unglücklichen Freunde gewähren, auch nicht weniger Verdruß und Aerger der untreuen mannsüchtigen Witwe verursachen sollte.

Unsichtbar ließen sie sich auf einer Wolke in Constantinopel nieder, und begaben sich in das Gefängniß des Kaimakans. Faust schauderte, da er seinen armen Freund auf einigen Resten verfaulten Strohes abgezehrt und ausgemerkelt liegen sah, da er eben im Begriffe war, sein karges Mahl von grobem Reise zu verzehren. Der Gefangene stutzte über die Erscheinung der Fremden, die er vermöge ihrer Kleidertracht für seine Landsleute hielt.

Freudetrunken raffte er sich mit seinen schweren Ketten vom nassen Boden auf, und fiel Fausten um den Hals; denn dieser hatte sich ihm jetzt als seinen Freund zu erkennen gegeben, und ihm seine Rettung angekündigt. In dieser Gruppe überraschte sie der Gefangenwärter, und sah zu seinem größten Erstaunen seinen Gefangenen ohne Ketten mit den beyden Fremden zur Thüre des Kerkers langsam hinaus gehen; zwar wollte er ihnen nacheilen, und die Wache um Hülfe rufen, sich des Flüchtlings zu bemächtigen; allein er vermochte sich nicht von der Stelle zu bewegen, und seine Zunge im Munde nicht zu regen. Indessen der mächtige Zauber den Gefangenwärter gefesselt hielt, kehrte unsere Gesellschaft im Gasthofe einer entlegenen Vorstadt von Stambul ein, und Fausts erste Sorge ging dahin, seinem geretteten Freunde frische Wäsche und anständige Kleider zu verschaffen, und seinen ausgehungerten Magen nach und nach durch gesunde und nahrhafte Speisen zu erquicken. Die Teufel vollzogen aufs pünctlichste die Befehle, und nach Verlauf einer Woche, während welcher sich Faust mit seinem Freunde einigemahl unsichtbar der Tafel des Sultans beygesellte, und die Seltenheiten seines Harems in Augenschein nahm, befand sich der Gerettete wieder bey vollen Kräften. Faust eröffnete ihm jetzt den Entschluß seiner Gemahlinn, der sein Herz so tief verwundete, daß er seines Retters ganze Macht aufforderte, durch eine geschwinde Reise diesem entehrenden Streiche des Schicksals vorzubeugen, und das schnöde Vorhaben seines Weibes zu vereiteln. »Sey ruhig,« erwiederte Faust, »ich bin nicht gekommen, dich aus dem Regen in die Traufe zu führen; meine Vorkehrungen sind getroffen, und ich werde dir für den zugefügten Schimpf hinreichende Genugthung verschaffen.«

Jetzt setzten sich beyde auf eine in ihrem Zimmer befindliche Ottomanne, die sich langsam von der Erde erhob, und durch das gespaltene Gewölbe des Gemachs sich hoch in die Lüfte schwang. Auf diesem Fuhrwerke erreichten sie unter angenehmen Gesprächen und wechselseitiger Mittheilung ihrer Abenteuer und Schicksale noch denselben Abend Prag. ———

Die schönste Nacht erschien, Millionen funkelnder Sterne flimmerten am blauen Himmel, und der Mond schien begierig der Stunde zu harren, in der das zärtliche Paar einander in die Arme sinken würde; denn an dem dieser schönen Nacht vorangegangenen Tage war das lüsterne Weib an ihren neuen Gatten vermählt worden. Rauschende Musik verkündigte die ungezähmte Freude der Gäste, die sich nach einem verschwenderischen Mahle den Ergötzlichkeiten des Tanzes und den Ergießungen ihrer frohen Laune überließen. Faust hatte sich mit seinem Freunde unsichtbar unter die Fröhlichen geschlichen, und der Letzte mußte zu seiner größten Galle Zuschauer von den zärtlichsten Blicken seyn, mit denen seine Gattinn ihrem Trauten begegnete. Sein ganzes Gefühl gerieth bey dieser Scene in eine Gährung; er wollte hervorbrechen, und seine glühende Rache an der Elenden kühlen; aber Faust flüsterte ihm zu, daß die Zeit noch nicht vorhanden wäre, daß sie aber kommen würde; — und nicht lange, so war sie auch wirklich heran gerückt. Die Morgenröthe begann mit ihren rosigten Händen die goldenen Pforten des Morgens zu öffnen, da reichte der Schlaf den Müden seinen Mohnbrecher; die Gäste eilten nach Hause, und die Braut flog mit ihrem Bräutigam ins Schlafgemach. Eine Zofe war gar geschäftig ihre Gebietherinn zu entkleiden, und ihre Reize durch einen üppigen Nachtzeug zu erhöhen, da klopfte, zur größten Verwunderung der Neuvermählten, jemand an die Thüre; und siehe! es trat ein stattlicher Mann in türkischem Costume herein — es war der erste Gatte der Braut!

Wie der empfindliche Stich einer Schlange fuhr sein Anblick ihr durchs Herz. Alle Kräfte ihrer Seele waren gelähmt; sie wußte nicht, ob sie ihm zu Füßen sinken, und ihn ihres übereilten Schrittes wegen um Verzeihung flehen, oder seine Erscheinung für das Gebilde eines Zauberers halten sollte; aber Faust, der eben erschien, half ihr bald aus ihrem Zweifel. »Es ist wirkich euer Gatte,« sprach er,

»den ihr vor euch stehen seht, schöne Frau! Bereuet eure rasche That, und kehret in die Arme eures todtgeglaubten Gemahls zurück, den euch der Himmel zum Gefährten des Lebens gab.

Sie. (sinkt nach einem harten innerlichen Kampfe mit sichtbaren Spuren der Reue zu den Füßen ihres ersten Gatten.) Könntest du mir verzeihen? Könnte ich wieder den Weg zu deinem Herzen finden?

Der Zorn blitzte aus den Augen des Beleidigten; ungestümm wollte er sie von sich stoßen; da sprang Faust als Mittler zwischen Beyde, und fuhr fort: »Nimm sie wieder zu deinem Weibe an! Noch hat sie dein Lager nicht befleckt, noch ist sie werth deiner Liebe! Würde ich sonst dich aus deinem Gefängnisse gerettet haben, wenn ich nicht gewußt hätte, daß noch die lieblich duftende Rose der Tugend deiner in ihren Armen wartet? Daß sie sich gestern wieder vermählte, war Leichtsinn, wozu sie dieser Elende verleitete, der nicht so sehr nach dem Besitze ihres Herzens, als nach ihrem Reichthum lüstern war, und alle Folgen, die ohne meine Dazwischenkunft aus diesem übereilten Schritte entstanden wären, mögen über sein Haupt kommen.«

Diese Vorstellungen thaten die gewünschte Wirkung; der Zorn des Beleidigten wurde entwaffnet; die alte Liebe erwachte wieder in seinem Herzen, und er schloß die reuige Gattinn in seine Arme. Endlich wandte er sich zu seinem Retter, und sprach: »Freund Faust! Sey mir gefällig, und laß diesen Weiberknecht seine Hochzeit zu Constantinopel in meinem Gefängnisse feyern, damit ihm fernerhin die Lust nach fremden Gute vergehe.« — »Dein Wunsch soll diesen Augenblick in Erfüllung gehen,« erwiederte Faust, und rief: »He!

Chil! und Lewiathan!« (Chil und Lewiathan stehen vor ihm.) »Bemächtiget euch dieses Elenden! jagt mit ihm nach Constantinopel, und werft ihn in das Gefängniß des Kaimakans! dort mag er den Rausch seiner schnöden Liebe ausschlafen, und für seinen Frevel büßen!«

Die Teufel vollzogen den Befehl ihres Gebiethers: Faust entfernte sich in ein andres Gemach; und daß das versöhnte Ehepaar sanft und ruhig mag geschlafen haben, wird jeder meiner Leser gern glauben.

Der unglückliche Bräutigam schmachtete nun in einem tiefen Kerker, und hatte Muße der Fülle über die Launen und den Wechsel seines Glückes seine Betrachtungen zu machen; da trat auf einmahl der Gefangenwärter in das stinkende Gemach, und trieb die Gefangenen durch kräftige Peitschenhiebe von dem vermoderten Stroh, um sie nach dem Garten des Kaimakans an die Arbeit zu führen; aber der Türke erstaunte, da er einen fremden Menschen an der Stelle des vor einiger Zeit Entflohenen wahrnahm. Eine rührende Schilderung, die der Fremde dem Gefangenwärter von seinem traurigen Schicksale entwarf, vermochte über den hartherzigen Muselmann so viel, daß er ihn aus dem Kerker entließ, und seine Wege zu ziehen befahl.

Vierter Abschnitt.

Fausts hohe Meinung von Prag.

Auf allen Reisen, die Faust mit dem Teufel seit seinem Bunde gemacht hatte, gefiel es ihm an keinem Orte so sehr, als in Prag. Ein unsichtbarer, unwiderstehlicher Zauber schien ihn an diese schöne

Stadt gefesselt zu haben. Der sanft daher rauschende Moldaustrom, der seinen Lauf mitten durch die Stadt nimmt, die romantischen Hügel und Felsen, die gothischen Tempel und Paläste verschafften seinen Augen einen Anblick, an dem er sich nie sättigen konnte. Auf der stolzen Brücke über die Moldau, dem kühnsten Denkmahl der Baukunst, veränderte sich die erhabene Scene in eine reitzende. Sein Blick verlor sich in unermeßlicher Ferne. Lachende Gefilde und Triften, auf denen im bunten Gewühle zahlreiche Heerden wimmelten, stachen mit dampfenden, schwarzen Wäldern auf eine angenehme Weise ab, und fruchtbare Flächen standen mit fischreichen Bächen und Teichen im schönsten Contrast. Allenthalben, wo er sich hinwandte, fand er Eintracht, Wohlstand und Überfluß, selbst da, wo der Mangel seine Wohnung zu haben schien, both ihm rastloser Fleiß und Betriebsamkeit die Stirne, und zwang dem Glücke seine Gunst und Gaben ab. Heitere Gesichter und fröhliche Laune war ein hervorstoßender Zug im Charakter der Bewohner dieser Stadt. Blühende Gesundheit zeigte von der Unverdorbenheit ihrer Sitten, und zuvorkommende Gastfreyheit machte allen Reisenden ihren Aufenthalt daselbst angenehm. Gelehrte Männer und Künstler aller Art trugen nicht wenig bey, aus den entferntesten Gegenden Bewunderer ihrer unsterblichen Werke herbey zu ziehen. Edle Simplicität, naive Gefälligkeit, Bescheidenheit und Munterkeit innerhalb der Grenzen der Zucht und Tugend, waren angeborne Eigenschaften des schönen Geschlechtes. Den heut so sehr gepriesenen Geschmack im Putz ersetzte der innere Werth desselben. Ein regelmäßiger Körperbau und Farbe ungeschwächter Kraft und Gesundheit erhöhte das einfache Costum, und verschaffte ihm einen unwiderstehlichen Reitz; indessen das in unsern Zeiten der größte Theil des Frauenzimmers die Natur verdrängt, und seine Schönheit von dem gefälligen Colorit eines Seidenwebers, und dem lächerlichen Zuschnitte einer erfinderischen Modehändlerinn entlehnt.

Fünfter Abschnitt.

Faust als Bürger in Prag.

Eine vollständige Schilderung in Fausts Enthusiasmus und Geschmacke von dieser schönen Stadt, von dem blühenden Zustande ihrer Einwohner, von ihrem Ueberflusse an allen Arten der Nahrungsmittel, von der Pracht ihrer Gebäude, von der Dauer und Festigkeit ihres edlen Charakters zu liefern, würde mich über die Gränzen meines vorgesteckten Zieles führen. Ich will nur anmerken, daß Faust an jedem Tage neue Denkwürdigkeiten und Seltenheiten in dieser reichen Stadt entdeckte, und von ihren Vorzügen so hingerissen ward, daß jede Vergleichung, die er mit andern Städten anstellte, weit zurück blieb, und er sich entschloß daselbst ein Haus zu kaufen, und auf einige Zeit darin nieder zu lassen. Diesen Vorsatz theilte er ohne Verweilen seinem Freunde mit, der ihn nicht nur billigte, sondern durch dessen thätige Mitwirkung war Faust auch bald Besitzer eines Hauses und Bürger von Prag. Der Rath der Stadt kam seinem Wunsche halben Weges entgegen; und ertheilte ihm mit einstimmigem Beyfall das Bürgerrecht. Die Gegend an der Skalka, oder dem kleinen Johannes-Felsen zu Ende des heutigen Viehmarktes hatte dazumahl eine romantische Lage. Hier wählte Faust seinen Sitz, und in kurzer Frist stand durch Hülfe seiner Geister ein prächtiges Gebäude da, das der alles verschlingenden Zeit Trotz gebothen, und sich bis auf den heutigen Tag unter dem Nahmen des Faustischen Hauses erhalten hat.

Auf einer kleinen Warte, die er ober demselben anbringen ließ, war es, wo er der seligsten Stunden seines Lebens genoß. Der durch tiefes Nachdenken erschlappte Geist erhielt durch die reizendste Aussicht neue Spannkraft, zahlreiche Besuche von Gelehrten, Künstlern und dem vornehmsten Adel der Stadt und umliegenden Gegenden, verscheuchten die lange Weile, und verwandelten ihm halbe Täge in Minuten. Hier sah Faust ein, daß er sich in seiner Rechnung geirrt, und im Genusse des Lebens übereilt hatte, und verwünschte seine Verbindung mit dem Teufel, ohne der er in diesem gesegneten Lande der glücklichste Mensch hätte seyn können.

Sechster Abschnitt.

Fausts Wohlthaten an einem Greise.

Eines Tages, als Faust von einem Gastmahle, wozu er von einem ansehnlichen Bürger geladen war, nach seiner Wohnung zurückkehrte, sah er in einer abgelegenen Straße an einem großen Ecksteine einen ehrwürdigen Greisen sitzen, dessen Gesichtszüge Rechtschaffenheit, aber auch innerliches Leiden der Seele verriethen. — Der Wein, wovon unser Held vielleicht einige Becher zu viel mochte geleert haben, hatte seinem Geiste eine vorzüglich fröhliche Stimmung gegeben, und da ihn sein Weg hart an dem Alten vorbeyführte, blieb er bey demselben stehen und ließ sich also vernehmen: „Ihr seyd sehr schwermüthig und niedergeschlagen, lieber Mann! Vermuthlich macht das hohe Alter euch das Leben zur Last?

Greis. Diese Bürde will ich gelassen tragen, so lange es dem Himmel gefällt — denn nicht das unbehülfliche Alter allein verbittert uns das Leben, es gibt der Ursachen noch mehrere, die in unserm Herzen Mißmuth und Ueberdruß erregen.

Faust. Der Sturm der Leidenschaften, dächte ich, wäre bey euch vorüber?

Greis. Da habt ihr Recht, aber ziehen sich nicht auch manchmahl am Abend noch schwarze Wolken am Firmamente zusammen, die dann endlich in ein Gewitter ausbrechen?

Faust. Auch ihr habt Recht. Ihr seyd also unglücklich. — Heil euch, wenn ihr es ohne euer Verschulden seyd.

Greis. Wohl mir, wenn ich es wäre! Aber wie mancher säet den besten Weitzen aus, und erntet Unkraut; denn der Samen fiel entweder auf unfruchtbaren Boden, oder die Vögel fraßen ihn auf, bevor er keimte. — So ging es mir.

Faust. Ihr habt mir bereits zu viel gesagt, als daß ich nicht neugierig seyn sollte, euere Geschichte ganz zu hören. Redet aufrichtig mit mir! Und seyd, wenn ich euch zu helfen vermag, meines Beystandes gewärtig!

Greis. Daß ihr nicht, wie mancher Arzt den Kranken mit leeren Hoffnungen täuschet, dafür bürgt mir eure Miene, die ein Herz voll Theilnahme und Menschenliebe verkündet. Hört mich also an, und ihr mögt es auf Rechnung eurer Neugierde schreiben, wenn ich die Saiten eures frohen Herzens verstimme.

„Ich war in meinen jüngeren Jahren ein glücklicher Mann; denn ich hielt immer auf ein gutes Gewissen, als auf den kostbarsten Schatz. Ich hatte eine tugendhafte Gattinn, die mich mit einem Sohne beschenkte, und durch ihre Liebe beglückte, und den Schweiß meines Angesichtes segnete der Himmel mit vielfältigem Gedeihen. Aber bald erfuhr ich die traurige Wahrheit, daß hieniden alles vergänglich sey. Die Quelle meiner Glückseligkeit fing nach einigen Jahren an zu vertrocknen. Ein bösartiges Fieber raffte meine geliebte Gattinn dahin, und mit ihrem Tode begann der Wurm des Mißmuthes an meinem Herzen zu nagen."

„Zwar blieb meine Aussicht in die Zukunft noch immer hell und heiter; denn ich hatte einen Sohn, der mir in meinem Alter Stab und Stütze seyn sollte. Er wuchs zu meiner Freude heran, nahm zu an Jahren und Verstand, und reifte in kurzer Zeit vom sprossenden Jüngling zum blühenden Mann. Da er die Pflichten eines Kindes gegen mich bis jetzt im strengsten Verstande allezeit erfüllt hatte, so lag mir nichts so sehr am Herzen, als sein Glück. Ich ward also auf die angenehmste Art überrascht, da er mir Kunde that, wie daß er sich eine Gattinn gewählt hätte, und daß nichts, als meine Einwilligung fehle, sein Wohl auf immer zu befestigen. Weil die Geliebte seiner Seele alle Eigenschaften zu besitzen schien, die ein Frauenzimmer liebenswürdig machen, so billigte ich die getroffene Wahl, und übergab mit dem Segen zur bevorstehenden Verbindung meinem Sohne auch mein ganzes Vermögen. Der Undankbare schläferte mich mit der Zusage ein, daß er mich bis an's Ende meines Lebens bey sich behalten, mich mit meinem Alter zuträglicher Nahrung reichlich versehen, in Krankheit sorgfältig pflegen, und jedem meiner Wünsche mit Achtung und Zärtlichkeit zuvorkommen wolle. Aber nichts ist veränderlicher, als das Herz des Menschen, und ich hatte bald Ursache meine Unvorsichtigkeit zu bereuen."

„Mein Sohn, so einen festen Charakter er sonst

hatte, ließ sich doch von der listigen Schlange, seinem Weibe, so weit bethören, daß er bald seiner Pflicht vergaß, und mit jedem Tage auch immer einen Schritt weiter von seinem Versprechen wich. So gut ich anfänglich gehalten wurde, so eifrig er für meine Gemächlichkeit sorgte, so verächtlich wird mir jetzt begegnet. Statt eines geräumigen gesunden Zimmers ward mir ein dunkles feuchtes Gemach angewiesen, statt nahrhafter Speisen werden mir solche aufgetischt, die mein Magen zu schwach ist zu verdauen, indeß der Pflichtvergessene mit seinem Weibe im Ueberflusse lebt, mich darben läßt, und mir sichtbar das Grab bereitet."

Faust (schüttelt den Kopf). Ihr habt freylich sehr unvorsichtig gehandelt, da ihr eure ganze Habe so verwegen aufs Spiel setztet!

Greis. Wohl weiß ich's und dieß Bewußtseyn, daß ich dem Heuchler selbst die Waffen zu meinem Verderben in die Hände gab, vermehrt meine Leiden.

Faust. Sollte er durch rührende Vorstellungen, durch liebevolle Ermahnungen nicht zu erweichen, nicht auf bessere Gedanken zu bringen seyn?

Greis. Sein Herz ist unheilbar, und das schändliche Laster der Undankbarkeit hat es gleich dem Krebsen angefressen. — — (es rollen ihm einige Thränen über die Wangen.) O du dort oben über den Gestirnen laß bald meine letzte Stunde schlagen!

Faust. Seyd ein Mann, und geht getrosten Muthes nach euerer Wohnung zurück! — — Ich will mich eurer annehmen, und das Herz eures undankbaren Sohnes so stimmen, daß er an euch alles, was er verhieß, und was seine Pflicht auch ohne Verheißung von ihm heischt, bis ans Ende eures Lebens pünctlich erfüllen soll (nach einer Pause, indeß Faust mit seinem unsichtbaren Geister sprach). In eurem Gemache werdet ihr eine kleine eiserne Kiste finden. Wenn die Nacht anbricht, so verriegelt die Thüre, eröffnet die Kiste, nehmt die darin befindlichen Geldsäcke heraus, schüttelt die Goldstücke auf den Tisch, füllet die Säcke wieder damit an, und leeret sie neuerdings aus, und machet damit ein solches Geräusch, daß es der ungerathene Sohn und seine nichtswürdige Gattinn höre. Dann werft es in die Kiste zurück, schließet solche sorgfältig zu, und wiederholet den Spuk durch so viele Abende, bis ihr eine günstige Veränderung in der Behandlungsart eures Sohnes gegen euch bemerkt.

Langsam erhob sich der Greis von dem Ecksteine, dankte seinem unbekannten Wohlthäter, und wankte an einem Stabe nach seinem düstern Gemache. Die Kiste, wovon ihm der Fremde gemeldet hatte, stand in einem Winkel des Zimmers, und da eben bald darauf die Nacht eintrat, begann er die Posse, nach der, uns so gut als ihm bekannten Vorschrift zu spielen.

Die Thüre des Gemaches wurde sogleich sorgfältig verschlossen, die Kiste eröffnet, und das darin verwahrte Geld auf den Tisch geschüttet. Der Alte zählte es hin und her, ließ es von einer Ecke des Tisches auf die andere rollen, und machte damit ein solches Geräusch, daß der Sohn, der durch ein Ungefähr gerade bey der Thüre vorbeyging, sich hoch verwunderte, da er das Zimmer verschlossen fand, und seinen Vater Geld aus den Säcken schütten, und solche wieder damit anfüllen hörte. Schnell, wie ein Lichtstrahl fuhr der Gedanke durch seine Seele, daß sein Vater sich doch einen großen Schatz vorbehalten haben müsse, und als er den zweyten und dritten Abend das nähmliche Geräusch mit dem Gelde vernahm, ward seine Vermuthung zur überzeugendsten Gewißheit. Der Heuchler entdeckte dieses Geheimniß seinem Weibe, und sie beschlossen, um sich auch in den Besitz dieses Schatzes zu schwingen, ihren Balg zu verändern, und den leichtgläubigen Vater zum zweyten Mahle zu prellen. Mit lächelnder und gefälliger Miene trat des andern Morgens der Undankbare in das Gemach seines Vaters, erkundigte sich um sein Wohl, und fügte hinzu, daß, weil er eben bemerke, daß sein Zimmer feucht sey, und seiner kostbaren Gesundheit nachtheilig seyn könnte, er sogleich Anstalt treffen würde, ihm eine bequemere Wohnung zu bereiten. Auch erfüllte der Sohn sein Versprechen bald; denn noch an demselben Tage befand sich der Alte in einem andern Zimmer, wurde wieder an den Tisch gezogen, mit den besten Speisen und Getränken reichlich versehen, und mit ausgezeichneter Ehrfutcht und Liebe behandelt.

Der Greis merkte die Wirkung des Spukes, und seinen Sohn in diesem Wahne noch mehr zu bestärken, wiederholte er denselben von Zeit zu Zeit. Beyde beeiferten sich in die Wette den leisesten Wunsch ihres Vaters zu errathen, und da sie sich mit der süßen Hoffnung schmeichelten, nach seinem Tode auch zum Besitze des zurückgehaltenen Schatzes zu gelangen, so ließen sie ihrem Hange zum Aufwand vollen Lauf, verschafften dem guten Alten die besten Tage, und richteten in der Meinung ihren Zustand zu verbessern, sich selbst zu Grunde.

Zufrieden mit seinem gegenwärtigen Schicksale lebte der fromme Greis, sah der Stunde seines Todes mit Muth entgegen, die auch bald erschien und ihn in die Gefilde des Friedens hinüberführte. Nachdem der Leichnam mit vielem Gepränge beerdigt war, wurde das Testament eröffnet, und zur unbeschreiblichen Freude lasen sie, daß der verklärte Vater seinen Sohn zum einzigen Erben seiner ganzen Verlassenschaft bestimmt hatte. Taumelnd von Vergnügen und Freude begab sich das schlaue Paar in das Zimmer des Verblichenen, sich des fetten Schatzes ohne Aufschub zu bemächtigen. Begierig schlugen sie die Schlösser von der Kiste, eröffneten solche hastig, und fanden sie von oben bis an den Boden mit gemeinen Bachsteinen angefüllt. Erschrocken fuhren sie über den unerwarteten Anblick einige Schritte zurück, als sie aber einen Strick gewahrten, an dem ein Zettel von Pergament befestigt war, und die merkwürdigen Worte lasen: »Daß man jeden Vater, der sein Vermögen vor seinem Tode seinen Kindern übergeben würde, sogleich mit diesem Stricke erdrosseln solle,« sahen sie deutlich ein, daß sich der verstorbene einer List bedient hatte, wodurch er sich dasjenige zur Befriedigung seiner Bedürfnisse verschaffte, was sie ihm wider Recht und Pflicht so hartherzig verweigert hatten. Beschämt verließen sie das Gemach, und da sie zuvor mit ihrem Pfunde so verschwenderisch umgingen, und auf das reiche Erbe des Vaters rechneten, das nun wie ein Traum verschwunden war, so folgte die hinkende Strafe den Lasterhaften auf dem Fuße nach, und mit dem Bettelstabe in der Hand mußten sie ihr übriges Leben in Dürftigkeit und Elend verseufzen.

Siebenter Abschnitt.

Fausts Abreise von Prag.

Mephistophiles, dem Fausts ruhige und zufriedene Lebensart nicht behagte, der sein Sündenmaß schon längst angefüllt zu sehen wünschte, drang jetzt mit Ungestüm in ihn, Prag zu verlassen, seine Zeit zu nützen, und solche nicht mit gelehrten Grillenfängern und geschwätzigen Weibern zu vertändeln. »Du hast dir,« sprach er eines Tages zu ihm, »ein erhabenes Ziel vorgesteckt, hast das kühnste Mittel, da je ein Mensch wagte, dazu gewählt, und wie weit bist du dazu vorgerückt? Du rangst nach Weisheit, und wie tief bist du in ihr Heiligthum gedrungen? Du verlangtest Aufschluß deiner Zweifel, und noch liegt der Knäuel unentwickelt in deiner Seele. Du wolltest genießen, und deine Laufbahn mit großen Thaten bezeichnen, und doch läßt du es beym Wollen bewenden, und begnügst dich bey einem Becher Wein mit dem schalkhaften Blick von einer schönen Dirne, wie der Bettler bey seinem Wasserkrug und trockenen Brote.

Auf Faust! Sey thätig! Die Stunden deines Lebens eilen dahin, wie ein unaufhaltsamer Strom, nichts ist schneller als die Zeit. Laß Anstalten zu unserer Abreise treffen, wenn du anders nicht, ohne deine Absicht erreicht zu haben, als ein Muthloser, als ein Feiger, auf dem halben Wege halten, und dich vom Tode überraschen lassen willst.

Wie ein zweyschneidiges Schwert drang die Rede des Teufels in Fausts Herz. Zwar durchsah er den Schleyer, in den Mephistophiles seine Beweggründe gehüllt hatte, aber er fügte sich, als ein kluger Mann, in die Umstände, gab dem ungestümmen Teufel nach, und verschob seine Rache auf eine günstigere Gelegenheit.

Zu diesem Ende ertheilte er seinen Geistern den Befehl, sein Reisegeräth in Ordnung zu bringen, und sich jeden Augenblick zum Abzuge bereit zu halten.

Er war, wie meine Leser wissen, Eigenthümer eines prächtigen Hauses in Prag, mit diesem machte er der Stadt ein Geschenk, und verordnete, es nur solchen Männern zur Wohnung einzuräumen, die sich mit Untersuchungen der Natur beschäftigen würden. Seinem Wunsche zu Folge wird es bis auf den gegenwärtigen Tag auch nur Scheidekünstlern und Naturforschern überlassen.

Jetzt widmete er noch einen Abend zum Abschiede seiner Freunde, von denen er sich mit sichtbarer Rührung trennte, und mit der Morgendämmerung war das geliebte Prag aus seinen Augen verschwunden.

Achter Abschnitt.

Faust züchtiget die Teufel.

Seinem Befehle gemäß ging die Reise durch verschiedene Seitenwege und Krümmungen nach Wien, um daselbst nach dem Rathe des schlauen Mephistophiles in das vorige Geleis einzulenken, und seinem Ziele näher zu rücken. Kaum war der Schmelz des nächtlichen Thaues von Wiesen und Fluren verschwunden, da kamen sie in eine wilde, schauerliche Gegend, über welche die Natur ihren Fluch gesprochen zu haben schien. Eine Steinklippe thürmte sich auf die andere, und bildete hohe und nacke Felsen, zwischen welchen sich schmale Wege in die fürchterlichsten Abgründe wanden.

Niedriges Moos bedeckte sparsam den steinigten Boden, und unfruchtbares Gesträuch kroch hie und da aus den Ritzen der Felsen hervor, das in seinem ersten Keime schon wieder aus Mangel des Saftes verdorrte. Keine Stimme eines lebendigen Wesens ließ sich hier vernehmen. Nur giftiges Ungeziefer zischte in mannigfaltigem Gewinde dem Wanderer entgegen, und schien ihn zu warnen, sich von diesen Ort des Schreckens mit flüchtigen Schritten zu entfernen.

Faust staunte diese Gegend eine Zeit lang stillschweigend an, endlich sah er in einem Thale Rauch aufsteigen, und sprach zu Mephistophiles: »Laß uns nach jenem Thale reiten, dort müssen Menschen wohnen; denn ich erblicke Rauch, und sogleich ritten sie nach der bezeichneten Gegend. Faust erschrack, da er einen blassen, abgezehrten Mann, dessen Blöße einige Reste eines ehemahligen Gewandes deckte, in einem steinigten Boden den Pflug führen sah, vor den ein magerer Stier gespannt war. Sein Herz fing an zu bluten, und sein Mund ergoß sich in nachstehendes Gespräch.

Faust (wild). Ha! Betrügerischer Teufel! Störtest du mich deßwegen aus meiner Ruhe, um mein Herz durch den Anblick des Elendes neuerdings zu zerfleischen?

Meph. Kann ich für den Zufall, der dich hieher führte? Oder ist es meine Schuld, daß die Natur den Reiz des Paradieses nicht über die ganze Erde goß?

Faust. Deines Amtes ist es, jeden Gegenstand von meinen Augen zu entfernen, der mein Inneres so tief erschüttern, mich so schmerzhaft verwunden kann.

Meph. Wie? Wenn diese Erschütterung gerade nothwendig, wenn sie sogar eine Wohlthat für dich wäre?

Faust. Schweig, Lästerer!

Meph. Verlieren durch den ununterbrochenen Genuß die Sinne nicht ihre Spannkraft? Wird der Reitz des Vergnügens nicht durch Ruhepuncte erhöht? Würde der beständige Anblick der Sonne euern Augen zuträglich seyn? Und ist es nicht Wohlthat für euer Sehorgan, daß Dämmerung und Nacht auf den Tag folgen?

Faust (mit steigender Galle). Schweig höllischer Sophist! Mich wirst du nicht berücken!

Meph. Nun, so steht es ja in deiner Macht diesen Ort des Elendes zu verlassen!

Faust. Dieß wird nicht eher geschehen, als bis ich den bejammernswürdigen Zustand dieses armen Mannes verbessert, bis ich ihn glücklich gemacht habe.

Meph. Er ist in seiner gegenwärtigen Lage glücklicher, als du ihn je zu machen vermagst'

Faust (hönisch). Nur schadenfrohe Teufel können Armuth und Mangel Glück nennen!

Meph. Er hat der Bedürfnisse wenige, und die er hat, weiß er leicht zn befriedigen. Schweiß und Arbeit würzen sein karges Mahl.

Faust. Ich will ihm Gold geben, will diesen öden Ort in eine fruchtbare, lachende Gegend umschaffen.

Meph. Dadurch wirst du die schlummernden Leidenschaften in ihm aufstören, die er zu bezähmen, und in Schranken zu halten, nicht Kraft genug besitzt. Reichthum und Überfluß werden ihn zum Müssiggänger machen, der Müssiggang wird ihn von einem Laster zum andern und endlich an den Galgen führen!

Faust. Wähnst du, daß deine geschwätzige Zunge deine schwarze Absicht nicht verräth? Du willst mich unter dem kahlen Vorwande, diesem Manne nicht zu schaden, abhalten, an ihm edel zu handeln! Nimmermehr! So lange ich Mensch bin, werde ich die Pflichten gegen Menschen nicht vergessen.

Meph. Faust! Überlege, was du beginnst! Würdest du einem Kinde ein scharfes Messer reichen, von dem du wüßtest, daß es sich damit tödtlich verwunden wird?

Faust. Schone deiner Lungen!

Meph. Die ganze Kette der Laster, die aus deiner unzeitigen Großmuth entspringen werden, sollen dir zugerechnet werden.

Faust. Ich bedarf deiner Sittenlehre nicht! — — — He Pomon! Einen Sack mit Gold!

Pomon. Sieh! Dein Befehl ist erfüllt! (er legt einen Sack mit Gold zu seinen Füßen nieder.)

Faust (wendet sich gegen den Bauer). Ihr scheint sehr arm zu seyn guter Freund?

Bauer. Wenn ich auch sagte, daß ich's nicht wäre; so würde mich mein Anzug dennoch einer Lüge strafen.

Faust. Und müßt euer Brot in sauerm Schweiß erwerben!

Bauer. Ich dächte, dieß wäre das Loos aller Menschen. Mich zwingt die Noth zur Arbeit, einen andern beugt der Überfluß unter das noch unerträglichere Joch des Müßigganges und der langen Weile. Mich sucht der Hunger, indeß der Reiche demselben allenthalben vergebens nachspäht.

Faust (für sich). Diese edle Denkart, diese seltene Tugend der Genügsamkeit kann ich nicht unbelohnt lassen. (Zum Bauer.) Nehmt diesen Sack mit Gold, und verbessert damit eure elenden Umstände!

Bauer. Habt Dank für euern guten Willen, edler Herr! aber das Gold mögt ihr immer wieder zurück nehmen! — Wäre ich im Stande, jenen nackten Felsen, der zu meiner Hütte gehört, urbar zu machen, so wären meine Wünsche erfüllt. Mein Fleiß würde ihm so viel abzwingen, als ich bedarf, mich und meine Kinder vor Blöße und Mangel zu sichern.

Faust. Wohl! Auch dieß Verlangen soll euch gewährt seyn! (zu Meph.) Siehst du hämischer Teufel! Daß du an diesem genügsamen Manne zum Lügner wardst? Zur Strafe sollst du dich sogleich mit deinen Gesellen an diesen Pflug spannen, jeden

Steinklumpen umackern, und in ein fruchtbares Feld verwandeln.

Meph. (geberdet sich fürchterlich, die übrigen Teufel geben ihren Unwillen durch ein scheußliches Gebrülle zu erkennen). Faust überschreite die Grenzen nicht! Oder hast du uns zu Lastthieren für diesen elenden Wurm aus der Hölle gerufen?

Faust (schwingt seinen Zauberstab). Gehorchet ihr Scheusale! Oder glaubt ihr, daß ich deßhalb einen Bund mit euch schloß, um gegen euer gestohlenes Gold, oder die frechen Blicke eines verbuhlten Weibes meine Seele zu vertauschen? Ihr geschwätzigen Prahler! Wann habt ihr vor meinen Augen das Dunkle der Wahrheit erhellet? Wann habt ihr mich in die geheime Werkstätte der Natur und Weisheit geführt? — Von was für einem lügenhaften, ohnmächtigen Gezüchte die Hölle doch bevölkert ist! — Gehorchet! — Sonst — — —

Mit gräßlichen Geberden spannten sich die Teufel vor den Pflug, den Faust führte, zermalmten die härtesten Steinkluppen zu Staub und verwandelten den kahlen zackigten Felsen in einen fruchtbaren Acker. Nur Teufel konnten dieses schauervolle Riesenwerk möglich machen, und als Faust merkte, daß seine Absicht erreicht sey, geboth er ihnen, sich zu entfernen, und seine Befehle zu erwarten.

Beschämt und gedemüthiget von der Macht eines Sterblichen schlichen die Teufel davon, verbissen ihre Wuth und beschlossen einmüthig alle Kräfte der Hölle aufzufordern, den Sturz des Verwegenen zu beschleunigen. — Hier sind einige Bruchstücke ihres Gespräches!

Neunter Abschnitt.

Die Teufel beschließen an Fausten Repressalien zu gebrauchen.

Meph. Ich bin müde das Joch dieses Unersättlichen länger zu tragen.

Die übrigen Teufel. Wir auch, wir auch.

Meph. Laßt euch vernehmen, auf welche Art wir uns seiner Herrschaft entziehen, und doch dem Befehle unsers erhabenen Fürsten Lucifers genug thun könnten!

Dilla. Aus dieser Verlegenheit soll uns dein kluger Rath helfen!

Chil. Du hast durch deine Reisen auf der Oberwelt Erfahrung und Menschenkenntniß gesammelt.

Leviathan. Keiner der Bewohner der Hölle ist der Seiten- und Nebenwege zum menschlichen Herzen so kundig, als du!

Pomon. So lange seine Leidenschaften nicht von einem beständigen Sturm herumgetrieben werden. — —

Oron. So lang er nicht aus einem Wirbel der Ausschweifungen sogleich in einen andern gerissen wird, so lange bleibt die Hoffnung, uns seiner Dienste entledigen zu können, ein trügerisches Phantom.

Meph. Ihr meynt also?

Dilla. Daß ihm, wenn er wieder in den Armen des Lasters schwelgt, nicht ein Augenblick Zeit gelassen werde, aus dem Taumel zu kommen. Haben wir es nicht jetzt erfahren, wie gefährlich uns seine Ruhe ist?

Chil. Ein Laster muß dem andern die Hand reichen, und ihn unzertrennlich umschlingen.

Leviathan. Der Becher des Genusses muß voll und berauschend an seinem Munde schaumen!

Pomon. Wir müssen ihm seinen Wirkungskreis erweitern. Sein großer Geist fordert eine große Sphäre. Seine Launen und Einfälle sind alle mit dem Stämpel der Eigenheit bezeichnet. Wie leicht könnte er auf den originellen Gedanken gerathen, und sich bey unserer Unthätigkeit in eine Mönchskutte verkriechen, um zur Abwechslung die Rolle des Frömmlers zu spielen, und wehe, wehe uns — wenn wir ohne diesen kühnen Sünder zur Hölle zu kehren gezwungen wären!

Oron. Eure Vorschläge haben meinen Beyfall, und Wien, wohin er jetzt zu ziehen im Begriffe ist, wird seinem trägen Geiste gewiß wieder einen schnelleren Schwung ertheilen. An Gelegenheiten auszuschweifen, an Stoff, seine Ausschweifungen zu vervielfältigen, und an Zunder, alle seine Leidenschaften zu hellen Flammen anzuschüren, soll es ihm daselbst nicht gebrechen.

Dilla. Für lustige Brüder und nächtliche Zechgelage will ich Sorge tragen.

Chil. Ihn an Spieltische zu fesseln, und einen Schwarm von Beutelschneidern um ihn zu zaubern, soll mein Geschäft seyn.

Pomon. Von verschwendrischen Tafeln, die ich ihm und seinen Brüdern bereiten werde — —

Oron. Will ich ihn bald in die Gesellschaft einer muntern Französinn, bald an die Seite einer geistreichen Engländerinn, bald auf die Estrada einer feurigen Italienerinn, und wenn ihm diese Besuche nicht behagen, in die Arme einer schmachtenden Wienerinn führen. Alle sollen ihre Netze fleißig auswerfen, der Köder ist zu lockend, als daß er sich nicht verstricken sollte.

Leviathan. Und ist endlich sein Stolz, sein Ehrgeitz vollends in Aufruhr gebracht — dann ist der Sieg über den Verwegenen in unsern Händen.

Meph. Wohlan! Laßt uns also unsere Kräfte zusammen schmelzen! Was unsern einzeln unmöglich schien, wird dem vereinigten Bunde gelingen. Der Ueberkühne muß fallen!

Alle Teufel. Fallen, fallen muß der Verwegene, uns und der ganzen Hölle zur Beute.

Zehnter Abschnitt.

Fausts Ankunft zu Wien.

Indessen die Teufel sich über Faustens baldigen Sturz berathschlagten, unterhielt sich dieser mit dem Bauer auf eine angenehme Art, der sich vor Freuden kaum zu fassen wußte, und seinem Wohlthäter anfänglich nicht danken konnte, da er den felsigten Steinklumpen in einen ordentlichen Acker verwandelt sah. Faust ermahnte ihn zur Arbeit und zu rastlosem Fleiße, beschenkte die herbeygekommene Gattinn und Kinder mit einigen Goldstücken, und entfernte sich unter den rührendsten Ergießungen des Dankes, wovon das unverdorbene Herz des genügsamen Bauers überströmte. Jetzt kam er zu den Teufeln zurück, und geboth ihnen, ihn auf dem kürzesten Wege nach Wien zu führen, und kaum war dieser Befehl über seine Lippen geflossen, so lag auch schon die stolze Kaiserstadt in aller Pracht vor ihren Augen.

Nicht weit von der St. Ruprechtskirche am Anfange des Katzensteiges befand sich ein Gasthof, in dem beynahe der größte Theil der vornehmen Reisenden einkehrte, in diesem schlug unser Faust mit seinen Geistern, die jetzt in Jäger und Bediente vermummt waren, seine Wohnung auf. Jedermann erstaunte über die Pracht seiner Equipagen, und über den Reichthum in der Kleidung seines Gefolges.

Seine Tafel war mit allem, was selten und theuer ist, in Fülle besetzt, und bald erfüllte der hundertzüngige Ruf die ganze Stadt mit Muthmaßungen und Anecdoten von dem reichen Unbekannten. Noch war keine Woche verflossen, da wimmelte der Gasthof von gefälligen Menschenfreunden, Künstlern und Gelehrten aller Art. Einer erboth sich, ihn mit den Seltenheiten der Stadt bekannt zu machen, der zweyte ihm in die vornehmsten Häuser Eintritt zu verschaffen, die Gelehrten bathen, seinen hohen Nahmen ihren Werken vorsetzen zu dürfen, und Mahler, Bildhauer, Steinschneider und Kupferstecher bothen ihm ihre Kunststücke an.

Mephistophiles hatte diesen Weihrauch seiner Eitelkeit bereitet, und Faust, der zu leben wußte, nahm nicht nur allein die unterthänigen Anerbiethungen der gefälligen Menschenfreunde an, sondern half manchem hungrigen Gelehrten durch seine Freygebigkeit aus der Verlegenheit, und belohnte die Künstler mit vollen Händen. Diese Großmuth machte ihn bald als den reichen, gelehrten und allenthalben berühmten Doctor Faust auch in Wien bekannt; Fürsten und Grafen schätzten sich glücklich, wenn sie ihn in ihrem Kreise haben konnten. Die prächtigsten Feste wurden diesem seltenen Gaste zu Ehren gegeben.

Bälle wechselten mit Luftjagden, verschwenderische Trinkgelage und Schmäuse mit ländlichen Vergnügungen ab, und jedermann bestrebte sich diesem Wundermanne sein Daseyn in Wien angenehm zu machen, und seine Freundschaft zu erwerben. Ueberall galt er für den angenehmsten Gesellschafter, für einen Kenner der Kunst, für einen Beschützer der Wissenschaften, und für einen der ersten Philosophen seines Zeitalters; denn die Kunststücke, die er manchmahl im Zirkel seiner Freunde vorstellte, waren so beschaffen, daß sie jeden Zuschauer in dieser hohen Meinung von Fausten bestärken mußten.

Die Teufel lachten schadenfroh, daß ihr Plan einen so günstigen Anfang genommen hatte, und gelobten einander neuerdings keine Mühe zu sparen, den Verwegenen an sein Ziel zu jagen.

Eines Tages ging er mit einigen seiner Freunde incognito in der Stadt herum, die Merkwürdigkeiten derselben zu besehen. Ungefähr kamen sie in die Münsterstraße, da sahen sie, wie einige Weinschröter *) eben beschäftiget waren, ein grosses Faß Wein aus dem Keller zu ziehen, das sie aber bey aller Anstrengung ihrer Kräfte nicht von der Stelle bewegen konnten. Faust blieb mit seinen Gefährten in einer kleinen Entfernung stehen, und lachte herzlich über die vergebliche Mühe und Anstrengung der Schröter.

Der Eigenthühmer des Kellers, der an der Thüre stand und bemerkte, wie Faust lachte, und über die possirlichen Geberden der Arbeiter mit seinen Freunden scherzte, trat zu ihnen, und redete sie also zornig an: „Wenn sich einer unter ihnen befände, der im Stande wäre, das Faß aus dem Keller zu ziehen, dieser möchte seine Stärke versuchen, er wäre erböthig demselben mit dem Faße Wein ein Geschenk zu machen." Faust stellte sich ihm entgegen und sprach: „Wohlan! Dieß will ich auf mich nehmen, aber das Faß sammt dem Weine ist dann mein Eigenthum!" — — „Ein Wort, ein Mann," erwiederte der Wirth, und sogleich nahm unser Abenteurer den Schrötern die Seile aus den Händen, die über sein tollkühnes Unternehmen in ein lautes Gelächter ausbrachen.

Pomon und Oron scholl es in ihren Ohren, aber grenzenlos war die Verwunderung aller Anwesenden, als sie Fausten das Faß an einem schwachen Seile langsam aus dem Keller heraufziehen, und als solches im Freyen war, zu den Füßen der

*) In der gemeinen hiesigen Mundart Faßzieher.

Schröter hinrollen sahen. Eine Pause hindurch schienen alle den Gebrauch ihrer Zungen verloren zu haben, und schwiegen; endlich begann der Wirth zu Fausten: „So sehr mich auch der Verlust des Weines schmerzen sollte, denn ich kraft meines Ausspruches an euch verloren habe; so erfülle ich doch gern mein Versprechen; den ich sehe in euch einen Mann, der das zu erfüllen im Stande ist, was er verheißt. Laßt euch den edlen Rebensaft wohl schmecken, denn er ist vier Jahr älter als ich, und ich habe, Gott sey Dank, acht und sechzig auf dem Rücken, und wandelt euch Mißmuth und finstre Laune an, so zieht diesen Arzt zu Rathe, er wird euer Herz erfreuen, und die Grillen aus eurem Kopfe verjagen."

Gerührt war Faust ob der Rede des Biedermanns, und versetzte: „Zwar ist der Wein kraft eures Ausspruches und der Erfüllung meiner Zusage mein Eigenthum geworden, aber ihr seyd ein Mann von Ehre, und deßwegen mag das Faß mit dem Weine euch wieder heim fallen, nur laßt diese wackeren Männer (auf die Schröter deutend) zuvor daraus ihren Durst löschen. Unter dieser Bedingung, die ihr gewiß erfüllen werdet, sey es wieder euer Eigenthum." Der Wirth war verlegen Fausten zu antworten, die Arbeiter wollten ihm für den angeordneten Labetrunk danken, aber weg war er mit seinen Freunden.

Eilfter Abschnitt.

Der Hörnerträger.

So edel und großmüthig Faust allenthalben handelte, so fehlte es ihm doch nicht an Tadlern, die seinen besten Absichten eine schiefe Richtung zu geben wußten. Dieß erfuhr er besonders in Wien; und die Strafe, womit er einen dieses Gelichters züchtigte, ist zu komisch, als daß ich sie aus seiner Legende ausschließen sollte.

Bey einem fürstlichen Schmause war es, wo Faust von einem seiner Freunde die Nachricht erhielt, daß einer der Gäste sich in zweydeutigen Ausdrücken über seinen Charakter ausgelassen, ihn einen Bundsgenossen des Teufels, einen Schwarzkünstler gescholten hätte, und damit umginge, seinen Ruhm zu verdunkeln, und in den Herzen der Leichtgläubigen Verdacht gegen seine Gelehrsamkeit zu erwecken. Faust, der sonst in allen seinen Unternehmungen rasch und feurig war, ging im Puncte der Rache einzig und allein bedächtig zu Werke, und verschob sie allezeit so lange, bis sich eine bequeme Gelegenheit dazu fügte.

Zwar lachte er über die hinterbrachte Mähr, aber es wurmte doch in seinem Herzen, daß es jemand wagen konnte, seinen guten Leumund anzutasten.

Mit verbissenem Zorne sprach er zu seinem Freunde: „Zeige mir den niedrigen Buben? Ich will ihn für seine Verleumdung auf eine Art züchtigen, daß er eher sich selbst, als den Schwarzkünstler Faust vergessen soll!" Hierauf rief er seinen Jäger Mephistophiles, und raunte ihm etwas in die Ohren.

Indessen waren die anwesenden Gäste aufgeräumt und munter; die köstlichsten Weine sprudelten in silbernen Bechern, und vermehrten den Frohsinn der Schwelger. Man lachte und scherzte; besonders wußte Faust durch seine witzigen Schwänke und Anecdoten die Gesellschaft in reger Fröhlichkeit zu unterhalten.

Der Fürst, der unserem Helden zu Ehren dieses Fest gegeben hatte, war ein großer Liebhaber der niedern Jagd; und da er dieselbe Neigung an Fausten bemerkte, so hatte er in einer reitzenden Gegend eine Reigerbeitze angeordnet. Jeder der Anwesenden war über den Einfall des Fürsten entzückt; alle sahen dem Augenblicke mit Sehnsucht entgegen, der sie aus dem Gewühle der Stadt ins Freye führen sollte. Nachdem die Tafel geendet, und die Zeit zu der bestimmten ländlichen Unterhaltung herbey gekommen war, wurde im Hofe von einem Jäger mit einem Hüfthorn das Zeichen zum Aufbruche gegeben. Die geselligen Gruppen zerstreuten sich, und eilten der Thüre zu. Der Verleumder, der Fausts Zorn auf sich geladen hatte, und bey Tische seinen Becher vielleicht zu oft mochte geleert haben, saß in einem Winkel des Saales, und schnarchte; als aber das Zeichen zum Aufbruche gegeben war, raffte er sich auf, und wollte zur Thüre hinaus stürzen; aber der ganze Saal ertönte von einem ausschweifendem Gelächter der Anwesenden, da sie ein großes Hirschgeweih auf seinem Kopfe sitzen sahen, das ihm den Ausgang aus dem Zimmer vermehrte. Wie ein Rasender lief er von einer Thüre zur andern, und versuchte durchzukommen; allein sein Bemühen blieb vergebens; und als er endlich den ungeheueren Kopfschmuck in einem Spiegel erblickte, ward seine Galle zu Feuer; er zog einen Dolch aus dem Busen, und wollte sein Herz durchstoßen; aber seine Hände waren gelähmt, und versagten ihm diesen wohlthätigen Dienst. Ergrimmt über seine Ohnmacht, schlich er sich in einen Winkel; und als die Gesellschaft die Pfeile ihres Witzes auf ihn abgedruckt, und sich an dem komischen Schauspiele genug ergetzt hatte, drang einer nach dem andern zur Thür hinaus, schwangen sich auf ihre Pferde, und überließen den neuen Actäon seinen Possen.

Der Gedemüthigte errieth bald den Mann, der ihm diesen Streich gespielt hatte; und obschon er sich kräftig vornahm, kein Wort mehr zu Faustens Erniedrigung zu reden, so mußte er, nebst der erlittenen Schande und dem entbehrten ländlichen Vergnügen, doch noch so lange in dem Saale weilen, bis die Gesellschaft zurück gekehrt war. Als endlich auch das Nachspiel dieser Posse sich entwickelt hatte, löste sich der Zauber, das Geweih verschwand von seiner Stirne, und er schlich beschämt und stillschweigend nach seiner Wohnung. Vermuthlich wird der Spötter mit seinem Schaden klug geworden seyn, und seine Zunge in Zukunft besser im Zaume gehalten haben.

Zwölfter Abschnitt.

Faust im Netze der Teufel.

Treulich hielten die Teufel, wozu sie sich zu Faustens nahem Falle verbunden hatten. Unvermerkt trieben sie ihn aus dem Wirbel einer Ausschweifung in einen andern; sie gönnten ihm keinen Augenblick, wo er sich sammeln, wo er von den Kräften der Vernunft hätte Gebrauch machen können. Wie ein Orkan rissen ihn seine Leidenschaften fort; kaum daß eine befriedigt war, erwachte eine andere, und drang mit doppeltem Ungestümm in ihn. Taumelnd sank er aus den Armen eines Lasters an den reitzenden Busen einer neuen Sünde, von dem er im Rausche im Schooß neuer Laster fiel.

Faust war reich, schwamm im Überflusse: und der listige Mephistophiles ließ es an Gelegenheit nie mangeln, ihm von Zeit zu Zeit Helfershelfer zuzuführen, die seine stumpfen Sinne zu kitzeln, und seinen Lastern immer unbekannte reitzendere Masken vorzuhalten wußten. Schmarotzer, die sich an seiner Tafel mästeten; Schmeichler, die vor ihm krochen, und seine gröbsten Ausschweifungen bis zu den Gestirnen erhoben; Spieler, die ihre Beutel füllten; Kuppler, die an den Unersättlichen die Unschuld verkauften, und freche unverschämte Dirnen, die sonst nichts als das verhunzte Gesicht eines Menschen an sich tragen, machten die tägliche Gesellschaft, welche den Verblendeten früh und spät umrang.

Kein Wunder also, daß er bey seinem unbegrenzten Hange zum Genusse sinnlicher Vergnügungen unter den Händen solcher Menschen bald Das ward, was er nach dem Wunsche der Teufel schon lang hätte seyn sollen, — ein Sünder erster Größe — — reif jeden Augenblick für die Hölle.

Doch — da ich mir vorgenommen habe, meinen Lesern Fausten mehr von der guten als häßlichen Seite zu zeigen, und seine Handlungen nicht mit grellen Farben, sondern in einem sanftern Colorite zu schildern, so will ich die ärgerliche Chronik seiner Ausschweifungen und Laster in Wien schließen, noch einen auffallenden und interressanten Zug seiner Schwarzkunst anführen, und ihn dann auf seinen Wanderungen weiter begleiten.

Dreyzehnter Abschnitt.

Seltsame Gäste an Fausts Tafel.

Bey einem lustigen Trinkgelage äußerten Fausts Herzensfreunde den Wunsch, bey ihm einer Tafel beyzuwohnen, die nicht so sehr mit köstlichen und seltenen Speisen, als mit seltsamen Gästen besetzt wäre. Besonders bezogen sie sich auf Personen beyderley Geschlechtes aus dem grauen Alterthume, die ihren Nahmen bey der Nachwelt unsterblich gemacht hätten.

»Wohl!« — sprach Faust, »ich will eurem Verlangen willfahren, und ihr sollt Gäste an einer Tafel seyn, die euren lüsternen Sinnen nichts zu wünschen übrig lassen wird. — Morgen seyd ihr also zu mir geladen.« Voll frohen Muthes über diese Verheißung ging jetzt die Gesellschaft aus einander, und sah mit brennender Ungeduld dem herrlichen Schmause entgegen.

Indessen berief Faust seine Teufel, und begann also zu ihnen zu sprechen:

»Ich will morgen meinen Freunden einen Beweis meiner Macht und Größe geben. Dazu werdet ihr mir ohne Widerrede eure Hände biethen, und alles verschaffen, was ich von euch verlangen werde. Sollte sich einer sträuben, oder nur eine bedenkliche Miene machen nicht zu gehorchen, so denket an den Steinklumpen in Böhmen, den ihr pflügen und zu einem trugbaren Acker umwandeln mußtet. Im Falle der Widerspenstigkeit wird die Züchtigung dem großen Verbrechen angemessen, und weit schrecklicher als selbst die Peinen der Verdammten in der Hölle seyn!«

Meph. (zitternd.) Gebiethe!

Chil. (vor Angst stotternd.) Wir sind bereit zu gehorchen!

Pomo. Und deine Befehle aufs schnellste zu vollziehen.

Faust (mit zufriedener Miene). Wohl also! Dieses Zimmer soll morgen mit dem Geräthe und den Kostbarkeiten des Prunksaales des Sultans von Indostan ausgeschmückt seyn! — Dieß sey dein Geschäft, Mephistophiles!

Meph. Die genaueste Ausführung soll ganz deinem Willen entsprechen!

Faust. Du, Leviathan! hast die berühmtesten Virtuosen, Sänger und Sängerinnen von dem ganzen bekannten Erdboden auf diesem Platze zu versammeln!

Leviathan. Ich werde alles nach dem hohen Befehle meines Gebiethers bestellen!

Chil. Womit gefällt es dir meine Dienstfertigkeit auf die Probe zu stellen?

Faust. Du magst die köstlichsten Speisen und Gerüchte, die morgen für den Gaumen des Beherrschers von China und Japan und für die Favoritsultaninn des Sophi von Persien bereitet werden, in den prächtigsten Prunkgefässen hierher schaffen. Du aber, Dilla! das Abgängige, und alles, was ein jedes Element und jedes Reich der Natur Leckres und Seltenes hat, hinzufügen! (Chil und Dilla verzerren unbemerkt ihre Gesichter vor Galle.) Oron mag für die wohlschmeckendsten und geistigsten Getränke sorgen!

Pomon. Und mein Amt?

Faust. Ist, die Gäste zu diesem Schmause zu laden. Zehn Teufel sollst du sogleich von Luzifern zu meinem heutigen Dienste fodern, welche berühmte Personen aus Griechenlands und Roms blühendern Zeitalter in der glänzendsten Pracht ihres Costums vorstellen werden. Ihre Nahmen will ich dir nicht bezeichnen; doch — du kennst meinen Geschmack, und ich hoffe, daß die Wahl derselben auch dem deinigen Ehre machen wird.

Pomon. Laß mich eilen, erhabener Gebiether! Meine Wahl der Gäste ist aus deiner Seele entlehnt!

Mit ihren Aufträgen entfernten sich jetzt die Teufel, und Faust begab sich zur Ruhe.

Kaum war der Tag angebrochen, so war das Speisezimmer auch schon in den Prunksaal des Sultans von Indostan verwandelt. Die Wände waren mit Gold und Silber durchwirkten Tapeten behangen. Die Tafel bildete einen halben Mond, um die sich mit himmelblauen Atlas überzogene Ruhebette wanden, deren elastische Matrazen mit den köstlichsten Rauchwerken und wohlriechendsten Essenzen parfümirt waren. Die feinste sidonische Leinwand machte das Tischzeug aus, und das übrige Speisegeräth war aus Gold künstlich und geschmackvoll gearbeitet. Wo das Aug sich hinwandte, erblickte es Spuren von asiatischem Luxus und orientalischer Pracht.

In einem Seitengemache befanden sich die vornehmsten Virtuosen; die süßesten Melodien, aus den wohlklingendsten Instrumenten und Kehlen gelockt, schwangen sich durch silberne Röhren in den Speisesaal, und erfüllten die Ohren der Anwesenden mit schmelzenden zauberischen Tönen.

Die goldenen Gefäße der Tafel enthielten die niedlichsten und köstlichsten Speisen, welche das erfinderische Talent der üppigsten Köche nur immer ersinnen kann. Brühen von geschmolzenen Margarythen, chinesische Schwalbennester — — doch kein Wort weiter davon! — — Ich müßte selbst ein Gast an diesem Göttermahle gewesen seyn, wenn ich meinen Lesern eine treffende Schilderung von der Fülle und Köstlichkeit der Gerichte entwerfen wollte.

Jetzt war die Zeit zum Schmause herangerückt, und Fausts Freunde waren erschienen. Nachdem er sie bewillkommt hatte, öffnete er die Thüre des Saales, wo die übrigen Gäste bereits auf ihren Ruhebetten lagen, und führte sie herein.

Die Pracht dieses nie gesehenen, die geschäftigste Phantasie übersteigenden Schauspieles, überraschte die Eintretenden dergestalt, daß sie wie steinerne Bildsäulen unbeweglich blieben. Faust lächelte, rüttelte sie aus ihrem Schlummer, und wies ihnen ihre Plätze an der Tafel an. Die vor Staunen und Freude Trunkenen glaubten sich in einem Feenpallaste zu befinden; so mächtig wirkte das Ungewöhnliche der Gegenstände auf ihre Sinne. Die verschwenderische Pracht des Hausgeräthes, die entzückenden Töne der Musik, der königliche Aufwand in den Gerichten und dem Getränke, machte sie alles um sie herum vergessen. Aus diesem betäubenden Zustande des Staunens sanken sie noch tiefer. — — — Die regelmäßigen Züge in den Gesichtern der fremden Gäste, das erhabene ihrer Physiognomien, das Pathetische ihrer Geberden, ihre fröhliche Laune, ihre naiven Scherze, das Reizende und Erhebende ihres Costums, die Kostbarkeit der Stoffe in ihrer Kleidung, und die gesellige, mittheilende, alle Herzen erweiternde Gefälligkeit und Güte versetzte die Neugierigen in eine Lage, in der sich je wenige Menschen werden befunden haben.

Zwischen der reizenden Aspasia und der schönen Lais sahen sie den mächtigen Bezwinger weiblicher Herzen, den muntern Alcibiades schäckern; mit Musarions Locken den schmachtenden Phanias tändeln; mit Glyzerien den weisen Pericles scherzen; Oviden mit seiner Julia liebäugeln, und den Helden Antonius mit Cleopatren, Aegyptens stolzen Königinn, in einem Gespräche begriffen, in dem er ihr zu sagen schien, daß er die Eroberung ihres Herzens höher achte als alle seine Siege.

Sclaven und Sclavinnen waren einzig und allein beschäftigt, ihren Gebiethern und Gebietherinnen die leisesten Winke abzulauschen; und nachdem die Tafel zu verschiedenenmahlen mit frischen Leckerbissen besetzt, und die Eßlust befriedigt worden war, wurden wohlriechende Rauchwerke angezündet, die den Geruch der Speisen verdrängten, und den Saal mit lieblichen Düften erfüllten. Vor Endigung der Tafel wurden die Gäste von den Sclaven und Sclavinnen mit köstlichen Essenzen bestrichen; auch seinen Freunden ließ Faust diese Ehre der Salbung erweisen; und nach dieser Ceremonie schien sich jedermann dem behaglichen Geschäfte der Verdauung zu überlassen, und sank in die Arme des Schlafes. Als unsere Zecher erwachten, nahmen sie wahr, daß sich jeder in seiner Wohnung auf dem Bette befand. Sie eilten in den Gasthof, und wollten ihrem Wohlthäter danken; aber Faust war verschwunden.

Vierzehnter Abschnitt.

Fausts Reise nach Frankreich.

An einem lachenden Frühlingsmorgen verließ Faust die Kaiserstadt, und befand sich bald jenseits der Grenze von Deutschland. Die Abentheuer, die ihm während dieser Reise aufgestossen sind, würden mich zu weitläufig machen; ich will sie daher übergehen, und nur melden, daß er sich den dritten Tag in Frankreich in der Nähe eines Schloßes befand, woselbst er und Mephistophiles mit Anbruche der Nacht auch einkehrte. Der Besitzer dieses Schlosses war ein Ehrwürdiger Greis, der die Fremden sehr freundlich aufnahm, und mit aller Gastfreyheit behandelte. Nachdem sie sich durch Speise und Trank gelabt, und die halbe Nacht unter freundlichen Gesprächen verplaudert hatten, ließ er seine Gäste in ein Schlafgemach führen, und so erschien der Morgen.

Mephistophiles hatte sich sehr in Acht genommen, Fausten etwas von dem zu sagen, was er in Frankreich sehen würde; ihm war darum zu thun, sein Herz durch scheußliche Erfahrung Schlag auf Schlag zu zerfleischen, ihm den Himmel immer verdächtiger zu machen, um ihm also den fürchterlichen Streich beyzubringen, der je einen Menschen getroffen, der übermüthig gegen die Grenzen seiner Natur angestossen, welche die mächtige Hand des Ewigen vor unsern Horizont gestellt hat. Leider fand er in den Thaten der Menschen Stoff genug dazu! und weisere Männer als Faust haben, ohne Gesellschaft des Teufels, an dieser gefährlichen Klippe gestrandet, wenn sie vergassen, daß Ergebung in sein Schicksal die erste Foderung der Natur an den Menschen sey.

Man verzeihe mir diesen Seitenschritt! Faust schlich mit Mephistophiles nach dem Schloßgarten, um daselbst so lange zu weilen, bis der gastfreye Greis aufgestanden seyn würde. Sie wanderten aus einer Allee in die andere, konnten den guten Geschmack, in dem der Garten angelegt war, nicht genug bewundern, und waren im Zweifel, ob sie der Natur oder der Kunst den Vorzug einräumen sollten; so schwesterlich hatten sie sich einander die Hände gebothen. Da sahen sie in einer schattigten Laube einen jungen Menschen auf und abgehen, dessen Tiefsinn ein großes Werk verrieth, über dem seine Seele zu brüten schien.

Faust war neugierig den tiefsinnigen Denker näher zu kennen, schlich sich unbemerkt der Laube zu, und Mephistophiles sprach, daß es der Sohn des edlen Alten sey, der sie gestern so freundlich aufgenommen hätte, und daß er mit einer schwarzen That schwanger ginge, die wenige der Verdammten in der Hölle begangen hätten.

Faust lachte und sprach: „Wenn ich nicht wüßte, daß du der Teufel wärest, so würde ich dich an dieser Lüge erkennen.“

Meph. Nicht anders! — Dieser Mensch ist im Begriffe ein Verbrechen zu begehen, von dem du zurück beben wirst; — noch heut wird es zur Reife gedeihen.

Faust. Unmöglich! Das Gesicht ist der Spiegel der Seele. Siehe wie regelmäßig alle seine Züge sind! wie gelassen die Muskeln sich bewegen! wie sanft alle Lineamente in einander schmelzen! — Nichts Eckigtes, nichts Rauhes, nichts Anstoßendes auf dem Antlitz dieses Jünglings! Sein Auge verräth Klarheit des Verstandes, sein Mund Güte des Herzens. — Freylich trübt innerer Gram seine Stirne; aber wer weiß welcher Wurm an seinem Herzen nagt? vielleicht fehlgeschlagene Hoffnung, vereitelte Entwürfe, verschmähte Liebe? — — —

Meph. Armseliger Menschenkenner! Denkst du nicht mehr an den Tugendspiegel, die schöne Alma, welche der Seher in N. nach dem Umrisse ihres Gesichtes zum Engel erhob, und die, kraft eines Blendwerkes zu einer Verworfenen herab sank?

Faust. Wohl denk ich daran! und diese Erinnerung verwundet mein Herz.

Meph. Wie gesagt! dieser Jüngling, den du für so unschuldig hältst, ist ein Bösewicht, der Wenige seines Gleichen hat.

Faust. Nun, so wirst du das Böse, das er zu begehen so nahe ist, verhindern!

Meph. Das werde ich nicht! — Das Böse verhindern, widerspricht der Natur des Teufels.

Faust. Wohl! So sollst du ihn mit den nähmlichen Waffen strafen, die er gegen Andere zu schwingen bereit ist!

Meph. Das will ich! denn er ist gereift zur Verdammniß!

Indessen war der Herr des Schloßes aufgewacht; und da er seine Gäste in dem angewiesenen Schlafgemach nicht antraf, und von seinen Bedienten bedeutet wurde, daß sie in den Garten gegangen wären, so verfügte er sich dahin, wo er sie auf einem sanften Hügel unter dem Schatten einer Linde sitzen fand. Nachdem er ihnen einen guten Tag gewünscht, und sie sich um sein Wohlbefinden erkundigt hatten, trat der junge Mann, den sie in der Laube so schwärmerisch sahen, zu ihnen, den ihnen der biedere Greis als seinen erstgebornen Sohn unter vielen Lobeserhebungen vorstellte. Der Jüngling erröthete über die Güte seines Vaters, und entfernte sich schnell; aber der Greis war schwach genug, diese Entfernung seiner Bescheidenheit zuzumessen.

Unter traulichen und wechselseitigen Erzählungen hatte die Sonne die Hälfte ihres täglichen Laufes vollendet, und ein Bedienter erschien und meldete, daß die besetzte Tafel den edlen Herrn und seine werthen Gäste erwarte.

Die Gesellschaft erhob sich aus dem Garten, und bald saß die kleine Familie fröhlich und munter bey Tische.

Mephistophiles ergötzte die Anwesenden mit lustigen Schwänken; Faust heftete seinen Blick verstohlen auf den Jüngling, der nach des Teufels Versicherung sich mit einem schwarzen Bubenstück trüge, und sah dem Ausgange des Abenteuers begierig entgegen; heiter und aufgeweckt war der biedere Greis, und munterte seine Gäste fleißig auf, sich alles wohl schmecken zu lassen, als auf einmahl der fürchterliche Tod der Freude ein Ende machte.

Der Sohn hatte eine Schüssel schöner Pfirsiche aus dem Treibhause eines benachbarten Edelmannes zum Geschenke erhalten, die er zum Nachtische auftragen ließ, und seinem grauen Vater die köstlichste und schönste mit einer lächelnden Miene überreichte. Mit sichtbarem Wohlgefallen nahm der gutherzige Alte die Frucht von seinem Sohne, und verzehrte sie; auch der Elende genoß eine, und die übrigen wurden den Gästen zu Theil.

Mephistophiles wollte eben anfangen eine neue Fratze zu erzählen, als der Jüngling einen Schrey des heftigen Schmerzens ausstieß. Sein blühendes Gesicht verzerrte sich plötzlich; die Lippen wurden blau, und Todesblässe deckte seine Wangen, er röchelte, und nach einigen convulsivischen Zuckungen lag er todt auf der Erde, nachdem er noch zuvor mit leiser Stimme in die Worte ausbrach: „Der Himmel ist gerecht der mich mit der Strafe züchtiget, die ich meinem armen Vater in einem gewaltsamen Tode zugedacht hatte.“

Wie vom Blitze gerührt stand der gebeugte Vater vor dem Entselten und rang die Hände. Er glaubte zu träumen, und es schien ihm unmöglich, daß sein Sohn, der ihm so viele Merkmahle seiner Liebe gegeben hätte, eines so unnatürlichen Lasters fähig seyn konnte.

„Und doch ist es nicht anders,“ sprach Mephistophiles, „denn ihr habt das Geständniß aus seinem eigenen Munde gehört!“

Greis. Das ich nicht begreife! Ich erinnere mich nicht, ihm je Ursache zum Unwillen gegen mich gegeben zu haben.

Meph. Aus diesem Irrgarten will ich euch führen. Er liebte in der Nachbarschaft ein Mädchen von zweydeutigem Rufe. Er sah voraus, daß ihr in diese Verbindung nie willigen würdet. Er wählte also den kürzesten Weg zu seinem Zwecke zu gelangen, und suchte euch durch eine vergiftete Pfirsich in die Ewigkeit zu befördern; aber das Verhängniß hatte es anders beschlossen, und die vergiftete Frucht ward ihm selbst zu Theil.

Greis. Solltet ihr die Wahrheit reden.

Meph. Zweifelt nicht!

Greis. Der Elende! Fluchen mag ich ihm nicht, denn er steht bereits mit dem größten Fluche beladen vor dem Richterstuhle Gottes (zu seinen Bedienten). He, Ludwig! — Heinrich! Schaffet die Leiche hinweg, und sorgt für ihre Beerdigung (nach einer Pause zu Mephistophiles). Verzeiht, edler Fremdling! Woher wußtet ihr um diese abscheuliche That?

Meph. Aus den sichersten Quellen.

Greis. Und konntet mir sie verschweigen?

Meph. Wer darf dem Verhängnisse vorgreifen? Seine Rathschlüsse sind unabänderlich. — Und könntet ihr noch länger einen Zweifel in meine Aussage setzen, so forschet nach der Tochter des Pächters in dem drey Meilen von hier gegen Westen entlegenen Dorfe, die um das schändliche Geheimniß wußte, und meiner Versicherung den Stämpel der Wahrheit aufdrücken wird.

Hierauf dankte Faust und Mephistophiles für die gefällige Aufnahme, trösteten den edlen Greisen über den erlittenen Unfall, und entfernten sich.

Bald zeigte es sich auch, daß der Fremde die Wahrheit gesprochen hatte; denn der unglückliche Vater ließ die Tochter des Pächters zu sich bescheiden, welche die ganze Geschichte des geheimen Umganges mit seinem Sohne, und den mörderischen Anschlag auf sein Leben entdeckte.

Fünfzehnter Abschnitt.

Faust in Paris. Seine Bekanntschaft mit einem reichen Geizhals daselbst.

In etlichen Tagen langte Faust mit seinem Gefolge in Paris an. Die ungeheure Stadt, die er jetzt zum erstenmahl sah, die wimmelnde Menge von Menschen, die beständige Abwechslung und Mannigfaltigkeit der Gegenstände wirkten auf seinen

Geist so mächtig, daß er bald der letzten tragischen Scene vergaß, und sich dem Genuße überließ. Unter den vielen Freundschaften, die Faust in dieser Stadt mit Guten und Bösen, mit Armen und Reichen, mit Mädchen und Weibern errichtete, machte er auch mit einem verständigen, rechtschaffenen Edelmanne Bekanntschaft, dem er nebst Mephistophiles sowohl gefiel, daß er sie auf sein Landgut, nahe bey der Stadt, einlud, wo er mit seiner Familie lebte, die aus seiner Gemahlinn und seiner sehr schönen sechzehnjährigen Tochter bestand. Faust wurde von dem ersten Blick des reizenden unschuldigen Mädchens bezaubert, und fühlte zum ersten Mahl etwas von den süßen Qualen einer feinern Liebe. Er vertraute dem Teufel seine Pein, und dieser, der das Böse so gern beförderte, als Faust es that, both ihm seine Hülfe an, und spottete seiner Ziererey. Faust aber, der auf einmahl edel zu fühlen glaubte, gestand ihm, es ginge ihm nahe, dem Edelmanne seine Gastfreundschaft so schlecht zu vergelten.

Mephistophiles lachte seiner Bedenklichkeit noch mehr, und antwortete: Nun, wenn du die Einwilligung des Edelmannes zu dem Spasse brauchst, so ist mir's um so lieber; denn ich fange auf einen Zug zwey Vögel. Für was hältst du ihn?

Faust. Für einen Biedermann.

Meph. Es ist doch Schade, Faust, daß du bey dem Seher in N. nicht ein wenig in die Schule gegangen bist. Du hältst also diesen Edelmann für einen biedern Gesellen? freylich denkt es ganz Paris von ihm, und leider muß ich nun wieder in meiner ganzen schwarzen Teufeley erscheinen — Was glaubst du, daß er vorzülich liebt?

Faust. Seine Tochter.

Meph. Ich kenne etwas, das er noch mehr liebt.

Faust. Das wäre?

Meph. Gold, wovon du freylich schon Beweise haben könntest, da dir aber die Schätze der Erde durch mich offen stehen, so gleichst du einem Strome, der sich ergießt, unbekümmert, woher die Gewässer ihm zufließen, und wohin er sie ausstößt. Wieviel hast du schon an den Edelmann verspielt?

Faust. Das berechne der, welcher den Plunder für mehr hält als ich!

Meph. Er, der dich betrogen hat, zählt es sorgfältiger, als ich!

Faust. Betrogen?

Meph. Wie anders? Würde er, der nie gespielt hat, sonst mit dir spielen? Er sah, was dir das Gold ist, und machte seinen sichern Plan darauf. — Glaubst du, die Tafel würde so gut bestellt seyn, die Weine so reichlich fließen, und die Gäste, seine Gehilfen, dich zu rupfen, so zahlreich um den Tisch dieses Geitzigen sitzen, wenn dein Gold nicht dieses Wunder wirkte? Faust! In diesem Hause aß man sich vor unserem Hierseyn nie satt. — Ich sehe an deiner Verwunderung, daß du dein Lebenlang ein Verschwender warst, und von diesem Durst nach Golde, der alle Wünsche des Herzens, selbst die nöthigen Bedürfnisse der Natur besiegt, keine Ahnung hast. — Folge mir leise!

Sie gingen die Treppe hinunter, durchschlichen einige unterirrdische Gänge, und kamen endlich an eine eiserne Thüre, wo der Teufel zu Fausten sagte: »Sieh durch das Schlüsselloch!«

In diesem Gewölbe, das der schwache Schein einer Lampe erleuchtete, entdeckte Faust den Edelmann vor einem eisernen Kasten, in welchem viele Säcke mit Geld lagen, welche dieser mit zärtlichen Augen ansah, und hierauf in einen leeren, das Gold Stück für Stück zählte, das er Fausten abgenommen hatte. Vorher aber besah er jedes Stück, wog es in der Hand, küßte es, rechnete zusammen, überzählte mit vielem Genuße den ganzen Schatz, seufzte am Ende beklommen über das, was ihm noch mangelte, die Zahl rund zu machen. — Der Teufel lispelte Fausten ins Ohr: „Um das Fehlende erbeutest du seine Tochter.“

Faust. Ich zweifle nicht länger. Aber auf welche Art glaubst du, daß die Sache am schicklichsten einzuleiten wäre?

Meph. Ich will mich mit dem Elenden an den Spieltisch fesseln, verschwenderisch an ihn verlieren, und ihm mit Gold die Augen so dicht verkleistern, daß nicht der schwächste Strahl der Gefahr, worin sich seine Tochter befindet, durchzudringen vermag. Indeß schleichst du dich zu den Mädchen auf die Kammer, suchest die flatternde Taube zu kirren, und für das übrige laß die Gelegenheit sorgen!

Pünctlich benahm sich Faust nach dem Rathe des Teufels, das Mädchen war in der ersten Blühte der Jugend, und da es ihr an Erfahrung und Menschenkenntniß mangelte, so war es Fausten, als einem Eingeweihten in der Kunst zu verführen, sehr leicht, das arglose Herz der Unschuld zu berücken.

Während dieser Scene warf Mephistophiles dem Geitzhalse das Gold mit vollen Händen am Spieltische zu, und als er mit dem gewonnenen Gelde die abgehende Zahl in seinem Schatze runden zu können glaubte, schraubte er sich unter einem erdichteten Vorwande eines dringenden Geschäftes von dem Teufel, und schlich mit dem Goldsack und einer Lampe heimlich nach seinem jedermann unbekannten Gewölbe. Das Herz klopfte ihm vor Freude, einen neuen Sack füllen und endlich die Summe seines Schatzes vollzählig machen zu können.

Aus Furcht belauscht zu werden, und im Taumel der Freude schlug er die Thüre hinter sich hastig zu, ohne den Schlüssel abgezogen und zu sich gesteckt zu haben. Die Lampe verlosch von dem heftigen Schlage der Thüre, und er sah sich auf einmahl mit seinem Golde auf dem Arm in dicker Finsterniß. Die Luft im Gewölbe war schwer und dumpfigt und drückte bald auf seine Brust. Nun ward er erst gewahr, daß er den Schlüssel außen gelassen hatte, und Todesangst schoß schrecklich durch sein Herz. Noch hatte er Kraft und Instinct genug, seinen Kasten zu finden, er legte das Gold hinein, kroch tappend zur Thüre zurück, und überlegte, ob er klopfen oder schreyen sollte. Es entstand ein peinlicher Kampf in seiner Seele, er war in Gefahr, sein Geheimniß zu verrathen, oder aus dieser Gruft sein Grab zu machen. Lange hätte er rufen mögen, dieses Gewölb war aber mit dem bewohnten Theil des Hauses ohne alle Verbindung, und er wußte die Zeit so gut zu wählen, daß ihm bisher noch Niemand bemerkt hatte, wenn er zu seinem Götzen schlich. Nachdem er lange gekämpft hatte, ohne sich entschließen zu können, nahm das Bangen seines Herzens, die schrecklichen Vorstellungen, und die schwere verschlossne Luft so zu, daß es sein Gehirn verwirrte. Er sank nieder und kroch zu seinen Kasten zurück, und fing bald an zu wüthen. Hier kämpfte er mit der Verzweiflung und dem scheußlichsten Tode. Nach einigen Tagen, da man schon alle Winkel vergebens durchsucht hatte, führte der Zufall einen Diener nach dem Gewölbe. Man öffnete es, und fand den Verzweifelten blau und schwarz in der abscheulichsten Verzerrung auf seinem Schatze. Er hatte in der Wuth das Fleisch von seinen Armen gefressen, um den wilden Hunger zu stillen. Man gab ihm ein Grab und Faust und Mephistophiles flogen nach Paris zurück.

Sechzehnter Abschnitt.

Ein Bösewicht ohne Beyspiel.

Mephistophiles hatte Faustens Seele nun eine Stimmung gegeben; in die er ihn zu versetzen sich lange betrogen fand. Es lag ihm alles daran, ihn darin zu erhalten, um ihn zum Ziele zu fördern, und der lästigen Bürde los zu werden, der verächtliche Sclave eines elenden Erdenwurmes zu seyn.

Er hatte ausgespäht, daß das Gericht über einen Fall das Urtheil sprechen würde, der so unerhört war, und die Menschheit so sehr beschämte, daß er es schicklich für seinen Plan hielt, Fausten zum Zuhörer davon zu machen.

Die Sache war diese.

Ein Wundarzt befand sich in der Nacht mit seinem treuen Diener unweit Paris auf der Landstraße. Er hörte in der Nähe das Winseln und Aechzen eines Menschen. Sein Herz zog ihn nach dem Orte hin, wo er einen lebendig geräderten Mörder antraf, der ihn um Gottes Willen bath, ihn zu tödten. Der Wundarzt schauderte zurück, und als er sich von seinem Schrecken erhohlt hatte, fuhr der Gedanke durch seinen Sinn, ob es nicht möglich sey, diesen Unglücklichen durch seine Kunst wieder herzustellen.

Er sprach mit seinem Diener, nahm den Mörder von dem Rade herunter, legte ihn sanft auf seinen Wagen, führte ihn nach seiner Wohnung, und unternahm seine Heilung die glücklich von statten ging. Er hatte erfahren, daß das Gericht hundert Louisd'or zur Belohnung ausgesetzt hätte, der es anzeigen würde, wer diesen Mörder vom Rade genommen habe. Beym Abschiede entdeckte er dem Mörder dieses, gab ihm Geld zur Reise, und rieth ihm, sich ja nicht in Paris aufzuhalten. Das erste, was dieser Elende that, war hinzugehen, seinen Wohthäter bey dem Gerichte anzugeben, um die hundert Louisd'or zu erhalten. Die Wangen der Richter wurden bleich bey dieser Anzeige, denn er gestand gerade zu, er selbst sey jener, den das Gericht auf der Stelle, wo er das Verbrechen begangen, hätte rädern lassen. Der Wundarzt wurde vorgefordert, und der Teufel führte Fausten in diesem Augenblick in die Gallerie, da dieser erschien, ohne ihm vorher etwas von dem Vorfalle zu sagen. Das Gericht meldete dem Wundarzte die gegen ihn vorhandene Anklage. Er, der seines Dieners gewiß war, läugnete sie standhaft. Man bedeutete ihm sich zu bedenken, weil man Zeugen hätte, die ihn überführen würden. Er forderte die Richter dazu auf. Man öffnete eine Seitenthüre, der Bösewicht trat frech und kalt herein, stellte sich vor ihn, und wiederholte seine Anzeige mit allen Umständen. „Der Wundarzt schrie: Was hat dich Ungeheuer, zu diesem scheußlichen Laster des Undankes gereitzt?

Mörder. Die hundert Louisd'or, wovon ihr sagtet, da ihr mich entließet. Glaubt ihr, daß mir mit meinen gesunden Gliedern allein gedient sey. Ich ward für einen Mord gerädert, den ich um dreyßig Louisd'or beging, soll ich nicht hundert durch eine Anzeige zu verdienen suchen, wobey ich selbst nichts wage?

Wundarzt. Scheusal der Menschheit! Dein Winseln und Aechzen rührte mein Herz. Ich nahm dich schauernd vom Rade, besorgte, verband und heilte deine Wunden, nährte dich mit eigener Hand, so lange du deine zerschlagenen Glieder nicht brauchen konntest, gab dir Geld, das du noch nicht verzehrt haben kannst, um heim zu reisen, offenbarte dir, um deiner Sicherheit willen, die Bekanntmachung des Gerichtes, und hättest du mir dein teuflisches Vorhaben vertraut, ich wollte eher alles, bis auf mein Hemd, verkauft haben, dir die hundert Louisd'or auszuzahlen, damit der Menschheit dieses abscheuliche Beyspiel von Undank ewig ein Geheimniß geblieben wäre. — Ihr Herren richtet zwischen mir und diesem Bösewicht, ich erkenne mich der Anklage schuldig.

Präsident. Ihr habt die Gerechtigkeit gröblich beleidigt, da ihr den zu erhalten suchtet, den das Gesetz um der Sicherheit der Bürger willen, verdammt hat — doch dießmahl soll die strenge Gerechtigkeit schweigen, und die Menschheit allein zu Gerichte sitzen. — Euch sollen die hundert Louisd'or ausgezahlt, und der Mörder noch einmahl gerädert werden.

Faust, der während des Verhörs schnaubte und glühte, brach in ein schallendes Bravo aus, daß die Gallerie davon widerhallte.

Der Teufel, welcher merkte, daß der letzte Eindruck den ersten verwischen wollte, führte ihn schnell zu einer andern Scene.

Siebzehnter Abschnitt.

Faust, als Augenzeuge anatomischer Versuche.

Einige Philosophen, Naturkundiger und Aerzte hatten eine Gesellschaft geschlossen, Untersuchungen über den Bau des menschlichen Körpers, und der Wirkung der Seele auf den Körper, anzustellen. Um ihrer Neugierde und ihrem Forschungsgeiste Genüge zu leisten, lockten sie unter allerley Vorwand arme, unbedeutende Menschen nach einem, von der Stadt abgelegenen Hause, dessen obern Theil sie so eingerichtet hatten, daß man weder von außen, noch von innen wahrnehmen konnte, was darin vorging.

Hier banden sie diese Unglücklichen mit Stricken auf einem langen Tisch, legten ihnen ein Querholz in den Mund, lösten ihnen eine Haut nach der andern ab, entblößten ihre Muskeln, Nerven, ihr Herz und Gehirn, und zerlegten sie bey lebendigem Leibe mit eben der Kälte und Aufmerksamkeit, mit der man einen entseelten unempfindlichen Leichnam zergliedert. Um recht hinter das, was sie suchten, zu kommen, nährten sie diese Elenden mit stärkenden Brühen, und ließen sie viele Tage lang unter Messerschnitten und langsamen Zerreißen der Bande des Lebens, des peinlichsten Todes hinsterben.

Der Teufel wußte, daß sie eben versammelt waren, und sagte zu Fausten: »Du hast einen Wundarzt gesehen, der aus Menschenliebe, oder Neigung für seine Wissenschaft, den geräderten Mörder heilte, ich will dir nun Naturkundiger zeigen, die um Geheimnisse zu erforschen, welche sie nie ergründen werden, ihre Brüder lebendig schinden.«

»Du scheinst daran zu zweifeln? Komm, und überzeuge dich! Wir wollen zwey Philosophen vorstellen.«

Er führte ihn in das entlegene Haus, sie traten in das gewölbte Arbeitszimmer, das kein Tageslicht erleuchtete. Hier sahen sie die Naturkündiger einen dieser Unglücklichen, dessen Fleisch unter ihren Händen zitterte, und dessen aufgerissene Brust unter den peinlichsten Schmerzen sich hob, zerschneiden, und hörten sie über ihre Entdeckungen reden und streiten, als wenn sie eine Blume zerlegten. Sie waren mit ihrem Gegenstand so beschäftigt, daß sie Fausten und Mephistophiles nicht einmahl wahrnahmen. Faust fühlte Zuckungen in all seinen Nerven; er stürzte hinaus, schlug sich vor die Stirne, und geboth dem Teufel, das Haus über die Köpfe dieser Ungeheuer zusammen zu werfen, daß ihre Spur von der Erde vertilgt würde.

Meph. Faust! Warum rasest du? Fühlst du denn nicht, daß du eben auf die Weise in der sittlichen Welt verfährst, wie diese in der physischen? Sie schneiden in das Fleisch der Lebenden, und du wüthest durch meine zerstörende Hand in der ganzen Schöpfung.

Faust. Verworfener! Denkst du, mein Herz sey schon Stein geworden? Gefällt dir das Metzeln dieser Unglücklichen? — Auf! Ich kann die Raserey, die in meiner Brust und in meinem Gehirne glüht, nur durch Rache kühlen. Mein ganzes Wesen löset sich bey der Vorstellung des Leidens dieser Unglücklichen auf. Die Qualen des ganzen Menschengeschlechtes überfallen mich in diesem Augenblick. O! ich fühle, daß es Unsinn ist, da ich ihre Thränen nicht trocknen, ihre Wunden nicht heilen kann, aber rächen will ich sie an diesen Barbaren. — Auf, Zerstöre, und zwar schnell, daß nicht einer übrig bleibe. Eile, oder ich wüthe meinen Zorn an dir aus!

Meph. Wie? Wenn ich dir beweise, daß dein Befehl schnurstraks der Polizey der Hölle entgegen läuft? Warum soll ich den Grausamkeiten ein Ende machen, die ich sie vermöge meiner Natur zu befördern und zu vervielfältigen suchen sollte.

Faust. Noch bin ich kein Bewohner der Hölle, noch umgibt körperliche Hülle meinen Geist, und so lange diese nicht in Staub zerfallen ist, werde ich nicht aufhören, den Gefühlen meines Herzens zu gehorchen. — Auf! Mephistophiles! Vollziehe, was ich gebiethe. — Oder denkst du nicht mehr an den Felsenklumpen in Böhmen?

Kalter Schauer überlief bey dieser Erinnerung den Teufel, er entfernte sich schweigend, erschütterte den Grund des Gebäudes, es stürzte krachend zusammen, und zerschmetterte die Ungeheuer.

Achtzehnter Abschnitt.

Faust in England.

Ungeachtet des beständigen Vergnügens, das sich Fausten in Paris in all seinen reizenden und lachenden Gestalten darboth, ungeachtet der Zerstreuungen und des mannigfaltigsten Zeitvertreibes, den er in dem Umgange mit gelehrten Männern, und in der Gesellschaft reizender und geistreicher Damen fand, schien Frankreich doch kein Land zu seyn, worin es ihm lange behagen konnte. Er geboth daher dem Teufel, ihn nach England zu führen, wo er das zu finden hoffte, was er auf all seinen Reisen vergebens gesucht hatte. — Aufschlüsse seiner Zweifel. Von Paris bis nach Calais ging die Reise zu Pferde, und als sich eben bey ihrer Ankunft daselbst ein frischer Wind erhob, segelten sie ungesäumt über den Canal nach Dover, wo sie in einem berühmten Gasthofe einkehrten und etliche Tage rasteten.

Während dieser Zeit machte Faust den Plan, sich zuvor in dem Inneren des Landes einige Wochen umzusehen, sich mit der natürlichen Beschaffenheit des Bodens, seinen Producten, und dem Charakter seiner Bewohner bekannt zu machen, und dann erst nach London zu reisen. Mit Anbruch des Morgens ward dieser Entwurf auch sogleich ausgeführt.

Faust mochte mit Mephistophiles ungefähr einige Meilen durch die anmuthigsten Gegenden geritten seyn, da zog sich ein fürchterliches Gewitter am Horizonte zusammen, Blitze erhellten die schwarzen Wolken, der Donner rollte von Ferne, der Sturm sauste, und ein Platzregen begann in großen Tropfen herabzustürzen. Da gewahrten unsere Reisenden in einem nahen Thale ein Landhaus, und jagten darauf zu.

Neunzehnter Abschnitt.

Der Bräutigam ohne Braut.

In diesem Hause, welches einem alten Obristen gehörte, der für den Dienst seines Vaterlandes Narben gesammelt hatte, wurde Faust und Mephistophiles sehr freundlich aufgenommen. Der graue Krieger schien über ihre Ankunft besonders entzückt zu seyn, da eben heut das Hochzeitfest seiner einzigen Tochter sollte gefeyert werden. Braut und Bräutigam wurden daher sogleich den vornehmen Reisenden vorgestellt; und so sehr die Braut den Beyfall der Fremden erhielt, so wenig wollte ihnen der Bräutigam gefallen; denn Mephistophiles drang bey dem ersten Blick dem Schalk ins Herz, und Faust hatte sich als Physiognomist schon so oft verrechnet, daß er auch in den Gesichtszügen des rechtschaffensten Mannes einen Heuchler und Betrüger fand. Als sich das Brautpaar entfernt hatte, theilten sie ihre Zweifel in Betreff des Brautwerbers dem alten Obristen mit; und riethen ihm denselben zuvor auf eine Probe zu stellen, und ihm dann erst, wenn er darin bestünde, seine Tochter zum Weibe zu geben. Der edle Greis willigte mit Freuden in ihren Vorschlag, und sogleich ward einem Bedienten der geheime Befehl ertheilt, in entlehnter priesterlicher Kleidung, die Trauungsceremonie an dem Brautpaare zu verrichten.

Alles wurde pünctlich befolgt.

Hier ist eine kleine Schilderung von diesem Abenteurer!

»Ein junger Engländer war durch Spielen, Liebschaften, Trinkgelage und andere Ausschweifungen mit seinem väterlichen Erbe so weit herabgekommen, daß er fast die Stunde des Ausfluges der letzten Guinee berechnen konnte. Als er eines Abends ziemlich welk an Leib und Seele aus einer lockern Gesellschaft nach Hause kam, warf er zum erstenmahl einen Blick auf seine zerrütteten Finanzen, und konnte mit sich nicht einig werden, ob er sich dann, wenn der Brunn ganz erschöpft wäre, erhenken, oder in die Themse stürzen sollte. Doch indem er hin und her schwankte, kam er auf den klugen Einfall keines von beyden zu unternehmen, sondern sich durch eine reiche Heirath zu helfen."

„Mit diesem Gedanken ging er zu Bette, und im Traume gallopirten schon die schnellsten Wettrenner, hüpften schon die reitzendsten Nymphen bey ihm vorüber, die er künftig aus der Casse seiner Gemahlinn zu unterhalten gedachte. Den Morgen darauf nahm er seinen Plan in ernstere Ueberlegung und fand ihn ganz vortrefflich, bis auf den kleinen Umstand, daß er noch keine so fette Beute zu erobern wußte."

„In London, wo man den bunten Vogel an seinen Federn kannte, war nicht daran zu denken, er mußte also sein Netz an irgend einem andern Orte auswerfen. Nach kurzem Nachdenken fiel er auf einen alten Obristen (meine Leser kennen ihn bereits), der auf seinem Landgute vierzig Meilen von London lebte, sich um die Wüstlinge daselbst nicht bekümmerte, übrigens eine einzige Tochter hatte, und außerordentlich reich war. Bey dieser Familie ließ er sich durch einen Bekannten, dem er einen Theil von der Ausbeute versprach, empfehlen und vorstellen."

„Das Fräulein, auf welches er sein christliches Absehen gerichtet hatte, war ein steifes Landmädchen, mit runden, rothen Wangen, und vom Kopf bis zum Fuße mit der Garderobe der seligen Mama ausstaffirt. Verstand und Witz standen in engen Grenzen, ihre Antworten waren, Ja und Nein, alle übrigen liebenswürdigen weiblichen Eigenschaften lagen außer ihrem Kreise.“

„Diese Holzpuppe stach nun freylich gegen die schönen, witzigen, verbuhlten Creaturen, mit denen der Held dieser Geschichte sein Leben hingetändelt hatte, gewaltig ab, dennoch verrieth sich das Gefühl dieses Abstandes in keiner seiner Mienen. Seine Schmeicheley nannte vielmehr ihre Einfalt himmlische Unschuld, und ihre strotzenden Wangen verglich er mit vollen Rosen. Das Ende vom Liede war, daß er sich an den Vater wandte, und in bester Form um sie warb. Der Obriste, ein biederer Mann, der jeden Menschen nach seinem eigenen Maßstabe maß, und für so ehrlich und rechtschaffen hielt, als sich selbst, antwortete dem jungen Manne, daß, wenn er seine adelige Abkunft beweisen könne, und seine Tochter den Vorschlag genehmige, er dieser Verbindung nichts entgegen setzen würde. Nichts war leichter bewiesen, als sein Adel, und die Tochter sagte, wenn der liebe Papa will, so will ich auch, und auf diese Art sah sich der Brautwerber eher am Ziele, als er geglaubt hatte. Der edle Zug der Uneigennützigkeit, daß er sich noch nicht um die Mitgabe bekümmerte, gefiel dem Vater sowohl, daß er seinen Geburtstag, der in zwey Wochen fiel, zur Hochzeitfeyer seiner Tochter bestimmte. Faust und Mephistophiles waren, wie wir wissen, gerade an diesem Tage eingetroffen, und von hier aus wollen wir der Schlinge nachspähen, die auf ihren Rath der edlen und uneigennützigen Liebe des Bräutigams gelegt wurde.“

Nach der Trauung, die bekannter Maßen ein vermummter Hausbedienter verrichtete, machte der Oberste seinem Schwiegersohne die Mitgabe zu wissen, die nach unserm Gelde ungefähr hundert tausend Thaler betrug. Der Heuchler that, als wenn er gar nichts davon hören wollte, und vermaß sich hoch und theuer, daß er hieran noch nicht gedacht, sondern bloß auf die herrlichen Eigenschaften seiner Braut, die ihm lieber als alle Schätze der Welt wären, Rücksicht genommen habe. Man setzte sich hierauf zur Tafel, und der Hochzeitvater trieb und drängte, daß sie bald wieder aufgehoben wurde. Alsdann schlug er dem Brautpaar vor, diesen Nachmittag die Reise nach London anzutreten, und erboth sich, sie zu begleiten. Nach dem Wunsche des Bräutigams sollte die Reise bis Morgen verschoben werden, allein der Alte bestand auf seinem Kopfe, und versicherte, daß er besondere Ursachen dazu habe, und daß sich die Brautnacht in der Hauptstadt eben so gut feyern ließe, als hier.

Was war zu thun? Der Schwiegersohn mußte nachgeben.

Die Koffer wurden eingepackt, und die Mitgabe in Banknoten vor des Bräutigams Augen aufgezählt, und in einem Kästchen verwahrt. Dieses nahm der Oberste unter den Arm, und setzte sich so mit den jungen Leuten in den Wagen. Faust und Mephistophiles empfahlen sich, und ritten fort. Der Weg führte durch einen Wald, kaum war der alte Vater mit seinen Kindern darin, so sprengten zwey maskirte Reiter hervor, und hielten den Wagen an. Einer bewachte mit einem vorgehaltenen Dolche den Kutscher, der andere kam an den Schlag, und sagte freundlich: »Wir sind Glücksritter, und bitten uns die Mitgabe der Braut aus.« Die Herren im Wagen wollten sich setzen, aber der Räuber beharrte kaltblütig auf seiner Forderung. »Damit Sie aber doch sehen,« fuhr er gegen den Bräutigam fort, »daß wir höflich sind und zu leben wissen, so lassen wir Ihnen die Wahl. Geben Sie uns die Braut, oder das Geld! Uns ist das gleich viel.« — Sogleich neigte sich der Bräutigam aus dem Wagen zu dem Räuber herab, und flüsterte ihm, so leise als möglich, in das Ohr: »Nehmt die Braut!« — »Bruder!« rief der Räuber seinen Camaraden laut zu, »wir sollen die Braut nehmen.« — — — Bey diesen Worten packte der alte Krieger seinen Eidam bey der Brust, schüttelte ihn so mächtig, daß ihm Herz und Lungen hätten herausspringen mögen und sprach mit donnernder Stimme: »An der Braut liegt dir also nichts? — Bube! — Ha! So hat sich die Muthmaßung meiner Freunde an dir doch nicht betrogen, daß es dir nur um ihr Geld zu thun sey? — Gott sey Dank! daß mein Kind und meine Banknoten noch nicht in deinen Klauen sind! — Denn wisse, heuchlerischer Schurke! der Mann, der dich heut an meine Tochter traute, war einer meiner Hausbedienten; und diese Herren sind keine Straßenräuber, sondern meine Freunde, denen ich dich heut morgens vorstellte, die mir den Liebesdienst erwiesen, dich zu prüfen, weil sie tiefer in dein schalkhaftes Herz sahen, als ich. Da du nun so schlecht bestanden bist; sind wir geschiedene Leute.« Hiermit gab er ihm einen Stoß, daß er rücklings auf den Boden fiel, der Wagen lenkte um, Faust und Mephistophiles setzten sich hinein, und bald war die Gesellschaft wieder auf dem Schlosse, aus dem sie vor einigen Stunden abgereiset war. Der beschämte Heuchler schlich traurig nach London zurück, und hatte unter Weges die schönste Muße mit sich einig zu werden, ob er sich nun erhenken oder in die Themse stürzen sollte.

Zwanzigster Abschnitt.

Fausts Streifereyen in England.

Nachdem die Zeche im Gasthofe berichtigt war, brach Faust auf, und unternahm seinem Plane zu Folge noch einige Streifereyen im Innern des Landes vor. Er fand den Boden vortrefflich, reich an Producten mancher Art; und was ihm die Natur zu versagen schien, das wußte Industrie und Fleiß der Bewohner der Erde abzulocken. Vorzüglich gefiel ihm das Gerade und Offene im Charakter dieser Nation. Eine Bitte ward entweder sogleich bewilligt, oder abgeschlagen, eine Gefälligkeit erwiesen oder verweigert, je nachdem es die Umstände und Laune des Reichern heischte. Mit leerer Hoffnung ward niemand genährt, und Faust fand an diesem Zuge der Offenherzigkeit, auch im Verweigerungsfalle, noch immer eine Wohlthat, indem dabey der Dürftige neue Anstalten zu seiner Hülfe treffen kann, ohne sich mit der vergeblichen Erfüllung seines Wunsches länger zu quälen. Die schickliche Eintheilung der Zeit zu Geschäften und Erhohlungen, ihre frugale gesunde Nahrung, und das Ungekünstelte ihres Costums nahmen ihn so sehr für diese Insel ein, daß er im Augenblicke dieses süßen Rausches den Ruhm, ein Deutscher zu seyn, gern vertauscht hätte.

Jetzt führte sie ihr Weg über blumigte Wiesen gegen einen Berg, an dessen Fuße eine Hütte stand, um die fruchttragende Bäume gepflanzt waren; und da die Sonne nur noch die höchsten Gipfel der Berge beschien, sprach Faust zu Mephistophiles: »Laß uns hier unser Lager wählen, denn ich bin müde, und bedarf Ruhe.«

Meph. Wie es dir gefällt, mein Gebiether! Doch siehe! ein Mann sitzt dort am Bache; vermuthlich ist es der Eigenthümer dieser Hütte; laß uns zu ihm hingehen, vielleicht daß wir eine neue Mähr erfahren!

Sie gingen; der Zufriedene besserte seine Netze aus, und sang:

»Mein Hüttchen ist nur klein;
Doch scheinen Sonn' und Mond hinein!
Die Schwalbe nistet gern bey mir,
Denn kein Gezänke stört sie hier.
Mein Gärtchen ist nur klein;
Doch kehrt auch da der Frühling ein,
Und läßt gedeih'n was früh und spät
Mein liebes Weibchen pflanzt und sät!
Mein Kahn ist leicht und klein;
Doch bringt er Brot und Fische ein;
Kein Gram verfinstert mein Gesicht;
So viel hat mancher Reiche nicht!
Mein Glück dünkt euch nur klein;
O lerntet ihr genügsam seyn!
Bey Arbeit, Liebe und Gesang
Wird uns das Leben nicht zu lang!«

Faust. Was macht ihr, guter Freund?

Fischer. Ich bessre mein Netz aus!

Faust. Ihr scheint mit eurer Lage zufrieden zu seyn.

Fischer. Warum nicht? Ich habe was ich brauche; und unser Eins braucht wenig.

Faust. Aber euer Gewerbe ist doch gefährlich?

Fischer. Vor dem Wasser kann man sich besser in Acht nehmen als vor den Menschen.

Faust. Es kann eure Hütte wegspühlen, wenn der Bach austritt.

Fischer. Dann baue ich mir eine neue; der Schaden ist nicht groß.

Faust. Habt ihr ein Weib?

Fischer. Ja!

Faust. Und Kinder?

Fischer. Einen Jungen; er kann schon den Nahmen seines Vaters stammeln.

Faust. Ihr seyd also glücklich?

Fischer. Ja, denn ich bin zufrieden! Der Tag geht bey der Arbeit hin. Mein gutes Weib und mein Kind erwarten mich am Abend. Sie lieben mich, ich liebe sie, da trägt man leicht das Ungemach des Lebens, und ein froher Tag macht uns zehn bittere vergessen. Seht! da kömmt eben meine Betty!

Betty (einen Knaben auf dem Arm). Der Kleine ist hungrig!

Fischer (das Kind küssend). Seht, edle Herrn! dieses Kind hat die Augen seiner Mutter — und soll wohl auch ihr Herz erben!

Faust (gibt ihm Geld). Hier, guter Mann! Damit könnt ihr euch eine andere Hütte bauen, wenn das Wasser diese wegspühlt!

Fischer. Es soll aufgehoben seyn für meinen Kleinen, und sein erstes Gebeth soll für seinen Wohlthäter seyn!

Faust. Wollet ihr uns diese Nacht hindurch nicht einen Platz in eurer Hütte gönnen?

Fischer. Herzlich gern! Kommt!

Faust und Mephistophiles gingen mit dem Fischer nach der Hütte, ließen sich ihr ländisches Abendbrot schmecken, schliefen sanft bis an den Morgen, und setzten ihre Reise weiter fort.

Ein und zwanzigster Abschnitt.

Faust in London.

Fausts Neugierde London zu sehen, hatte den höchsten Grad erstiegen; er schmeichelte sich in ein Elisium zu kommen, und daselbst Wahrheit, Tugend und Weisheit im schönsten Bunde zu finden. — Auf den schnellsten Rennern langten sie auch in wenigen Stunden in dieser Hauptstadt an.

Allein wie bald sah er sich in dieser Meinung betrogen! Er fand hier, was er in allen großen und volkreichen Städten bisher gefunden hatte, ein buntes Gemisch von Tugend und Laster, von Mangel und Ueberfluß, von Unglauben und Schwärmerey, von Betrug und Ehrlichkeit, von Wahrheit und Heucheley, von Haß und Liebe, und, einige National-Hauptzüge abgerechnet, schien ihm das Volk eine Zusammensetzung mehrerer Nationen zu seyn; so verschieden war ihre Art zu denken und zu handeln. Freylich stießen ihm auch Männer auf, die von der allgemeinen Regel eine Ausnahme machten, und in einem vortheilhaften Lichte erschienen; allein das günstige Vorurtheil, das diese bey Fausten für die Nation erweckten, erstickte und verdrängte bald wieder der große Haufe des Pöbels. — Daß es in niedrigen Hütten auf dem Lande mehr Tugend, Menschenliebe, Gastfreyheit, Glück und Zufriedenheit gäbe, davon hatte er Beweise in Händen, und die täglichen Beobachtungen, die er über diese Wahrheit anzustellen so viele Gelegenheit hatte, überzeugten ihn immer mehr. Es war daher kein Wunder, daß er in diesem Wirrware seines erhabenen Zweckes vergaß, und mit vollen Händen seinem Götzen, dem sinnlichen Genusse des Lebens, wieder Weihrauch streute. An Gelegenheit zu allen nur sinnlichen Ausschweifungen gebrach es nicht; und da seine Guineen jede Unmöglichkeit möglich machten, so ward er in Lastern ein so großer Held, als er sich sonst durch seine edlen Handlungen berühmt, und um die Menschheit verdient gemacht hatte. Eine genaue Zergliederung seiner üppigen Lebensart in London gestattet der Raum dieser Legende nicht; ich will also nur noch zwey Anecdoten, welche die Chronik von ihm aufgezeichnet hat, meinen Lesern erzählen, und ihn sodann nach Italien reisen lassen.

Zwey und zwanzigster Abschnitt.

Faust rettet einen unglücklichen Kaufmann auf eine sonderbare Art.

Nichts Merkwürdiges war in London mehr zu sehen, das Faust in Gesellschaft seines Mephistophiles nicht schon in Augenschein genommen hatte. Er besaß von allen Seltenheiten der Stadt so tiefe und richtige Kenntnisse, daß er damit viele Eingeborne beschämt haben würde. Wie es denn meistens der Fall zu seyn pflegt, daß sich Fremde und Reisende immer mehr um die Denkwürdigkeiten eines Ortes bekümmern und umsehen, als die, welche daselbst geboren sind.

Eines Tages ging er mit Mephistophiles an den Ufern der Themse spatzieren. Die untergehende Sonne, und die geschäftigte Menge der Menschen auf Schiffen und Kähnen gewährten einen interessanten Anblick. Faust war in tiefen Gedanken; da ward er plötzlich durch einen Mann aus selben gestört, der vor seinen Augen ins Wasser sprang. Mephistophiles aber war, ohne Fausts Befehl abzuwarten, dem

Unglücklichen nachgesprungen, ergriff ihn beym Gewande, und im Nu stand er mit selbem wieder auf trocknem Boden.

Faust. (betroffen.) Was thatest du, Unglücklicher?

Der Unbekannte. Was du in meiner Lage gewiß auch gethan haben würdest! Ich wollte die Last abwerfen, die ich nicht länger tragen konnte.

Faust. Gab es kein anderes Mittel mehr, wodurch du dir dieselbe hättest erleichtern können?

Der Unbekannte. Keins — als den Tod! Denn so lange ich noch ein schwaches Reis hatte, an dem ich mich vorm Schiffbruche sichern konnte, ließ ich es nicht aus meinen Händen; aber heut ist mir auch dieß entrissen worden!

Faust. Rede deutlicher!

Der Unbekannte. Ich war ein angesehener Kaufmann in London, der weit und breit die vortheilhaftesten Geschäfte machte. Das Glück begünstigte alle meine Unternehmungen; nur in einem Stücke hat es seine Tücke an mir ausgelassen. Ich war Eigenthümer zweyer Häuser, wovon das eine vor kurzer Zeit durch das Einschlagen eines Wetterstrahles abbrannte, und in einen Aschenhaufen verwandelt wurde. Meine Frau, die bey diesem Unglücke, klug seyn, und ihre Wirthschaft auf einen sparsamern Fuß hätte setzen sollen, war leichtsinnig genug, ihrem Hange zum Aufwande und Putze um so freyer den Zügel schießen zu lassen. Lange blieb ich in dem Wahne, daß meine Wirthschaft auch nach meiner Vorschrift verwaltet würde: aber da einige meiner Schuldner zu zahlen aufhörten, und ich dadurch auch meine Gläubiger zu befriedigen verhindert wurde, suchte ich meiner Verlegenheit dadurch abzuhelfen, und befahl meine Haushaltung aufs klügste einzuschränken; doch wer fürs Kupfer geboren ist, kömmt nie zu Golde! Die Wahrheit dieses Sprichwortes erfuhr ich an mir. Da dem verschwenderischen Weibe die Summen, die ich ihr zur Bestreitung der häuslichen Ausgaben bey meiner Cassa anwies, nicht hinreichten, so veräußerte sie anfänglich die kostbarsten Hausgeräthe; ich hatte nicht die leiseste Ahnung davon, so sorgfältig verbarg die Heuchlerinn alles vor meinen Augen. Nach und nach gerieth die Unbesonnene unbarmherzigen Wucherern in die Hände, und diese setzten mir vollends das Messer an die Kehle. Ihre Verschwendung ward laut; ihre und meine Ehre zu retten, mußte ich ungeheure Summen zahlen. — Zwar befreyte mich der Himmel von dieser Hausplage, denn sie starb kürzlich an einem Schlagflusse; aber ich war bereits zu Grunde gerichtet. Meine Gläubiger witterten die Ebbe in meiner Casse, und drangen mit Ungestüm auf Befriedigung. Dazu war ich außer Stande; sie schlugen den kürzesten Weg ein, belangten mich bey Gerichte, drangen auf die Veräußerung meines Eigenthums; die Behörde willigte in ihr Gesuch, und vor einer Stunde jagten sie mich von meinem Hause, nachdem es ihnen gerichtlich als ihr wahres Eigenthum zugesagt war.

Faust. Du hättest dir Zahlungsfristen bedingen sollen, vielleicht daß sich deine Umstände wieder verbessert hätten.

Der Unbekannte. Ich drang darauf; ich flehte sogar darum; aber die Gefühllosen beharrten hartherzig auf ihrer Forderung (nach einer Pause). Nun bin ich ein elender Bettler — mit Spott und Schande beladen! — O hättest du mich lieber sterben lassen!

Faust sah Mephistophiles bedenklich an; der Teufel aber nickte ihm verstohlen zu, daß der Unbekannte die Wahrheit gesprochen hätte; und Faust fuhr fort: »Ich will das angefangene gute Werk an dir vollenden!« — Hierauf raunte er dem Teufel etwas in das Ohr, der sogleich vor ihren Augen wie das Licht vor der Finsterniß verschwand.

Zu dem unglücklichen Kaufmann aber sprach er: »Laß uns langsam nach dem Platze zurück gehen, wo dein Haus steht; ich will die Hartherzigkeit dieser gefühllosen Buben rächen.«

Langsam und mit schwerem Herzen schlich der Gerettete an Fausts Seite nach der Gegend seines Hauses. — Aber wie erstaunte er, als er es in lichterlohen Flammen stehen sah! Tausend Hände waren geschäftig, dem Feuer Einhalt zu thun — doch alle Mühe war vergebens, bis es zu einem Schutthaufen verbrannt war. Der Kaufmann rang bey diesem unvermutheten Anblicke die Hände; denn der Verlust desselben war zu neu und frisch, als daß er es als das Eigenthum seiner Feinde hätte betrachten können.

Als sich das Volk allmählig zerstreut hatte, führte Faust seinen neuen Freund nach seinem Gasthofe, woselbst sich auch bald Mephistophiles einfand, und ließ ihn reichlich mit Trank und Speise versehen, mit dem Bedeuten, er möchte sich ruhig zu Bette begeben, denn das traurige Schicksal würde durch seine Vermittlung eine bessere Wendung nehmen, als er gedächte.

Er hielt Wort, und führte des andern Tages den Kaufmann nach der Brandstätte seines ersten Hauses — aber kein Wort von der Verwunderung, von dem Staunen des überraschten Mannes, da er auf dem öden Platze ein solides Haus mit Pracht aufgebaut, und mit nöthigen Gewölbern und Magazinen eines Kaufmanns ausgerüstet da stehen sah! »Nimm Besitz von diesem Hause,« sprach Faust, »es ist dein Eigenthum! Deine Gläubiger haben sich mit dem was gestern abbrannte bezahlt gemacht, und also an dich nichts zu fordern. Deine Magazine sind alle mit Waaren angefüllt, und hier sind noch vier tausend Pfund Sterling, dir neuen Credit zu verschaffen; doch traue keinem Weibe mehr, oder sieh ihr wenigstens besser auf die Finger!«

Jeder denke sich, wie dem Kaufmanne zu Muthe war, als er seinem Wohlthäter danken wollte, und dieser verschwunden war!

Drey und zwanzigster Abschnitt.

Faust als Sieger bey einem Pferderennen.

Der Wirth des Gasthofes hinterbrachte Fausten die Nachricht, daß heute ein scharfes Wettrennen würde gehalten werden; und weil er diese Lieblingsunterhaltung der Engländer noch nie gesehen hatte, so beschloß er demselben beyzuwohnen, und einen Ritt zu wagen. Er sprach also zum Mephistophiles: »Du magst für einen schnellen Renner sorgen. Ich will mich mit den Britten messen, und sie überzeugen, daß auch Deutschland vortreffliche Meister in der Reitkunst habe!« In einigen Stunden kam der Wirth wieder, und bedeutete ihnen, daß es hoch Zeit zum Aufbruche wäre, wenn sie Zuschauer von diesem herrlichen Schauspiele seyn wollten. Sie dankten ihm für seine Sorgfalt, bestiegen ihre Pferde, und ritten nach dem bezeichneten Platze, wo sie eine ungeheure Menge des neugierigen Volkes versammelt fanden. Nach und nach trafen auch die Knappen mit ihren Rennern ein, die leicht, aber doch geschmackvoll und prächtig angeschirrt waren. Auch Faust traf seinen Knappen Pomon daselbst bereits an. Der Renner, den er hielt, war ein alter abgestandener magerer Hengst, der so traurig da stand, als wenn er alle Augenblicke zusammen stürzen wollte. Faust war bey diesem Anblicke hoch entrüstet, und verwies es dem Teufel in den heftigsten Ausdrücken, daß er ihm eine so ausgemergelte Mähre zu seinem Renner besorgt habe, und daß er seinen Ruhm dem Gelächter der zahlreichen Versammlung Preis geben wolle. Aber Mephistophiles versetzte kaltblütig, daß er sich zufrieden stellen möchte; dieser Hengst, so verächtlich er auch immer aussähe, würde die schnellsten und jüngsten Renner doch weit hinter sich zurück lassen, und es würde ihm nur zu größerer Ehre gereichen, wenn ein alter abgelebter Gaul die rüstigsten englischen Renner überträfe. Jetzt stellten die versammelten edlen Lords und Lady's die ansehnlichsten und verwegensten Wetten an; auch Faust trat in ihren Kreis, und both wohl Zwanzigen die seine an; aber alle schlugen sie aus, denn es hätte offenbar das Ansehen einer Prellerey gehabt, da sie das halbe Aas sahen. Nachdem die Gesetze von dem Herolde abgelesen waren, führten die Knappen ihre Renner in die Schranken, schwangen sich auf solche, und erwarteten mit Ungeduld das Zeichen zum Auslaufen. Die ganze Menge des Volkes brach in ein helltönendes Gelächter aus, als sie den traurigen Gaul erblickte, der noch über dieß schwer mit goldenem und silbernen Geschirre aufgeputzt war. Der Knappe blieb gelassen. — Indessen wurde das Zeichen zum Aufbruche gegeben, und zwey Knappen flogen mit solcher Behendigkeit dem Ziele zu, daß ihnen kaum das Auge der Zuseher folgen konnte. Jetzt traten zwey andere auf, und erregten noch mehr Verwunderung als die Ersten. Diesen folgte das dritte Paar, dem dritten das vierte, diesem das fünfte, bis endlich auch die Reihe an Fausts Knappen kam. Er stellte sich mit einem stolzen schnaubenden Hengste in die Reihe, und kaum war der letzte Buchstab zum Auslaufe von des Herolds Lippen geflossen, so begann der belachte und verachtete deutsche Gaul mit einer solchen Schnelligkeit auszuziehen, daß er schon am Ziele stand, ehe der feurige Britte die Hälfte des Weges zurück gelegt hatte. Alle Anwesenden standen da, als ob sie aus den Wolken gefallen wären. Nachdem die Betäubung vorüber war, wurde der Knappe zu einem zweyten Ritt mit einem frischen Renner aufgefodert, den er, wie den ersten, mit seiner Geschwindigkeit beschämte, und weit hinter sich ließ, und als er auch das drittemahl schnell wie ein Lichtstrahl ans Ziel flog, rief die ganze Versammlung wie mit einer Stimme: »Dem Eigenthümer dieses vortrefflichen Renners gebührt der Preis! Ihm allein gebührt der Sieg!«

Die Lords und Lady's drängten sich mit Ungestüm zu dem Wunderpferde, überhäuften es mit Lobsprüchen, streichelten und küßten es, und erwiesen ihm alle Ehre, welche den Siegern dieses Schauspiels gewöhnlich erzeigt wird.

Fausts Eitelkeit ward dadurch sehr geschmeichelt; ausgesöhnt mit seinem Mephistophiles, ritt er zufrieden nach dem Gasthofe zurück, und that nicht wenig stolz darauf, den übermüthigen Britten einen Lorber, wozu sie sich allein berechtigt glaubten, aus den Händen gewunden, und den Deutschen zugewandt zu haben.

Vier und zwanzigster Abschnitt.

Fausts Abreise in England, und Ankunft in Italien.

Gleich des andern Morgens gab Faust dem Teufel den Befehl ein Schiff zu miethen, um mit dem ersten günstigen Winde nach Italien segeln zu können. Er durfte nicht lange warten; denn kaum hatte Mephistophiles mit dem Schiffscapitän den nöthigen Vergleich getroffen, so erhob sich ein frischer Wind, unsere Caravane begab sich ungesäumt an Bord, und das Schiff stach in die weite See. Die Equipage desselben bestand außer Fausten und seinem Gefolge, aus zweyen Mädchen, die mit ihren Reitzen, wie Krämer mit ihren Waaren von einem Orte zum andern zu Markte zogen, aus einem unverschämten Schuldenmacher, der aus der Kings-Bench *) entwischt war, aus einem Verseschmiede, der aus Liebe zu seiner Muse sich beynahe zu Tode gesungen hatte, und aus einem Charlatan, der ein Specificum für alle nur erdenkliche Krankheiten, ja selbst ein Antidotum vor den Tod zu besitzen vorgab. Jeder meiner Leser wird leicht ermessen, daß Eintracht und Frieden in so einer Gesellschaft unmöglich war. Faust unterhielt sich in der Cajüte mit seinem Mephistophiles und dem Capitän, sie zechten wacker, spielten fleißig, und ließen den Letzten eine Parthie nach der andern die Guineen einstreichen. Dieß setzte ihn dann auch in eine so frohe Laune, daß er hoch und theuer versicherte, daß er noch keine so vergnügte Reise, als diese, gemacht hätte. Inzwischen ging es desto unruhiger auf dem Verdecke zu, die drey Abenteurer bestürmten die Nymphen mit ihrer Zärtlichkeit, der Schuldenmacher versprach ihnen für ihre Gunstbezeigungen die besten Wechsel an die ansehnlichsten Häuser in London auszustellen, der Verseschmied betheuerte ihre Reitze in Oden und Liedern zu verewigen, und der Charlatan gab ihnen die Versicherung, daß er sie mit einem Präservativ für alle Krankheiten, und einem vortrefflichen, bewährten

*) Ein Gefängniß für Schuldenmacher in London.

Arcanum für die Runzeln, versehen wolle. Die armen Mädchen waren unschlüssig, welchem von ihren Verehrern sie den Vorzug einräumen sollten; denn Geld, Schmeicheley, und ein probates Mittel für die Runzeln sind unentbehrliche Geräthe in der Garderobe solcher verworfenen Geschöpfe. Bey dieser Verlegenheit geriethen die zärtlichen Schäfer einander in die Haare, der Kampf ward so hitzig, daß Faust kein besseres Mittel wußte, ihr Feuer zu löschen, als sie in Thätigkeit und Arbeit zu versetzen. Dieserwegen geboth er dem Teufel einen heftigen Sturm zu erregen, und die Übermüthigen durch Ermüdung ihrer Kräfte zu Paaren zu treiben. — Es war das schönste, heiterste Wetter, aber plötzlich erhob sich aus Osten ein fürchterlicher Sturm, die schwarzen Wolken verwandelten den hellen Tag in finstere Nacht, der Donner fiel Schlag auf Schlag herab, die Wellen thürmten sich, gleich Bergen auf, und drohten jeden Augenblick das Schiff zu überschwemmen und in den Abgrund des Meeres zu schleudern. Durch dieses Mittel war die Ruhe sogleich hergestellt, jeder eilte an den angewiesenen Arbeitsplatz, und arbeitete aus allen Kräften dem bevorstehenden augenblicklichen Tode zu entfliehen. Der aus dem Gefängnisse Entwischte machte das Gelübd keinen Menschen mehr zu prellen, der Reimschmied die Muse nicht mehr zu nothzüchtigen, und sich sein Brot lieber durch Ackern und Pflügen zu erwerben, und der Besitzer der tiefen Geheimnisse gelobte seine Wunderessenze und Pulver ins Meer zu werfen, und in Zukunft als ein frommer Eremit von Wurzeln und Kräutern zu leben, wenn der Himmel nur noch dießmahl die nahe Gefahr des Todes von ihm abwenden sollte. Selbst die Mädchen, die den Stoff zum Zanke darbothen, gingen in sich, und ließen sich in der Folge, wie Fausts Chronik sagt, in ein Kloster aufnehmen, wo sie für die Sünden ihrer Jugend Buße wirkten. Bald folgte auch wieder heiteres Wetter, die Sonne erschien in neuer Pracht am Himmel, der Donner verstummte, das Meer ward ruhig, und in diesem Zustande langten die Reisenden wohlbehalten und glücklich in Venedig an.

Fünf und zwanzigster Abschnitt.

Faust in Venedig.

Auf den Rath des Mephistophiles kündigten sie sich als deutsche Edelleute an, die Venedigs Herrlichkeit nach Italien gezogen, ihr Staat, Gefolge und Aufwand aber ließ mehr hinter ihnen vermuthen.

Tänzer und Tänzerinnen, Advokaten, Matrosen, Kuppler und Kupplerinnen, Banditen, Negozianten, Wucherer, Charlatane und Pantalons drängten sich zu ihnen, und trugen ihnen ihre Dienste in dem Augenblicke an, als das Gerücht ihrer Ankunft, durch alle die Zünfte derer erschell, die das bequeme Handwerk ergriffen haben, von den Lastern und Thorheiten der Menschen zu leben. Jeder trug ihnen seine Dienste an, und mahlte seinen Eifer mit so feuriger Beredsamkeit, daß der von allen Seiten bestürmte Faust nicht wußte, wo er angreifen sollte.

Den Tag nach ihrer Ankunft erhielten sie eine Einladung von dem Doge der durchlauchtigsten Republik. Sie verfügten sich mit ihrem Gefolge in dem größten Staate nach seinem Pallaste, und nachdem die äußere Ceremonie vorüber war, ließ er sie in seine innern Zimmer bitten, wo er sie aufs prächtigste bewirthete.

Ihr Aufenthalt in dieser Stadt schien eine Kette

von Festen zu seyn. Heute waren sie bey diesem, morgen bey jenem Nobili zu Gaste geladen. Diesen Abend erwartete sie das Spiel, den andern eine Maskerade. Spazierfahrten auf der See wechselten mit Erholungen im Theater, oder in Gemäldegallerien und Kunstcabinetten ab. Nirgends, wo Faust sich bereits aufgehalten hatte, war man für die Mannigfaltigkeit seines Vergnügens und seiner Unterhaltung so besorgt gewesen, als hier. Diese Geschäftigkeit, obschon sie größten Theils Eigennutz zum Grunde hatte, erregte ein so günstiges Vorurtheil für diese Nation in ihm, daß er länger daselbst verweilte, als es in seinem Plane war. Da das Fest der Vermählung des Doge mit dem adriatischen Meere bald herannahte, so beschlossen sie sich so lange in Venedig aufzuhalten, um dieser großen Feyerlichkeit beyzuwohnen.

Während dieses Zwischenraums vertrieb sich Faust bey schönen Dirnen und Weibern, bey Trinkgelagen und an Pharobänken die lange Weile und Mephistophiles lachte, da er sich dem Ende seiner Erdenwanderung so nahe sah. Mit höllischer Schadenfreude häufte er Gelegenheit auf Gelegenheit zu Ausschweifungen, weidete sich mit wildem Vergnügen an dem Wurme, der an seinem Herzen im Stillen nagte, und den er durch die wildesten Genüsse zu betäuben suchte. Er schleppte ihm die Schätze der Erde, Gold und Kleinodien zusammen, und der unbesonnene Faust wüthete wie ein Wolf, der alles ohne Schonung zerreißt, seinen Heißhunger zu stillen.

Die Sünde der Wollust hatte seine Sinne so vergiftet, und seine edlen Gefühle so verdrängt, daß bald Menschenhaß und Menschenverachtung an ihre Stelle traten, und der Teufel unterließ nicht, ihn darin zu bestärken, und ihn zu versichern, daß diese Empfindung die einzige sey, welche den Mann von

Verstande von dem Dummkopfe unterscheidet. War er von dem Rausche der Sünde manchmahl nüchtern geworden; so kam ihm die Welt wie ein stürmisches Meer vor, auf welches das Menschengeschlecht geworfen ist, von dem Winde hin und her getrieben; der diesen an einen Felsen zerschmettert, den andern in einen Hafen jagt, und wo der Verunglückte noch dafür verantworten muß, daß er sein Steuer nicht besser geführt, ob man ihm gleich eines aus so schwachem Stoffe gegeben, das sich an jeder einherrauschenden Welle zerbricht.

Sechs und zwanzigster Abschnitt.

Die Vermählung der Doge von Venedig mit dem adriatischen Meere.

Endlich erschien die Zeit des hohen Festes, an dem der Doge der durchlauchtigsten Republik mit dem adriatischen Meere sollte vermählt werden. Vornehme Fremde aus allen Gegenden und Ländern strömmten in unzähliger Menge heran, um sich einst rühmen zu können, Zuschauer dieser seltenen und gepriesenen Feyerlichkeit gewesen zu seyn.

An dem bestimmten Tage begab sich Faust in Gesellschaft einiger bekannten Damen an einen Platz, wo sie die ganze Ceremonie genau und ungestört in Augenschein nehmen konnten. *) Ganz Venedig schien in Freude und Vergnügen zu schwimmen. Fausts Herz schwoll bey diesem Anblick in seinem Busen, er

*) Eine umständliche Beschreibung dieses Nationalfestes würde mein Buch nur vergrößern. Das bekannte und vortreffliche Werk, England und Italien, enthält eine pünctliche Schilderung desselben, auf das ich meine wißbegierigen Leser verweise.

wußte nicht, ob er die Menge oder die sichtbare Freude der Anwesenden bewundern sollte. Tausend Gondeln kreuzten auf dem Meere geschäftig hin und her, allenthalben ertönte Musik, und die süßen Empfindungen der Zuschauer äußerten sich überall in frohen Liedern und Gesängen. Auf einer prächtig geschmückten und mit den kostbarsten Tapeten behangenen großen Gondel, welche von zwölf reich gekleideten Ruderern geführt wurde, erschien endlich der Doge, ein Greis von 70 Jahren, in feyerlichstem Pompe. Seine Miene zwang jedem der Anwesenden Ehrfurcht, und das Ungewöhnliche und die Pracht seiner Kleidung Bewunderung und Staunen ab. Neben und hinter ihm fuhren die übrigen Glieder des Senates im festlichen Costum auf kleinern mit reichen Stoffen bedeckten Gondeln. Trompeten und Pauken ließen sich von allen Seiten hören, und nachdem der ehrwürdige Greis in feyerlichem Tone und mit lauter Stimme die dabey gewöhnliche Vermählungsformel gesprochen hatte, zog er einen goldenen Ring vom Finger, und warf ihn ins Meer.

Wie der Blitz fuhren die Taucher aus ihren Kähnen unter das Wasser, den hineingeworfenen Ring von dem Boden des Meeres zu holen. Trompeten und Pauken erschollen vom neuem, in die sich das lärmende Freudengeschrey der Anwesenden mischte. Faust konnte sich von der Überraschung lange nicht erholen; denn die noch nie gesehene Pracht, das Erhabene und Seltsame dieses Schauspiels hatte so tiefen Eindruck auf seinen Geist gemacht, und sein Herz so heftig erschüttert, daß ihn die Damen nur mit vieler Mühe aus dem süßen Traume aufstören konnten. Jedermann eilte nun nach Hause, und überließ sich dem Vergnügen und der Freude. Auch Faust nahm daran Theil, er war von einem Nobili zu einem prächtigen Schmause geladen, und nachdem man bis in die halbe Nacht geschwelgt und gepraßt hatte, stand man auf, und begab sich in verschiedenen Masken auf den Markusplatz. Hier trennte sich die Gesellschaft, und jeder suchte sich ein Abenteuer nach seinem Geschmacke. Daß Faust bey dieser Gelegenheit auch das Seinige wird bestanden haben, dieß werden meine Leser ohne meinen Wink errathen.

Sieben und zwanzigster Abschnitt.

Faust verläßt Venedig und kömmt in Rom an.

In einigen Tagen verließ Faust mit seinen Teufeln Venedig, und weil er Rom noch nie gesehen, so ging seine Reise gerade dahin. Der Anblick dieser ehemahligen Königinn der Welt, und ihrer Ruinen, auf welchen noch der mächtige Geist der alten Römer zu schweben schien, überraschte ihn, und weil er mit ihrer Geschichte ziemlich bekannt war, so erhob sich seine Seele bey der lebhaften Erinnerung und Vorstellung dieses größten Volkes der Erde. Unter dem Nahmen deutscher Künstler, die gekommen wären, die Ueberbleibsel und Meisterstücke der Kunst zu studieren, stiegen sie in einem Gasthofe ab. Faust bekümmerte sich nicht im geringsten um Roms damahlige Verfassung, Sitten und Gebräuche, sondern lebte stille und ging jeden Tag in Begleitung seines Mephistophiles aus, die ehrwürdigen Reste der Kunst, der Größe und des Alterthums aufzusuchen.

Der Platz, wo vormahls das Capitolium stand, und wo das Schicksal ganzer Völker so oft entschieden wurde, erfüllte seine Seele mit einem heiligen Schauer. Die Ueberbleibsel der Bäder, der Landstraßen, der unterirdischen Canäle, erweiterten die hohen Begriffe, die er von dieser reichen, kühnen und unternehmenden Nation hatte, denn alles zeigte von ihrem Reichthume und großen Geiste, durch welche diese unsterblichen Werke entstanden. Er sah die majestätische Tieber daher fließen, mit Wehmuth kehrte er in die Zeiten zurück, wo dieser Fluß so oft mehr vom Blute der Menschen, als vom Wasser angefüllt war. Die Ruinen der öffentlichen Gebäude, welche zum Vergnügen des Volkes bestimmt waren, als des Amphitheaters, des Circus, der Schaubühnen, und anderer Oerter, wo dem Genusse des Lebens so verschwenderisch geopfert wurde, erweckten in ihm die Erinnerung der Vergänglichkeit der kühnsten und erhabensten Werke, und der gewissen Hinfälligkeit aller irdischen Dinge. Mit Vergnügen weilte er einige Tage zu Tusculum, dem ehmahligen Landgute Cicero's, des größten Redners aller Nationen der Erde, wo der größte Theil seiner göttlichen Schriften in Gesellschaft der Weisheit und Tugend aus seiner Feder floß. Auch Horazens, seines Lieblingsdichters, ländlicher Sitz, und andere Gegenden, wo sich irgend eine große That zugetragen hatte, und die dadurch berühmt geworden waren, besuchte Faust fleißig. War die Witterung nicht günstig, so eröffneten ihm seine Goldstücke Säle und Gallerien, wo die geretteten Denkmähler der Kunst aufbewahrt wurden, an denen sich sein Geist nicht genug laben und erquicken konnte.

Als er seinen Plan ausgeführt, und Roms Seltenheiten alle gesehen hatte, saß er eines Abends auf seinem Zimmer und sprach zu Mephistophiles, daß er nichts heißer wünsche, als einen vollständigen Abriß von einem römischen Triumphe zu haben. Der Teufel entgegnete, daß er den Wunsch seines erhabenen Gebiethers sogleich erfüllen würde, und stellte eine magische Laterne auf den Tisch, in welche er ihn zu sehen bath. Faust gehorchte und blieb eine Weile ruhig, aber plötzlich fing sich sein Körper an convulsivisch zu bewegen, das größte, erhabenste, rührendste Schauspiel, das je gesehen wurde, hatte seine Seele so angegriffen, daß er einem Schlagflusse nahe war. Er sank an die Lehne des Stuhles zurück, und der Teufel machte der Gaukeley ein Ende.

Acht und zwanzigster Abschnitt.

Faust besteigt in Neapel den feuerspeyenden Berg Vesuv, und fährt zu dem Schlund desselben.

So stille Faust nach Rom gekommen war, so stille zog er auch von dannen. Das große Wunder der Natur, der feuerspeyende Berg Vesuv lag ihm im Sinne, diesen wollte er sehen, dieserwegen mußte ihn der Teufel schnell durch die Lüfte nach Neapel führen. So prächtig auch diese Stadt ist, so häufig sie auch von Fremden ihrer Merkwürdigkeiten wegen besucht wird, so wollte es Fausten daselbst nicht gefallen: denn die Menschen waren hier, wie aller Orts beschaffen, Sclaven ihrer Leidenschaften und Begierden, geitzig, gewinnsüchtig, üppig, verschwenderisch, und listig. Sie hingen in dieser warmen Zone so fest an Vorurtheilen und Lastern, wie im kalten Norden, keine Macht vermochte sie davon zu trennen.

Ekel und Ueberdruß begann ihn bey diesem beständigen Einerley anzugrinsen, da raffte er sich eines Morgens mißmuthig von seinem Lager auf, und sprach zu dem Teufel: „Laß uns nach dem Vesuv gehen, vielleicht daß ich in seinem glühenden Schlunde mehr Stoff zu einer gesunden Unterhaltung finde, als in dem bunten Gewimmel der geschwätzigen Thoren. Der Weg führte sie durch fruchtbare Getreidefelder, angenehme Weingärten und volkreiche Dörfer; endlich befanden sie sich am Fuße des Berges. Diesen zu ersteigen würde Zeit und Mühe gekostet haben, der Teufel mußte ein bequemes Fuhrwerk herbeyschaffen, und bald standen sie am kalen, unfruchtbaren Gipfel desselben. Schwarze, undurchdringliche Wolken fuhren aus der Mündung und erfüllten die Luft mit einem scheußlichen erstickenden Gestanke rund umher. Faust hatte nebst Mephistophiles eine geistreiche, unerschrockene Dame und zwey Cavaliere zu seiner Gesellschaft, und als sie über dieses unbegreifliche Wunder der Natur sich schier heiser geschrien hatten, sprach die Dame, daß diese Erscheinung den Philosophen ein ewiges Geheimniß bleiben würde, und daß man sich mit den wahrscheinlichsten Muthmaßungen begnügen müßte, weil eine Untersuchung der inneren Bestandtheile des Berges schlechterdings für Menschen unmöglich wäre. Vielleicht, fügte sie hinzu, wird die Natur nach Jahrtausenden ihren verschlossenen Schooß freygebiger enthüllen, und ihren Lieblingen das große Räthsel entziefern. Vielleicht — vielleicht auch nicht, entgegnete Faust, ich will mich diesen Augenblick in seinen Rachen stürzen, und sehen, wie es in dieser Vorkammer der Hölle zugeht. Die Cavaliere und die Dame hielten seine Rede anfänglich für einen lustigen Einfall, als sie aber sahen, daß er mit großen Schritten der dampfenden Oeffnung zueilte, schrien sie einstimmig: »Um Gottes Willen bleibt zurück, ihr seyd unwiederbringlich verloren.« — Allein Faust rief: »Pomon und Oron!« Und stieg wie auf einer bequemen Treppe in den Schlund des Berges hinab. — Alle rangen die Hände, und konnten den kühnen Schritt ihres Freundes nicht genug bewundern, der sich aus Liebe für eine Wissenschaft, wie ein zweyter Curtius aus Liebe für sein Vaterland in den Abgrund der Erde stürzte. Mephistophiles suchte sie zufrieden zu stellen, und bedeutete ihnen, daß Faust wohlbehalten und glücklich zurückkehren würde, und kaum war eine Stunde verflossen, so sahen sie zu ihrem größten Erstaunen ihn auch wieder unverletzt aus der Mündung heraussteigen; und ihn mit lachendem Gesichte auf sie zueilen. Der Dame überreichte er die größten und kostbarsten Diamanten, die zu einem vollständigen Schmucke gehörten, und Jedem der Cavaliere ein großes Stück gediegenen Goldes, und sprach, was ich im Abgrunde dieses Berges gesehen habe, für dieses große Geheimniß der Natur sind alle Sprachen zu arm, dringt nicht in mich, euch dieses zu erklären, all eure Mühe, all meine Versuche, euch zu willfahren, würden vergeblich seyn. Daß es übrigens im Schooße dieses Berges unermeßliche Reichthümer und Schätze gebe, davon werden euch die Kleinigkeiten, die ich in der Geschwindigkeit aufraffte, überzeugen, aber weislich schien die Natur den kühnen, unersättlichen Sterblichen den Eingang zu ihrem Heiligthume dieses Berges mit der schrecklichsten Strafe des Todes verlegt zu haben. Zwar besaß die Dame, wie ich zuvor gesagt habe, Geist und Verstand in einem hohen Grade, doch die prächtigen Diamanten hatten in diesem Augenblicke mehr Gewalt über sie, und die Cavaliere, so große und tiefe Forscher der Natur sie sonst waren, vergaßen über dem Anblicke des Klumpen Goldes sich um ihre Geheimnisse zu bekümmern In dieser Stimmung langte die Gesellschaft mit Anbruche der Nacht in Neapel an.

Neun und zwanzigster Abschnitt.

Faust in übler Laune.

So mißmüthig als Faust des Morgens von seinem Lager aufgestanden war, so unruhig warf er sich Abends auf dasselbe wieder. Er konnte nicht schlafen. Es verdroß ihn, daß er sich in seinen Gesellschaftern nach dem Vesuv wieder so betrogen sah, von deren vortrefflichen Eigenschaften er die günstigste Meinung gefaßt hatte. Menschenhaß, Menschenverachtung und Zweifel erwachten mit doppelter Wuth in seinem Herzen. Gleichgültigkeit gegen alles, was jetzt um ihn geschah, Murren über die Unzulänglichkeit und Beschränktheit seiner physischen und sittlichen Kräfte waren die Ernte seiner Erfahrung, der Gewinn seines Lebens. Aber noch weidete er sich an dem Gedanken, daß ihn das, was er gesehen, zu diesen widrigen Empfindungen berechtige. Noch schmeichelte er sich in seinem Wahne, seine Verirrungen seyen in der ungeheuren Masse der Greuel der Erde, wie ein Tropfen Wassers, der in den Ocean fällt. Der Teufel erlaubte ihm gern sich in diesem Traume zu wiegen, damit der Schlag, den er voraus sah, ihn so treffen möchte, daß er der Verzweiflung nicht entfliehen könnte. So glich nun Faust dem welterfahrnen Manne, der seinen Leidenschaften den Zügel gelassen, so lange seine Kräften dauerten, der das Gefühl der Natur in seinem Herzen aufgerieben, alles ohne Bedenken der Folgen für sich und andere genossen hat, und nun in Stumpfheit des Geistes und des Herzens, bitter in die Welt zurück blickt, das ganze Menschengeschlecht nach der schwarzen Erfahrung beurtheilt, die er gemacht hat, ohne nur einmahl zu bedenken, daß diese Erfahrung ihren Anstrich von unserm

Innern erhält, und sich hauptsächlich nach unserm eigenen Werthe bestimmt.

Nur das feige schlechte Herz wird schlechter durch Erfahrung, der Edle sieht die Laster und Verirrungen der Menschen bloß als Dissonanzen an, welche die Harmonie seiner Brust erhöhen, und ihm sein eigenes Glück fühlbarer machen.

Faust, der alle häusliche und innige Verbindung zerrissen hatte, in dem Laufe seines fernern Lebens keine mehr aufzufassen strebte, durch seine Zerrüttung und Denkart nun keiner mehr fähig war, starrte düster in die Welt und auf die Menschen, bis er von allgemeinen Betrachtungen auf sich geleitet, mit Schrecken vor seinem eigenen Bilde zurückfuhr. Er fing an zu überrechnen, was er durch sein gefährliches Wagestück gewonnen hätte, und da er dieses gegen seine ehemahligen Wünsche, Aussichten und Hoffnungen hielt, so sah er bald, daß die völlige Ausgleichung so ausfallen müßte, daß er sie nicht ertragen würde. Der Stolz, die Rolle, die er so kühn unternommen, seiner ehmahligen Kraft würdig auszuspielen, trat hervor, und der Gedanke, sich der Zahl der Memmen entrissen, alles genossen zu haben, und noch genießen zu können, das Werk seiner eigenen Wahl zu seyn, schwellten auf einmahl von neuem seine Segel. Er lachte der Erscheinung seiner kranken Phantasie, entwarf einen neuen Lebensplan, und beschloß nach Indien zu den weisen Braminen zu reisen, um von ihnen Aufschluß seiner Zweifel zu erhalten, und unter diesem wohlthätigen und milden Himmelsstrich an Leib und Seele zu genesen.

Dreyßigster Abschnitt.

Faust in einer ländlichen Gegend am Ganges. Ein Hain im Hintergrunde. Ein Mädchen schöpft Wasser an einer Quelle. Faust, den die Teufel unsichtbar begleiten.

Faust. Gutes Mädchen! Ich bin müde und durstig. Willst du mir wohl einen Trunk Wasser geben?

Das Mädchen. Gern Fremdling! Hier ist auch eine Kokosnuß!

Faust. Brama lohne dir's! Aber werd' ich hier irgendwo eine Hütte finden, wo ich übernachten kann?

Das Mädchen. Ich will dich in die Hütte meines Vaters führen, meine Matte für dich ausbreiten, und sie mit wohlriechenden Kräutern bestreuen.

Faust. Ich kann dir deine Güte nicht lohnen! —

Das Mädchen. Wir geben auch unsere Gastfreundschaft nicht um Lohn. Würdest du mich nicht auch in deine Hütte aufnehmen, wenn ich in dein Land käme?

Faust. Mit Freuden, liebes Kind!

Das Mädchen. Aber wir plaudern, und du bist müde. Laß uns nach jenem Wäldchen gehen, da ist meines Vaters Hütte (sie gehen).

Faust. Ich will dir deinen Wasserkrug tragen.

Das Mädchen. Daß wäre schön, du bist müde, und ich munter und flink! — Warte! Ich will dieses Gesträuch halten, damit dich die Ranken nicht in's Gesicht schlagen.

Faust. Hast du noch Ältern?

Das Mädchen. Einen Vater!

Faust. Was treibt er für ein Gewerbe?

Das Mädchen. Er ist ein Bramine, und gibt denen guten Rath, die ihn darum fragen.

Faust. Einen solchen Mann such' ich.

Das Mädchen. Du kömmst wohl aus einem fernen Lande?

Faust. Du hast es errathen.

Das Mädchen. Du bethest also nicht zu der Sonne?

Faust. Mein Gott ist überall. Auch hier bey uns.

Das Mädchen. Du hast Recht; denn sieh! auf den Blättern dieses Strauches glänzt ein Abendstrahl. — Dort steht unsere Hütte! — Sieh! Unter jenem Palmbaum meinen Vater. Er bethet, wir wollen ihn nicht stören.

Faust. Nein! Wir wollen ihn nicht stören.

Ein und dreyßigster Abschnitt.

Faust, der Bramine, das Mädchen.

Das Mädchen. Vater! Dieser Fremdling sucht ein Nachtlager bey uns.

Bramine. Deine Hand! Brama sey mit uns! — Idli! Bereite ein Nachtmahl und ein Lager!

Idli. So gut wir es haben. (sie hüpft ab).

Faust. Ehrwürdiger Greis! Deine Güte überrascht mich.

Bramine. Du mußt viel Böses unter den Menschen erfahren haben.

Faust. Gutes und Böses. Aber ich komme aus einem Lande, wo die Menschen von der Offenheit und Einfalt der unverdorbenen Natur weit abgewichen sind.

Bramine. Und warum reisest du?

Faust. Um Wahrheit zu suchen.

Bramine. Wahrheit ist allenthalben, wie die Sonne.

Faust. Man kennt sie nicht allenthalben.

Bramine. Wer sie mit reinem Herzen sucht, dem kömmt sie entgegen. Habt ihr Philosophen?

Faust. Ja, aber diese geben ihre Hirngespinste für das Bild der himmlischen Göttinn aus. Ich preise mein gutes Geschick, das mich zu dir führte.

Bramine. Zu mir? Was ich dir geben kann, hättest du in jeder andern Hütte eben so gut gefunden, ein Nachtmahl und eine Matte zum Lager.

Faust. Der Durst meines Geistes ist brennender, als der meines Gaumens. Ich suche Wahrheit bey dir.

Bramine. Hast du die Sonne nie gesehen?

Faust. Deine Frage ist Scherz.

Bramine. Das ist sie nicht. Du hast sie wohl gesehen, wie sie aufgeht und alles erwärmt und erquickt, wie jedes Leben in ihrem Strahle sich freut, wie ihr Aug alles durchblickt, wie sie immer dieselbe bleibt, sie mag sich bergen in Gewitterwolken, oder wandeln am hellen Frühlingshimmel. Hast du das alles beobachtet?

Faust. Sehr oft.

Bramine. Zu dieser Sonne bethen die Völker am Ganges. Wenn die Königinn des Tages untergeht am Abend, was denkst du dabey?

Faust. Daß sie wiederkehren werde am nächsten Morgen.

Bramine. Das denken wir auch, wenn das Grab einen von uns aufnimmt in seinen dunkeln Schooß.

Faust. Wird es je Morgen im Grabe? Lebt einer, der diesen zweyten Tag gesehen hat?

Bramine. Alle, die lebten, leben.

Faust (betroffen). Du zeigst mir Möglichkeiten.

Bramine. Was wäre der schönste Genuß des Lebens ohne Hoffnung und Furcht, die ihm vorhergehen.

Idli (kömmt aus der Hütte). Wollt ihr nicht

hereintreten? Die Abendluft ist kühl, das Nachtmahl wartet euer!

Zwey und dreyßigster Abschnitt.

Ein Platz vor der Hütte des Braminen.

Faust. Idli.

Idli. Du hast dein Lager frühe verlassen! War dein Schlaf unruhig?

Faust. Er war es!

Idli. Das thut mir Leid! Ich habe dir doch unsre beste Matte gegeben, und sie mit den lieblichsten Kräutern bestreut!

Faust. Ich bin hier in einer fremden Welt; alles ist mir so neu!

Idli. Ich kann mir wohl vorstellen, daß ich in deinem Lande auch nicht ruhig schlafen würde. Aber erzähle mir etwas von deinem Lande; ich höre es gern! Da gehen wohl die Mädchen nicht so gekleidet wie ich?

Faust. Ihre Kleidung verhüllt den ganzen Körper, und ist doch weniger sittsam.

Idli. Das muß unbequem seyn! Da kann man sich ja nicht regen und wenden; man kann nicht hüpfen und springen?

Faust. Das thun auch unsere Mädchen nicht; sie halten es für ungeziemend.

Idli. Für ungeziemend? Darf man denn bey euch nicht fröhlich seyn?

Faust. Ja! aber man darf seine Freude nicht so ganz äußern.

Idli. Das muß eine langweilige Art von Freude seyn! Und womit beschäftigen sich eure Mädchen?

Faust. Die meisten stehen erst gegen Mittag auf.

Idli. Ich halte es nicht mit ihnen! Wenn ich einmahl den schönen Morgen verschlafe, so ist mir der ganze Tag verdorben.

Faust. Sie putzen und schmücken sich dann einige Stunden.

Idli. Das laß ich gelten!

Faust. Nehmen Besuche von ihren Liebhabern an.

Idli. Hat denn eine mehr als einen Liebhaber?

Faust. Da hat man sie zu Dutzenden!

Idli. Da muß die Liebe karge Mahlzeiten geben?

Faust. Ihre Unterhaltung in Gesellschaften besteht darin, einander zu schmeicheln, zu gähnen, und zu verleumden.

Idli. Da müssen sie ja immer ein Waschbecken bey der Hand haben, um sich gleich wieder rein zu waschen!

Faust. Wie so?

Idli. Ey! wäscht man sich denn bey euch nicht, wenn man Böses gethan hat?

Der Bramine (kommend). Idli! besorge mein Morgenbrot! (Idli hüpft ab).

Faust. Du bist ein Mann, der nicht den Kern über der Schale vergißt, und doch läßt du deine Tochter mit der Puppe des Vorurtheils spielen!

Bramine. Da irrest du! Es ist die Wahrheit, aber unter einem sinnlichen Bilde, welches ihrer Empfindung zu Hülfe kömmt.

Faust. Und was haben wir? wo finden wir Beruhigung?

Bramine. In dem Gedanken, das Gottes Vorsicht über uns walte.

Faust. Du bist einer der Weisen; du weißt mehr als die gewöhnlichen Menschen!

Bramine. Die Weisen wissen am wenigsten; denn die Genügsamkeit ihres Wissens macht sie weise.

Faust. Kennst du die Welt, der wir verwandt sind?

Bramine. Ich mag sie noch nicht kennen.

Faust. Aber du weißt den Weg dahin?

Bramine. Ich weiß ihn, aber ich mag ihn noch nicht geben. Der Mensch soll nicht aus dem Kreise der Menschheit heraus schreiten, so lang er Anspruch auf Menschenglück macht.

Faust. Dieser Kreis ist mir zu enge! Ich habe Zweifel!

Bramine. Was uns hier dunkel ist, wird uns jenseits hell werden.

Faust. Aber ich kann das Dunkel nicht ertragen!

Bramine. Die Klarheit würde dir noch unerträglicher seyn! — Du glaubst doch an Gott?

Faust. Er ist! denn ich bin.

Bramine. Laß dir diesen Glauben genügen!

Faust. Er gibt meinem Herzen zu wenig Trost.

Bramine. Hast du einen Freund?

Faust. Ja!

Bramine. Kehre in seine Arme zurück!

Faust. Freundschaft, Glaube an Menschenglück, alles ist nichts mehr für mich!

Bramine. Armer Mann!

Faust. Ich bin arm, darum will ich mein Glück in einer neuen Welt versuchen. Tausende meiner Landsleute verließen ihr Vaterland, und vertrauten sich dem blinden Meere, um eine Hand voll Goldes zu erbeuten. Ist der Zweck, warum ich mich in eine neue Welt wagen will, nicht edler?

Bramine. Nun wohl! Vielleicht bringt dich die Prüfung von deinem Entschlusse zurück! Ich werde dich vor Sonnenuntergang in eine Höhle führen; da bleibst du bis Mitternacht, ohne einige Nahrung zu dir zu nehmen.

Faust. Und was soll ich daselbst thun?

Bramine. Wenn die Stunde der Mitternacht da ist, sprichst du einige geheimnißvolle Worte, die ich dir vertrauen werde; und das Uebrige wirst du dann erfahren.

Faust. Wohl! Ich bin bereit, dir in die Höhle zu folgen!

Drey und dreyßigster Abschnitt.

Versammlung der Braminen.

Erster Bramine. Die Ursache unserer heutigen Versammlung, ehrwürdige Brüder! ist ein Fremdling, der aus fernen Gegenden kommt. Der Ruhm unserer Weisheit hat seine Schritte bis an den Ganges geleitet. Nach einer mühevollen, und mit vielen Gefahren verknüpften Reise, ist er endlich gestern in meiner Hütte angelangt. Er sucht Wahrheit, und ich glaube, wir handeln billig und gerecht, wenn wir den müden Wanderer laben, und den Dürstenden an ihre Quelle führen.

Zweyter Bram. Sollte die Sonne der Wahrheit in dem Lande nicht scheinen, in dem er geboren ward?

Erster Bram. Wohl mag sie daselbst auch scheinen; daß sie aber nicht so hell scheint, daß ihre holden Strahlen den Geist nicht so überzeugend erleuchten, das Herz nicht so erquickend erwärmen, davon ist der Fremdling ein Beweis.

Zweyter Bram. Wenn er edel und tugendhaft ist, so laßt uns seinen Durst nach Wahrheit stillen.

Erster Bram. Das ist er!

Eine Stimme. Das ist er nicht!

Dritter Bram. Sofern sein Geist, von Vorurtheil und Wahn entfernt, aus echtem Drange nach Wahrheit forscht, so laßt uns ihn zum Gliede unsers Bundes weihen!

Erster Bram. Frey ist sein Geist von Wahn und Vorurtheil; und nur die reinste Liebe zu der himmlischen Göttinn machte ihn die Gefährlichkeiten seiner Reise vergessen.

Eine Stimme. Das ist er nicht! Hochmuth, Stolz und Eitelkeit beherrschen ihn. Sein inneres Auge ist zu blöde, den Glanz der Wahrheit zu ertragen.

Vierter Bram. Und fröhnt sein Herz nicht entehrenden Leidenschaften; weiß er den gefährlichsten Feind, sich selbst zu bekämpfen; wohlan! so werde ihm der Bruderkuß und die Binde falle von seinen Augen!

Erster Bram. Sein Herz scheint der Sitz der Tugend zu seyn; jeder Zug, jeder Strich, jede Miene seines Gesichtes ist der Abglanz derselben.

Eine Stimme. Das ist es nicht! Dieser Fremdling ist ein Sclave des Lasters. Stolz, Wollust und Durst nach Gold ist das Idol, dem er, stünd es in seiner Macht, die ganze Schöpfung opferte.

Fünfter Bram. Mich däucht, ich höre eine Stimme der schönen Eigenschaften des gepriesenen Fremdlings widersprechen!

Erster Bram. Ganz zuverlässig täuscht euch eure Phantasie!

Sechster Bram. Auch mir schien es, als ob ein uns Unsichtbarer das Gegentheil behauptete!

Erster Bram. Laßt euch nicht irren, ehrwürdige Brüder! Vermuthlich sind es Wirkungen des Wiederhalls in dieser Grotte, die meinen Worten einen andern Sinn gaben, und ihn so verkehrt zu euern Ohren brachten!

Eine Stimme. Weder die Phantasie noch der Wiederhall spielt euern Ohren diesen Streich! Das was ihr hörtet ist eine Wahrheit. Jeder Tag seines Lebens ist seit seinen Jünglingsjahren mit einer neuen schwarzen Lasterthat besudelt. Der offene Mann, der euren Augen sich bald zeigen wird, ist ein Inbegriff aller Laster. Kühn und verwegen zerriß er den Ring, der ihn an die unendliche Kette der Wesen fesselte; frech sprang er aus dem Kreise der Menschen, entsagte lästernd seinem Schöpfer, klopfte mit stürmender Hand an die ehernen Pforten der Hölle, und forderte ihre Macht zum Sachwalter und Unterstützer seiner Leidenschaften, seines Eigendünkels, seines Stolzes, seiner Wollust und seiner Habbegierde auf. Hüthet euch, an diesen Elenden eure Schätze zu verschwenden!

Erster Bram. Was ist das? Nun zweifle ich selbst nicht länger an der Wahrheit! Wer spricht mit uns?

Eine Stimme. Ein Wesen anderer Art, das nie als jetzt die Wahrheit sprach, und sonst sie auch die lange Ewigkeit hindurch nicht wieder sprechen wird.

Zweyter Bram. So euch mein Vorschlag nicht mißfällt, ehrwürdige Brüder! so hielt ich es für nützlich, den Fremdling von unserem Bunde zu entfernen.

Dritter Bram. Ich bin eurer Meinung, Bruder? Laßt uns der unbekannten Stimme folgen, und dem Wanderer das Heiligthum der Wahrheit fest verschließen.

Erster Bram. Mit Hoffnung hab ich ihn genährt, und mit Erfüllung seines Wunsches ihm geschmeichelt. Ich dächte, es lohnte sich der Mühe, meinen Gast näher kennen zu lernen, wenn wir anders in seinem Vaterlande nicht zum Mährchen werden wollen. Und überdieß scheint es mir billig, ihn zu prüfen, ehe wir ihn wider alle Rechte der Gastfreundschaft ungesättigt von uns lassen und schnöde von uns weisen.

Vierter Bram. Ja, ja! geprüft muß seine Tugend werden! denn echtes Gold hält jedes Feuer aus.

Fünfter Bram. Und steht er fest und wanket nicht — —

Sechster Bram. (einfallend). Dann sey sein heißer Durst gestillt! dann zeige du dich Abdruck der Gottheit, himmlische Wahrheit dem müden Wanderer in deiner Majestät, und erquicke sein Herz mit deinem beseligenden Blicke!

Zweyter Bram. So sey es dann beschlossen, den zweydeutigen Fremdling einer harten Prüfung auszusetzen!

Dritter Bram. Und ihr, ehrwürdiger Bruder! (zu dem ersten) mögt ihn zur bestimmten Zeit zu uns nach der Grotte bescheiden!

Erster Bram. Mit Vergnügen werde ich dem Rufe meiner Bestimmung und eurem Wunsche gehorchen!

Vier und dreyßigster Abschnitt.

Eine Felsenhöhle, Mitternacht.

Faust spricht die geheimnißvollen Worte. Ein Dämmerlicht erhellt die Höhle, und ein süßer Duft verbreitet sich darin.

Eine Stimme. Wer ruft mich?

Faust. Ein Mensch, der von Zweifeln geängstigt wird, und Aufschluß derselben verlangt.

Die Stimme. Dieser soll dir werden, wenn deine Forderung gerecht und kein Eingriff in die Weisheit des Ewigen ist.

Faust. Wer vermag ihre Grenzen zu bestimmen?

Die Stimme. Der Allwissende hat sie selbst bestimmt, und Menschen müssen daselbst stehen bleiben, anbethen und glauben, wo ihr Auge zu blöde ist zu sehen.

Faust. Du spannest meine Neugierde, sag, was soll ich thun?

Die Stimme. Du mußt dich einer Prüfung unterwerfen, ehe du für das Licht empfänglich bist.

Faust. Und worin besteht diese?

Die Stimme. Verlaß diese Höhle, wenn der Morgen anbricht, und wandle den Weg zur Rechten. Er wird dich nach drey Tagen wieder in diese Höhle zurückführen.

Faust. Ist dieß die ganze Prüfung?

Die Stimme. Sie ist kurz, aber mühevoll. Genieße nichts als reines Quellwasser. Gönne dem Schlafe nur wenige Stunden der Nacht. Flieh jedes Vergnügen. Kümmere dich um nichts, was dir auch aufstoßen mag, nimm an nichts Theil. Sey nur gleichgültiger Zuschauer von allem, was dir begegnen mag. Uebertrittst du dieser Bedingungen eine, so hast du den Rückweg in diese Höhle auf ewig verloren.

Faust. Ich will zeigen, daß ich eures Rathes werth sey.

Der Morgen dämmerte und Faust verließ die Höhle. Zwischen Akaziengebüschen und wilden Rosen, auf denen die Kolibris sich wiegten, zog sich ein schmaler Fußsteig hin. Hier wandelte er entschlossen, aber doch mit klopfendem Busen. Nicht lange, da wurde die Gegend felsigt und öde. Die Sonne brannte, seine Lippe war dürr, und rings herum keine wohlthätige Quelle, die ihn gelabt, kein kühlender Schatten, der ihm Erfrischung dargebothen hätte.

Doch er gedachte seines Zweckes, und neue Kraft belebte ihn. Gegen Abend gelangte er in ein reizendes Thal, wo eine Hütte unter Kokosbäumen stand. Die Bäume neigten ihre mit Früchten beladenen Aeste zu ihm herab, und schon streckte er die Hand darnach aus, aber schnell gedachte er seines Gelübdes, und zog sie zurück. Er klopfte an der Hütte, niemand war zu Hause. Einige zahme Gazellen *) weideten auf einer benachbarten Wiese, aber er sah und hörte nirgends eine Quelle.

Fünf und dreyßigster Abschnitt.

Faust überwindet die erste Versuchung.

Endlich näherte sich etwas. — Ein allerliebstes Mädchen war es, das mit einem Körbchen am Arm hinter dem Hause hervorsprang. Wie freute sich der müde Pilger ein menschliches Gesicht zu sehen.

Faust. Gutes Mädchen. Willst du mir ein Obdach geben?

Das Mädchen. Gern Fremdling! Folge mir in meine Hütte! (Sie treten hinein!) Du bist wohl müde? Hier sind Kokosnüsse, und sogleich will ich dir auch Feigen und Datteln auftischen.

Faust. Ich danke schönes Mädchen! Nur um einen Trunk frischen Wassers bitt ich.

Das Mädchen. Das sollst du den Augenblick haben. (Sie hüpft fort, und kömmt bald mit einem Krug Wasser zurück.)

Faust. Kann ich diese Nacht über hier bleiben?

Das Mädchen. Das kannst du, aber meine Hütte hat nur dieses Stübchen.

---

*) Eine Art indischer Ziegen.

Faust. Die Versuchung wird stärker — Hast du denn keine Aeltern?

Das Mädchen. Ach! Die sind längst gestorben.

Faust. Und du lebst so allein in dieser Wildniß?

Das Mädchen. Ganz allein, und du bist seit lange der erste Reisende, der hier vorbeyzieht.

Faust. Aber wie vertreibst du dir die Zeit?

Das Mädchen. Ich pflanze Blumen und Sträuche, hütte meine Gazellen und bade mich im kühlen Strome, und schlafe, wenn mich die lange Weile plagt.

Faust. Warum gehst du nicht lieber unter Menschen?

Das Mädchen. Ich wollte gern, daß Menschen um mich wären. Zwar sprech ich auch mit meinen Bäumen und Gazellen, aber die können mir nicht antworten. Wolltest du nicht bey mir bleiben, schöner Fremdling?

Faust. Ich kann nicht, ein wichtiges Geschäft ruft mich von hier.

Das Mädchen. Du hast eine ganz andere Gesichtsfarbe, als mein Vater hatte, und so lange, weiche Haare (sie spielt mit seinen Haaren). Auch dein Gesicht ist so zart! (sie streichelt seine Wangen) Warum wirst du so roth?

Faust. Ich, gutes Mädchen? — Ich bin müde und schläfrig.

Das Mädchen. Bist du? — Hier ist meine Matte, ich will meine schönsten Gazellenhäute darüber spreiten.

Faust (leise). Das Gewitter wird drohend! Muth, Faust, Muth!

Das Mädchen. So! — Nun überlasse dich dem Schlummer! Ich will mich neben dir setzen, und dir die Mücken abwehren.

Faust. Wirft sich auf die Matte, und stellt sich, als ob er schliefe.

Das Mädchen. (wehrt ihm die Mücken.) Ob er wohl schläft? Ich möchte seine schönen, rothen Lippen so gern küssen, aber ich fürchte ihn aufzuwecken. (sie küßt ihn.)

Faust. (seufzt.)

Das Mädchen. Es war eine Mücke, lieber Fremdling, die sich auf deiner Lippe setzte. — Er schläft wieder! (sie küßt ihn noch einmahl.) Wenn er doch bey mir bliebe! Mir würde die Zeit nicht mehr lange werden. — (sie legt ihre Hand an sein Herz.) Wie ses Herz pocht! — Das meinige pocht nicht minder. — (sie legt ihr Gesicht an seine Brust.)

Faust (springt auf). Nur Flucht kann mich retten! (er entflieht).

Das Mädchen. Ach wohin willst du? Die Schlangen werden dich stechen! Du wirst dich vom rechten Weg verirren. — — Er hört mich nicht! — Ach! ach! er fliehet fort!

Sechs und dreyßigster Abschnitt.

Faust widersteht der zweyten Versuchung.

Faust nahm sein Nachtlager unter einer Thränenweide, an einer Quelle, und der Schlummer schloß ihn freundlich und sanft in seine Arme. Kaum wurde der Morgen wach, so erwachte auch er wieder und setze seinen Weg weiter fort. Gegen Mittag kam er an eine armselige Hütte, er trat hinein, und fand sie unbewohnt. Auf einem steinernen Tische den die Zeit schon mit grauem Moose überstreut hatte, stand ein Wasserkrug und daneben ein Körbchen mit unschätzbaren Juwelen angefüllt. Unter dem Fenster der

Hütte sprudelte eine süße Quelle, Faust füllte den Krug, trank, und besah die Steine gleichgültig.

Mit diesem Schatze sprach er zu sich selbst, könnt ich einer der Reichsten in meinem Vaterlande seyn. Aber was ist dieser Staub gegen Wahrheit? — Nein! wenn der warme klopfende Busen eines unverdorbenen Mädchens mich meinem Gelübde nicht untreu machen konnte, so sollens diese kalten Steine noch weniger. Liebe hätte auch in einer Hütte ihren Werth, aber wenn diese Diamanten welchen haben sollten, so müßt ich mich neuerdings unter Thoren mischen, denen ich kaum entgangen bin. Nein! Wenn Liebe und Freundschaft mir nicht genügen, so soll es dieser Tand noch weniger. — Die Prüfung ist leicht zu bestehen.

Sieben und dreyßigster Abschnitt.

Fausts letzte Prüfung.

Am Morgen des dritten Tages fand er auf seinem Wege ein junges Weib, welches Kräuter und Blumen pflügte, und harmlos dazu ein Liedchen sang.

Faust. Brama segne dich! Dü suchst Blumen zum Kranze.

Das Weib. Zum Spiele für meinen Kleinen, er schläft dort am Fels hinter dem Akazienstrauche.

Faust setzte seinen Stab fort. Hinter dem Fels fand er den holden Knaben in den Armen eines sanften Schlummers, aber in eben dem Augenblicke kam eine Schlange auf den Schlafenden zu. Mit einem Schlage seines Wanderstabes hätte er das Ungeheuer lähmen und das unschuldige Kind retten können, aber eine unsichtbare Macht schien ihn zu fesseln, und der holde Säugling lag in seinem Blute.

Bang und düster, wie ein Mensch, der einen Mord auf der Seele hat, irrte er fort, und warf sich bald entkräftet an einem melancholischen Wachholdergesträuche nieder. Jetzt zum Erstenmahl hält ihm Reue den Spiegel vor, und der Gedanke, daß er das verheißene Gut um diesen Preis zu theuer erkaufe, regt sich in ihm. Aber da schwebt die Vorstellung in seiner Seele: Du wirst am Ziele deiner Wanderung erfahren, warum der Säugling nicht gerettet werden sollte.

Mit Entschlossenheit setzte er seine Reise fort. Am Abend kommt er an eine Felsenwand, wo der Pfad sich durch eine Höhle schlängelt. Schauer ergreift ihn am Eingange, doch tritt er muthig in den Felsenspalt, wo ein heiliges Grauen vor ihm herwandelte.

Acht und dreyßigster Abschnitt.

Faust in der Höhle der Braminen.

Auf einmahl sah er sich in der Höhle, die er vor drey Tagen verlassen hatte, und die das Ziel seiner Prüfung war. Ein neuer Schauer durchfuhr seine Glieder, als er bemerkte, wo er wäre. Urplötzlich erhellt ein sanftes Licht die finstere Höhle, und er sah sechs ehrwürdige Greise mit langen Bärten in einem Kreise an einem Tische sitzen. Aus ihrem Anzuge schloß er, daß es Braminen seyen, und die Folge bewies es, daß er richtig geurtheilet hatte.

Erster Bram. Hast du deine Prüfung vollendet?

Faust. Ich glaube darin bestanden zu haben.

Zweyter Bram. Sprichst du die Wahrheit, wohlan! So bist du aufgenommen in unsern Bund.

Dritter Bram. Und deine Zweifel sollen dir gelöset werden.

Vierter Bram. Und du sollst Licht erhalten, dich selbst, und deine Brüder an seinen Strahlen zu erwärmen.

Fünfter Bram. So sag dann an, welche Feinde bekämpfet, über welche du den Sieg errungen hast!

Faust. Begünstigt von der wünschenswürdigsten Gelegenheit fand ich am ersten Tage mit Anbruch der Nacht, ein Mädchen, schön wie die Liebe, allein in ihrer Hütte. Nichts hielt mich ab, mich ihrer Tugend zu bemeistern, nur die Wahrheit, die ihr mir zu zeigen verspracht, erstickte das Feuer der Leidenschaft, und ich erfocht einen schweren, aber wie ich glaube, einen schönen Sieg.

Etliche Bram. Unser Beyfall sey vor der Hand dein Lohn!

Faust. Am zweyten Prüfungstage kam ich in eine unbewohnte Hütte und fand auf einem steinernen Tische ein Körbchen mit unschätzbaren Juwelen angefüllt, leicht und ohne alle Mühe hätte ich mich zum Eigner derselben machen können, aber auch dieser Versuchung widerstand mein Herz. Arm und dürftig, wie ich hier vor euch stehe, verließ ich die Hütte. Auch nicht der leiseste Wunsch nach dem Schatze blieb daselbst zurück.

Etliche Bram. Auch diese schöne That gereichet deinem Herzen nicht weniger zur Ehre, als die erste. Erzähle weiter!

Faust. Am dritten Tage fand ich an einem Felsen einen holden Knaben in den Armen des Schlafes. Eine ungeheure Schlange kam, und tödtete die sorglose Unschuld. Mit einem Schlage hätte ich das Unthier erlegen, und den Säugling retten können, aber ihr befahlt mir nur kalter Zuschauer vor allem dem zu seyn, was mir begegnen würde.

Erster Bram. Wehe dir! Den schönsten Lorber hat dir mißverstandene Gefühllosigkeit entrissen.

Zweyter Bram. Du ließest die edelste der Pflichten unerfüllt!

Dritter Bram. Kostbarer als Diamant und Edelstein ist das Leben eines Menschen.

Faust. Ich glaubte euren Befehl in eurem Sinne zu erfüllen, da ihr mir Gleichgültigkeit gegen jedes Ereigniß empfahlt.

Vierter Bram. Gleichgültig solltest du gegen alles seyn, was dir aufstoßen würde, solltest dich von nichts hinreißen lassen, und in diesem Sinne hast du auch die zwey ersten Proben glücklich bestanden. Aber da, wo es auf die Erhaltung eines Menschen ankömmt, muß unser Herz in Feuer gerathen, und wehe dem, der erst kalt untersucht, ob der, dem er das Leben retten will, auch der Mühe und der Gefahren werth sey, mit denen seine Rettung verbunden ist.

Faust. Thor, der ich euch nicht faßte! Also auch bey euch bleibt Schweiß und Arbeit ohne Lohn?

Fünfter Bram. Du sollst belohnt werden, aber nicht so reichlich, als wenn du die Probe ganz bestanden hättest.

Faust. Weil ich nun überall den echten Weg zu verfehlen bestimmt zu seyn scheine, so sey es! Aber sagt mir, könnt ihr mich zu den abgeschiedenen Geistern der Vorwelt führen?

Dritter Bram. Es wäre Frevel, sie im Genuße ihrer Seligkeit zu stören.

Faust. Könnt ihr mich das unbegreifliche Wesen kennen lehren, das über uns waltet?

Vierter Bram. Sieh dich in der Natur um! Vom kleinsten Wurm, bis zum ungeheuern Elephanten, vom niedrigsten Moose bis zur höchsten Ceder, da wirst du es in seiner Größe, Macht und Majestät erblicken. Gott ist zu groß, unsere

Vernunft zu begrenzt, als daß wir ihn ganz begreifen könnten.

Faust. Also auch bey euch erhalt ich keine befriedigende Antwort auf meine Frage?

Fünfter Bram. Keine, wenn du mehr fragst, als wir wissen. Oder hältst du uns für allmächtig und allwissend?

Faust. Habt ihr auch keinen Spiegel, der mir die Zukunft zeigen könnte?

Sechster Bram. Auch in den Spiegel der Zukunft blickt nur der Allsehende.

Faust. So lehrt mich in den Herzen der Menschen lesen!

Erster Bram. In ihren Gesichtern wollen wir dich ihre geheimen Gesinnungen ausspähen lehren. In den Tiefen der Seele liest nur der Alleserforschende.

Faust. Was ist es dann, was ich bey euch finde?

Zweyter Bram. Wir können dir manchen Faden zeigen in dem Zusammenhange menschlicher Begebenheiten, der dem Auge der übrigen Menschen verborgen bleibt.

Dritter Bram. Wir können dich gute und böse Menschen leichter unterscheiden lehren.

Vierter Bram. Wir können deinen Blick schärfen ins Räderwerk der physischen Natur, in den Bau der Pflanzen und Thiere — — und in dein eigenes Herz.

Faust. Ha! So hätt' ich auch bey euch nur die Schale statt des Kernes gefunden. Ich sehe es nun ein das Leere, das Unzulängliche aller Wissenschaften. O daß ich diesem Phantom so töricht nachlief! Daß ich darüber so viele meiner Pflichten unerfüllt lassen, so viele Freuden meines Lebens ungenossen dahin schwinden sehen konnte. Die Speisen, die ihr mir auftischet, sind Greisen und Kindern zuträglich, einem Manne in meiner Kraft müßt ihr nahrhaftere Gerichte bereiten! Gehabt euch wohl ihr Wortkrämer, und mit diesem Abschiede verließ er die Höhle.

Neun und dreyßigster Abschnitt.

Fausts Traum.

Faust lag in einem süßen Morgenschlummer unter einer Palme, da mahlte sich ein bedeutender Traum mit lebhaften Farben vor seinem Geiste.

Er sah den Schutzgeist der Menschheit, der ihm einst erschien, auf einer großen blühenden Insel, die ein stürmisches Meer umfloß, unruhig auf und nieder wandern, und sehr ängstlich nach den brausenden, empörten Fluthen blicken. Das tobende Meer war mit unzähligen Kähnen bedeckt, in welchen Greise, Männer, Jünglinge, Knaben, Kinder, Weiber und Jungfrauen von allen Völkern der Erde saßen, die mit allen Kräften gegen den Sturm arbeiteten, um die Insel zu erreichen. So wie die Glücklichen nach und nach landeten, luden sie verschiedene Baumaterialien aus, die sie in verworrenen Haufen hinwarfen. Nachdem eine unzählbare Menge das Land betreten hatte, entwarf der Schutzgeist, auf der erhabensten Stelle der Insel, den Grundriß zu einem großen Baue, und jeder der Menge, alt und jung, schwach und stark, nahm von dem verworrenen Haufen ein schickliches Stück, und trug es nach der Anweisung derer, die der Schutzgeist erlesen hatte, an den gehörigen Ort. Alles arbeitete mit Freuden, Muth und Unverdrossenheit, und schon erhob sich das Gebäude hoch über der Erde, als sie auf einmahl von großen Schaaren überfallen wurden, die aus einem dunkeln Hinterhalt in drey Haufen auf sie drangen. Als sie den Arbeitern nahe waren, fielen sie auf Befehl ihrer Anführer diese mit ihren zerstörenden Waffen in grimmiger Wuth an. Die muthigsten der Arbeiter warfen ihre Werkzeuge weg, und griffen zu den Schwertern, mit denen sie begürtet waren, um die Feinde zurück zu schlagen. Die andern verdoppelten indeß ihren Eifer, das angefangene Werk zu vollenden. Der Schutzgeist deckte seine muthigen Streiter und fleißigen Arbeiter mit einem großen glänzenden Schilde, den ihm eine Hand aus den Wolken reichte; er konnte aber die unzählbare Menge nicht bergen. Mit tiefem Schmerze sah er viele Tausende der Seinigen unter den vergifteten Pfeilen und den mörderischen Waffen dahin sinken. Viele ließen sich von den Vorspieglungen und Lockungen derer bethören, die ihnen die bezauberten Becher als Erquickung darreichten, taumelten dann im wilden Rausche herum, und zerstörten die mühesame Arbeit ihrer Hände.

Die mit Fackeln Bewaffneten machten sich mit ihren Dolchen einen Weg, warfen die brennenden Fackeln in das angefangene Gebäude, schon loderte die Flamme, und drohte das herrliche Werk in die Asche zu legen. Der Schutzgeist sah mit schmerzvollem Blicke auf die Gefallenen und Verirrten, sprach den Uebrigen Muth zu, flößte ihnen durch seine Standhaftigkeit und Erhabenheit Kraft, Geduld und Ausharren ein. Sie löschten die Flamme, stellten das Zerrüttete her, und arbeiteten unter Verfolgung und Tod mit solchem Eifer, daß trotz der Wuth und dem Haß ihrer Feinde ein großer, herrlicher, edler Tempel hervorstieg. Der Sturm legte sich und helle, sanfte Heiterkeit ergoß sich über die ganze Insel. Hierauf heilte der Schutzgeist die Verwundeten, tröstete die Müden, pries die tapfern Streiter, und führte sie unter Siegsgesängen in den

Tempel ein. Ihre Feinde standen betäubt vor dem Riesenwerk, und zogen sich, nachdem sie vergebens versucht hatten, dessen Feste zu erschüttern, ergrimmt zurück. Faust befand sich nun selbst auf der Insel. Das Feld um den erhabenen Tempel war mit Leichen der Erschlagenen von jedem Alter beyder Geschlechter bedeckt, und diejenigen, die aus dem Zauberbecher getrunken hatten, gingen kalt unter den Todten herum, vernünftelten und spotteten über die Bauart des Tempels, maßen seine Höhe und Breite, um seine Verhältnisse zu berechnen, und bestimmten sie um so zuverlässiger, je weiter sie von der Wahrheit entfernt waren.

Faust ging an ihnen vorüber, und als er sich dem Tempel nahte, las er über seinem Eingange folgende Inschrift:

Sterblicher!
Wenn du tapfer gestritten,
Treu ausgehalten hast;
So tritt herein
Und lerne deine edle Bestimmung
kennen!

Sein Herz glühte bey diesen Worten, und er hoffte auf einmahl, das ihm quälende Dunkel zu durchbrechen. Kühn drang er nach dem Tempel, stieg die hohen Stuffen hinauf, sah, wie eine schimmernde rosenfarbe Dämmerung ihn füllte, hörte die sanfte Stimme des Schutzgeistes, er wollte hineintreten, die eherne Pforte fuhr mit einem dumpfen Schall vor ihm zu, und er bebte zurück. Nun dünkte ihm, daß der Tempel, der vorher auf ebenem Boden gestanden, auf drey großen Felsen ruhte, woran er die Sinnbilder der Geduld, Hoffnung und des Glaubens erkannte. Seine Begierde, in die Geheimnisse des Tempels zu dringen, nahm durch die Unmöglichkeit noch mehr zu, auf einmahl fühlte er sich Flügel, erhob sich und fuhr mit solchem Ungestüme gegen die eherne Pforte, daß er zurückgeschleudert in den tiefsten Abgrund sank, und in dem Augenblicke zitternd aus dem Schlafe auffuhr, als er den Boden zu berühren glaubte. Er schlug betäubt die Augen auf, eine blasse, in ein weißes Todtentuch gehüllte Gestalt, in der er seinen Vater erkannte, stand vor ihm und sprach mit klagender Stimme: „Faust, Faust! Nie hat ein Vater einen unglücklichern Sohn gezeugt, in diesem Gefühle bin ich nun eben verstorben. Ewig — ach ewig liegt die Kluft der Verdammniß zwischen mir und dir!“

Vierzigster Abschnitt.

Fausts erste Anwandlung der Verzweiflung.

Dieses bedeutende Gesicht, und die schauervolle Erscheinung durchbebten Fausts Seele, er sprang auf, da die Sonne eben ihre ersten goldenen Blicke auf die Erde warf. Er nahm seinen Stab in die Hand, wollte fortgehen, und versank in tiefe Betrachtungen. Das Luftgebäude seines Stolzes fiel zusammen, und die schlummernden Empfindungen seiner Jugend schoßen hervor, um seine Qual zu vermehren. Der Gedanke, sein Leben dem Wahne geopfert, die Kraft seines Geistes nicht genützt, in dem Strudel der Wollust, in dem Geräusche der Welt verbraußt zu haben, drang tief durch sein Herz und erfüllte es mit Verzweiflung.

Er zitterte vor der Enthüllung des nächtlichen Gesichtes, sein Geist arbeitete an der richtigen Deutung der Bilder, welche die schmerzhaftesten Dolchstiche für ihn waren.

So trieb er sich herum, als ihm durch die Erscheinung seines Vaters, seine seit so langer Zeit vergessene Familie einfiel. Er faßte den Entschluß zu den

Verlassenen zurückzukehren, in die bürgerliche Ordnung wieder einzutreten, seine Kunst zu treiben und sich von der lästigen Gesellschaft des Teufels zu befreyen. So machte er sich nun auf den Weg nach seiner Heimath, wie viele, die unbestimmtes jugendliches Brausen für Genie halten, mit großen Ansprüchen in die Welt treten, das wenige Feuer ihrer Seele schnell verdampfen, und mit den schalen Ueberbleibseln sich nach kurzem auf eben dem Puncte befinden, von dem sie ausgelaufen waren, sich und der Welt zur Last.

Jetzt mußte Mephistophiles wieder sichtbar vor ihm erscheinen, diesem geboth er, ihn schnell nach Teutschland zurück zu führen, und die Reise ward auch sogleich angetreten. — Faust ritt stumm, düster und mürrisch an der Seite des Teufels. Dieser überließ ihn gern seinen Betrachtungen, lachte seines Entschlusses, und verkürzte sich die Zeit mit der süßen Hoffnung, bald wieder den Dampf der Hölle zu riechen. Er freute sich schon im voraus darauf, wie er des Lucifers spotten wolle, der ihm Fausten als einen Mann besonderer Kraft empfohlen hätte, und den er doch vor der Entwicklung seines Schicksals so mürbe sah. Er stellte sich den Kühnen in dem Augenblick vor, da er ihm zum erstenmahle erscheinen mußte, und nun sah er ihn gebeugt, wie einen büßenden Mönch, neben sich her traben. Sein Haß gegen ihn nahm zu, und er jauchzte in seinem schwarzen Innern, als er Worms in der Ebene vor sich liegen sah.

Ein und vierzigster Abschnitt.

Der Teufel fängt an Fausten sein Sündenregiester vorzulesen.

Sie ritten beyde die Landstraße hinan, und als sie noch einige Steinwürfe entfernt waren, erblickten sie ein Hochgericht, an welchem ein schlanker wohlgestalteter Jüngling hing. Faust sah hinauf, der frische Abendwind, der durch seine blonde über sein Gesicht gefallene Haare blies, und ihn hin und her schaukelte, entdeckte Fausten seine jugendliche Bildung. Er brach bey diesem Anblick in Thränen aus und rief mit bebender Stimme; „Armer Jüngling! In der ersten Blühte des Lebens schon hier am Galgen? Was kannst du verbrochen haben, daß die Gerechtigkeit schon so frühe dich bestraft hat?"

Meph (mit ernstem und feyerlichem Tone). Faust! Dieses ist dein Werk!

Faust. Mein Werk?

Meph. Dein Werk. Sieh ihn genau an! — Es ist dein ältester Sohn.

Faust blickte hinauf, erkannte ihn und sank vom Pferde.

Meph. Schon jetzt vernichtet? So wirst du mich um die Früchte meiner Mühe bringen, die ich nur in deinem Jammern ernten kann. Winsle und stöhne, die Stunde naht, worin ich dir den dicken Schleyer von den Augen reißen muß. — — Höre! Ich will mit einem Athemzuge das verworrene Labyrinth weghauchen, in welchem du dich nicht finden konntest; dir Licht über die verschiedenen Wege der Welt geben, und dir zeigen, wie gewaltsam du sie durchkreuzt hast. Ich, ein Teufel, will dir zeigen, mit welchem Rechte und Gewinne ein Wurm wie du sich zum Richter und Rächer des Bösen aufwirft, und in die Räder dieser so ungeheuern und so fest und harmonisch gestimmten Maschine greift. Langsam will ich dir deine scheußlichsten Thaten vorzählen, damit das Gewicht eines jeden deines Frevels, einer jeden deiner Thorheiten, schwer auf deine Seele falle.

Erinnerst du dich des Jünglings, den ich auf deinen Befehl bey unserm Auszug aus Maynz vom ersaufen retten mußte? Ich warnte dich. Er, um deßwillen du in die Führung des Schicksals verwegen griffst, nahte sich bald nach deiner Entfernung deinem jungen, verlaßnen Weibe. Der Glanz des Goldes, das wir ihr so reichlich hinterlassen hatten, reitzte ihn mehr als ihre Jugend und Schönheit. Es war ihm ein Leichtes sie so zu bethören, daß sie ihm die Führung ihres Hauses überließ. Dein Vater wollte sich der Wirthschaft widersetzen, der junge Mann schlug und mißhandelte ihn, er suchte seine Zuflucht in dem Hospitale der Armen, wo er vor einigen Tagen vor Kummer über dich und deine Familie gestorben ist. Da ihn dein Sohn darauf mit heftigen Vorwürfen anfiel, und drohte, trieb er auch ihn aus dem Hause. Dieser irrte in der Wildniß herum, schämte sich zu betteln, kämpfte lange mit dem Hunger, stahl endlich in einer Kirche dieser Stadt einige Groschen aus einem Opferstock, war darüber ertappt, und aus Rücksicht seiner Jugend nur gehangen. Deine Tochter treibt das schändlichste Gewerbe einer feilen Dirne, und dein zweyter Sohn ist Anführer einer Rotte von Straßenräubern, den das Rad erwartet. Der junge von mir gerettete Mann raubte endlich bey einer schicklichen Gelegenheit deiner Gattinn ihre ganze Habe, dein Freund, dem wir den Prozeß gewinnen halfen, versagte deinem alten Vater seinen Beystand, stieß deine Kinder, die zu ihm flüchteten, und um Brot flehten, weg, und nun will ich dir deine Familie zeigen, damit du mit Augen siehst, was du aus ihnen gemacht hast. Dann will ich dich wieder hieher reißen, Rechnung mit dir halten, und du sollst eines Todes sterben, wie ihn kein Sterblicher gelitten hat. Ich will deine Seele herumzerren, bis du da stehst, gleich dem erstarrten Bilde der Verzweiflung.

Zwey und vierzigster Abschnitt.

Faust bey seiner Familie.

Mephistophiles ergriff den Jammernden, flog mit ihm nach Maynz, zeigte ihm sein Weib und seine zwey jüngsten Kinder mit Lumpen bedeckt vor einem Kloster sitzen, um die Überbleibsel des Nachtessens der Mönche abzuwarten. Als die Mutter Fausten erblickte, schrie sie: »Ach Gott! Faust, euer Vater!« deckte ihre Augen mit ihren Händen zu, und sank in Ohnmacht. Die Kinder liefen zu ihm, hingen sich an ihn, und schrieen um Brot.

Faust. Teufel! Gebiethe über mein Schicksal, laß es schrecklicher seyn als es das Herz des Menschen tragen und fassen kann, nur gib diesen Elenden, und errette sie von Schande und Hunger!

Meph. Ich habe für dich die Schätze der Erde geplündert, und du hast sie der Wollust und dem Vergnügen geopfert, ohne dieser Elenden zu gedenken. Fühle nun deine Thorheit! Dieß ist dein Werk, du hast das Gewebe zu ihrem Schicksale gesponnen, und deine hungrige, bettlerische, elende Brut, wird den von dir ausgesäten Jammer, durch Kinder und Kindeskinder fortpflanzen. Du zeugtest Kinder, warum wolltest du nicht ihr Vater seyn? — — Warum hast du da das Glück gesucht, wo es nie ein Sterblicher gefunden hat? — — Blicke sie noch einmahl an, und dann fort, in der Hölle siehst du sie einst wieder, wo sie dich für die Erbschaft verfluchen werden, die sie dir nur zu danken haben. Er riß ihn von den Jammernden, sein Weib wollte so eben seine Kniee umfassen, und um Erbarmung flehen. — Faust wollte sich zu der Unglücklichen neigen, aber der Teufel faßte ihn und stellte ihn abermahls unter den Galgen bey Worms.

Drey und vierzigster Abschnitt.

Faust ist der Verzweiflung nahe.

Die Nacht senkte sich schwarz auf die Erde, Faust stand vor dem grausenden Anblick seines Sohnes. Wahnsinn glühte in seinem Gehirne, und er rief im wilden Tone der Verzweiflung: »Teufel! Laß mich diesen Unglücklichen begraben! Entreiße mir dann das Leben, und ich will in die Hölle hinunter fahren, wo ich keinen Menschen im Fleische mehr sehen werde! Ich habe sie kennen gelernt; mir ekelt vor ihnen, vor der Welt und dem Leben! Fördere mich hinunter! Ich will ein Bewohner der Hölle seyn!«

Meph. Nicht zu rasch! — Faust! ich sagte dir einst, du solltest das Stundenglas deiner Zeit selbst zerschlagen; du hast es in diesem Augenblicke gethan, und die Stunde der Rache ist da, nach der ich so lange geseufzt habe! Hier entreiße ich dir deine mächtige Zauberruthe, und feßle dich in den engen Bezirk, den ich nun um dich ziehe. Hier sollst du mich anhören, heulen und zittern! Ich ziehe die Schrecken aus dem Dunkel hervor, enthülle die Folgen deiner Thaten, und ermorde dich mit langsamer Verzweiflung! So jauchze ich, so siege ich über dich! — Thor! Du sagst, du hättest den Menschen kennen gelernt? Wo? Wie? und wenn? Hast du auch einmahl seine Natur erwogen, durchforscht und abgesondert, was er zu seinem Wesen Fremdes hinzugesetzt, verpfuscht und verstimmt hat? Hast du genau unterschieden was aus seinem Herzen und was aus seiner verdorbenen durch Kunst verhunzten Einbildungskraft fließt? Hast du die Bedürfnisse und Laster, die aus seiner Natur entspringen, mit denen verglichen, die er der Kunst und seinem verdorbenen

Willen allein verdankt? Hast du ihn in seinem natürlichen Zustande beobachtet, wo jede seiner unverstellten Äußerungen das Gepräge seiner innern Stimmung an sich trägt? Elender Menschenkenner! Du hast die Maske für seine natürliche Bildung genommen, und nur den Menschen kennen gelernt, den seine Lage, sein Stand, Reichthum, seine Macht und seine Wissenschaften der Verderbniß geweiht haben.

Jetzt fing der Teufel an, Fausts Thaten zu durchmustern und sprach: »Wenn ich tausend menschliche Zungen hätte, und dich Jahre lang in diesem Kreise gefesselt hielt, so könnte ich dir doch nicht alle die schrecklichen Folgen deiner Thaten entwickeln. Durch Jahrhunderte läuft das Gewebe des Unglücks deiner Hand, und künftige Geschlechter verfluchen einst ihr Daseyn, weil du in wahnsinnigen Stunden deinen Kitzel befriedigt, oder dich zum Richter und Rächer menschlicher Handlungen aufgeworfen hast. Siehe, Kühner! so bedeutend wird dein Wirken, das dir Blinden so beschränkt schien! Du hast mit verwegner Hand die Kette des Geschicks gefaßt, und an den Gliedern derselben genagt, ob sie gleich unzerreißbar sind.

Nun ziehe ich den Vorhang hinweg, und schleudere das Gespenst Verzweiflung in dein Gehirn. Vernimm nun deines Lebens Gewinn, und ernte ein was du gesäet hast! Von dir gezwungen, unterbrach ich den Lauf der Dinge; aber ich bin schuldlos! denn alles sind Thaten deines eigenen bösen Herzens!

Vier und vierzigster Abschnitt.

Faust in der Verzweiflung.

Faust drückte seine Hände vor seine Augen; der Wurm der Qual sog an seinem Herzen; nach einer Pause blickte er gegen Himmel.

Meph. Er ist taub gegen dich! Der Engel, der euer Schuldbuch führt, erbebte bey deiner ersten schwarzen That auf seinem glänzenden Sitze, und strich deinen Nahmen mit weggewandtem Gesichte aus dem Buche des Lebens.

Faust sprang auf, und verfluchte unter so gräßlichen Flüchen die Stunde seiner Geburt, daß die Erde vor Schrecken erbebte.

Meph. Ha des herrlichen Anblicks! des köstlichen Lohns meiner Mühe! Die Hölle freut sich deiner Flüche, und erwartet einen noch schrecklichern von dir. Thor! warst du nicht frey geschaffen? Empfandest du nicht wie alle Menschen den Trieb zum Guten wie zum Bösen in deiner Brust? Warum tratst du verwegen aus dem Gleise, das dir so bestimmt vorgezeichnet war? Warum wagtest du deine Kräfte an dem und gegen den zu versuchen, der nicht zu erreichen ist? Warum wolltest du mit dem richten und rechten, den du nicht fassen und denken kannst? Warum trieb Stolz die Pflanze aufwärts, die nur auf der Erde hinkriechen soll? Dir verlieh er den unterscheidenden Sinn des Guten und Bösen; frey war dein Wille, frey deine Wahl. Faust! Nur in der Beschränktheit lag dein Glück! Wärest du geblieben was du warst, hätten dich Dünkel, Stolz, Wahn und Wollust nicht aus dem glücklichen Kreise gerissen, so hättest du still dein Gewerbe getrieben, dein Weib und deine Kinder ernährt, und deine Familie, die nun in den Koth der Menschheit gesunken ist, würde blühen.

Faust. Ha! Wohl mag dieß die größte Qual der Verdammten seyn, wenn der Teufel ihnen Buße predigt!

Meph. Es ist lustig genug, daß du es darauf ankommen ließest!

Faust. Erwürge mich, tödte mich mit tausendfachem Tode; nur laß mich den Unglücklichen zuvor begraben! denn nur er, und die ich eben gesehen, liegen wie die Last der Erde auf mir, und zermalmen meine sich noch empörende Kraft!

Meph. Ich bin deiner Gesellschaft und der Erde müde. Es ist Zeit zum Abfahren! Deine Rolle ist ausgespielt; du beginnst eine neue, die nie enden wird. Tritt aus deinem Kreise, und begrabe den Elenden! Dann will ich dich fassen, deinen lebenden mürben Leib von deiner Seele streifen, wie man dem Aale die Haut abstreift, und ihn zerstückt auf die umherliegenden Felder streuen, den Vorübergehenden zum Abscheu, und den Raben und Geyern zur Nahrung!

Fünf und vierzigster Abschnitt.

Fausts Tod.

Faust stieg den Galgen hinauf und löste den Strick von dem Halse seines Sohnes, trug ihn auf das nahe Feld, das der Pflug frisch aufgerissen, grub mit seinen Händen unter Schluchzen und Thränen ein Grab, und legte den Unglücklichen hinein. Hierauf trat er vor den Teufel, und sprach mit wildem Tone: »Das Maß meines Jammers ist voll! Zerschlage das Gefäß, daß ihn nicht mehr fassen kann! Aber noch habe ich Muth, mit dir um mein Leben zu kämpfen: denn ich will nicht sterben wie der Sclave, der unter der Gewalt seines Herrn ohne Widerstand hinsinkt! Erscheine mir unter welcher Gestalt du willst, ich ringe mit dir! Um der Freyheit und Unabhängigkeit zog ich dich aus der Hölle; am Rande der Hölle will ich sie behaupten; am Rande der furchtbaren Wohnung will ich noch eine Kraft gebrauchen, und fühlen, daß ich dich einst an meinen Zauberkreise gefesselt sah, und dich zu geißeln drohte! Was du in meinen Augen siehst, sind Thränen der Verstockung, Thränen des grimmigsten Unwillens! — Teufel! nicht du! mein eigenes Herz siegt über mich'

Meph. Nichtswürdiger Prahler! Mit diesem Fleische reiße ich dir die Maske ab, die mir Muth vorlügt, und stelle dich hin in deiner elenden scheußlichen Nackheit. Die Rache rauscht heran, und Ewigkeit ist ihr Nahme!

Jetzt stand der Teufel in Riesengestalt vor ihm. Seine Augen glühten wie voll gefüllte Sturmwolken, auf denen sich die untergehende Sonne abspiegelt. Der Gang seines Athems glich dem Schnauben des zornigen Löwens. Der Boden ächzte unter seinem ehernen Fuße, der Sturm sauste in seinen fliegenden Haaren, die um sein Haupt schwebten, wie der Schweif um den drohenden Kometen. Faust lag vor ihm wie ein Wurm; der fürchterliche Anblick hatte seine Sinne gelähmt, und alle Kraft seines Geistes gebrochen. Dann faßte ihn Mephistophiles mit einem Hohngelächter, das über die Fläche der Erde hinzischte, zerriß den Bebenden, wie der muthwillige Knabe eine Fliege zerreißt, streute den Rumpf und die blutigen Glieder mit Ekel und Unwillen auf das Feld, und fuhr mit seiner Seele zur Hölle.

Sechs und vierzigster Abschnitt.

Faust in der Hölle.

Die Teufel waren um Lucifern versammelt, der mit den Fürsten seines Reiches zu Rathe saß, um auszumachen, mit welchen Strafen man den verwegenen Faust peinigen wolle; da fuhr Mephistophiles in ihre Mitte, hielt Fausts Seele am Schopfe und schleuderte sie hin: »Da habt ihr den stolzen Frevler Faust!« Die Hölle empfing ihn mit einem so lauten Freudengebrülle, daß die Verdammten in ihren Pfuhlen erbebten.

Lucifer. Willkommen Fürst Mephistophiles! Willkommen Faust! Wir haben hier genug von dir gehört!

Meph. Da hast du ihn, Lucifer! Siehe selbst, was an ihm ist. Er hat mich und meine Gefährten nicht wenig geplagt! Aber seine Thorheit hat der Hölle gewuchert; und ich hoffe, du bist mit meinem Aufenthalte auf Erden zufrieden. Zum Lohne bitte ich dich, mich für Jahrhunderte mit solchen Aufträgen zu verschonen; ich bin der Menschen übersatt, ob ich gleich gestehen muß, daß dieser hier den letzten Augenblick seines Lebens, so bitter er auch war, nicht übel bestanden hat.

Lucifer. Deine Bitte sey dir gewährt, Fürst Mephistophiles! — Hm! ein ganzer Mann! Verzweiflung, Vermessenheit, Haß, Groll, Schmerz und Wahnsinn haben tiefe Furchen in seine Seele gerissen. Er sieht selbst uns und die Hölle ohne Beben an. Faust! bist du stumm?

Faust. Nicht aus Furcht! Ich war gegen den Mächtigsten kühn, und darum bin ich hier!

Lucifer. Bravo! — — Drum zerrt ihn in den schrecklichsten Winkel der Hölle! Dort schmachte er in düstrer Einsamkeit, und starre hin vor der Betrachtung seiner Thaten, die nie zu versöhnen sind! — Daß ihm ja kein Schatten nahe, ihr Teufel! Geh! und schwebe allein und verloren; eingeschlossen zwischen ausgebrannten Klippen in dem Lande, wo keine Hoffnung, kein Trost und kein Schlaf wohnen! Nur im Vergangenen, im Bewußtseyn deines Wahnsinnes und deines Frevels sollst du leben! Die Zukunft sey für dich nichts als der schreckenvolle Gedanke, dein Daseyn sey eine ewig fortlaufende Reihe einer unveränderlichen Qual, eines unveränderlichen peinlichen Gefühls deines Selbst; an deiner Seele sollen ewig die Zweifel nagen, die dich in deinem Leben gequält haben; und nie soll sich dir eines der Räthsel enthüllen, um deren Auflösung du hier bist. Dieß ist die peinlichste Strafe für einen Sünder deiner Art. Reißt ihn weg! und martert ihn!

Nach diesem Urtheile ward Fausts Gestalt immer schwärzer und schwärzer. Die Züge der Menschheit verloschen, ein düstres, gestaltloses, scheußliches, schwimmendes Gewebe umschlang seine Seele. Noch wüthete er; die Wuth schoß glühende Funken aus dem gestaltlosen Gewebe, und erleuchtete es.

Mephistophiles brüllte! »Ich will ihn ergreifen!«

Da goß sich die gedrohte Qual über ihn aus, und ein Stöhnen erscholl aus dem Gewebe, daß, hätten es Menschen mit Ohren aus Fleisch gebildet vernommen, ihr Herz wäre dabey erstarrt, und die Quelle ihres Lebens versunken.

Noch stöhnte Faust aus dem düstern Gewebe unter Mephistophiles eiserner Hand. Als er mit ihm bey den heulenden Verdammten vorüber fuhr, vergaßen sie aus Mitleid das Wehklagen über ihren eigenen Jammer. Noch schwebte das Gewebe und verlor sich nun tiefer und tiefer in der unendlichen Ferne. Dann schleifte es der Teufel über die verbrannten Felsen hin, daß die noch glühende Asche unter ihm aufloderte; und schwang sich mit ihm empor, bis zu der ehernen Wölbung der Hölle, schleuderte ihn herunter, und der Verworfene sank in den bodenlosen Abgrund.

Ende des zweyten und letzten Theils.

Verzeichniß der Abschnitte
des ersten Theils.

Verzeichniß der Abschnitte

des zweyten Theils.

Zwanzigster Abschnitt.

Ein und zwanzigster Abschnitt.

Zwey und zwanzigster Abschnitt.

Drey und zwanzigster Abschnitt.

Vier und zwanzigster Abschnitt.

Fünf und zwanzigster Abschnitt.

Sechs und zwanzigster Abschnitt.

Sieben und zwanzigster Abschnitt.

Acht und zwanzigster Abschnitt.

Neun und zwanzigster Abschnitt.

Dreyßigster Abschnitt.

Ein und dreyßigster Abschnitt.

Zwey und dreyßigster Abschnitt.

Drey und Dreyßigster Abschnitt.

Vier und dreyßigster Abschnitt.

Fünf und dreyßigster Abschnitt.

Sechs und dreyßigster Abschnitt.